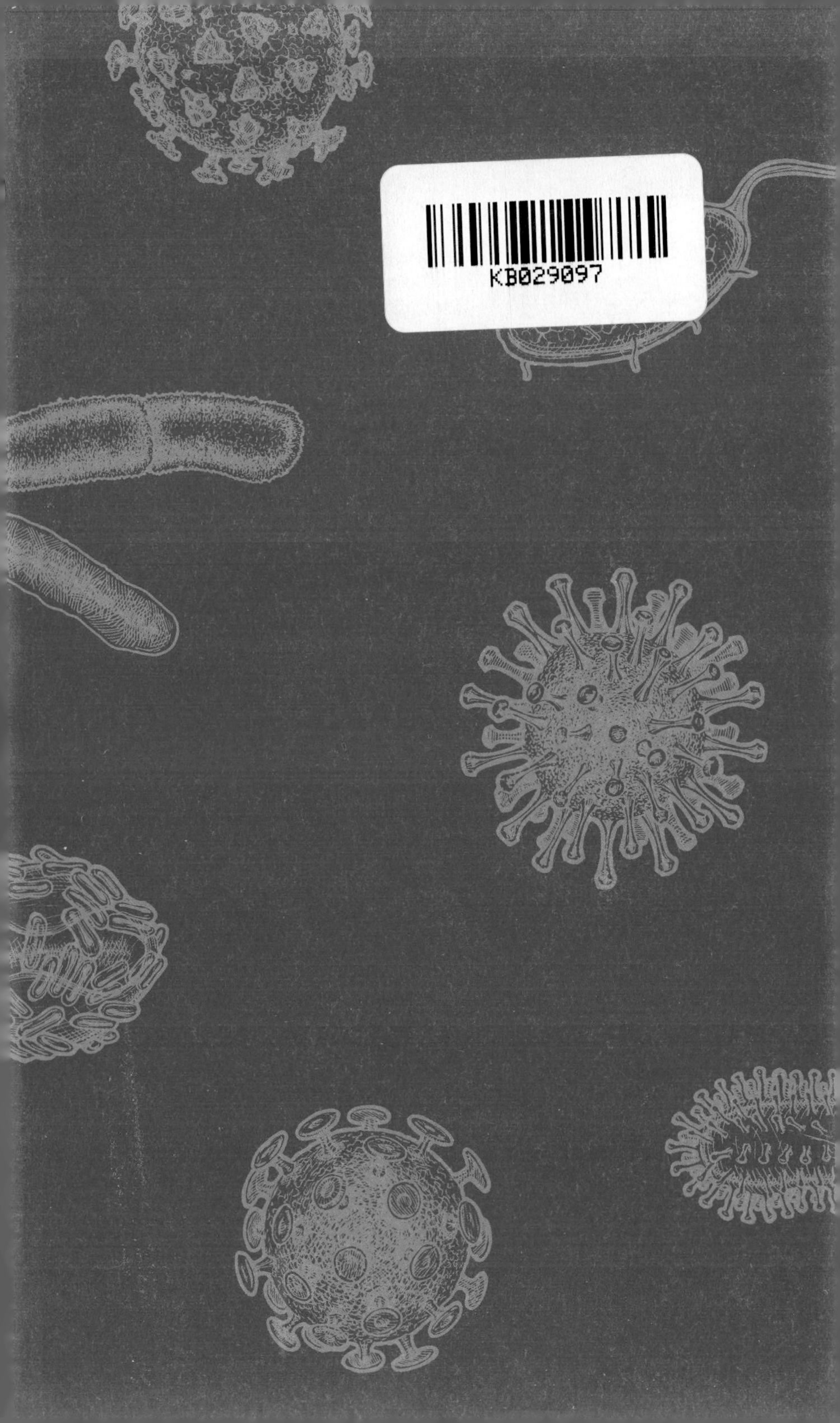

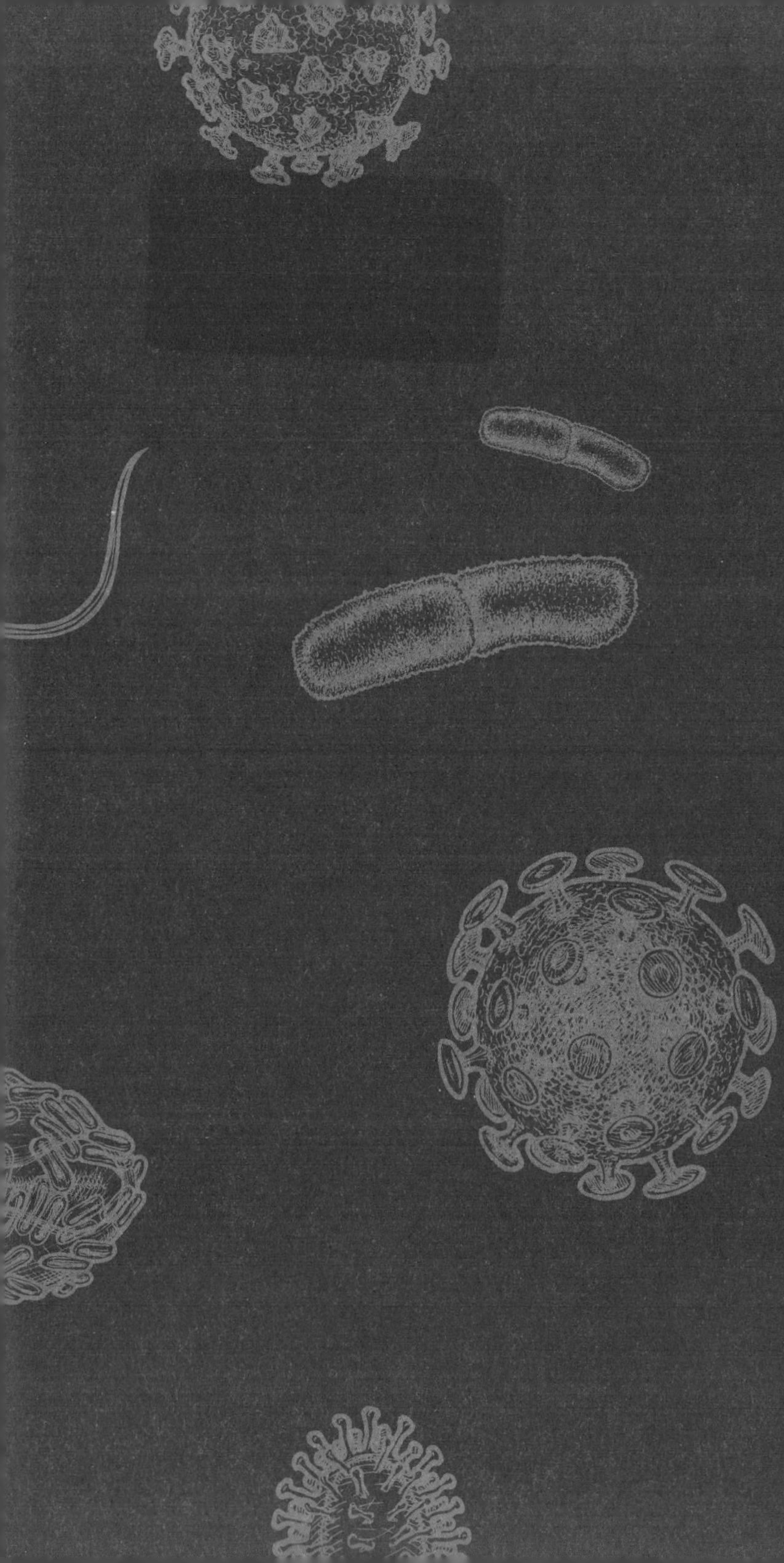

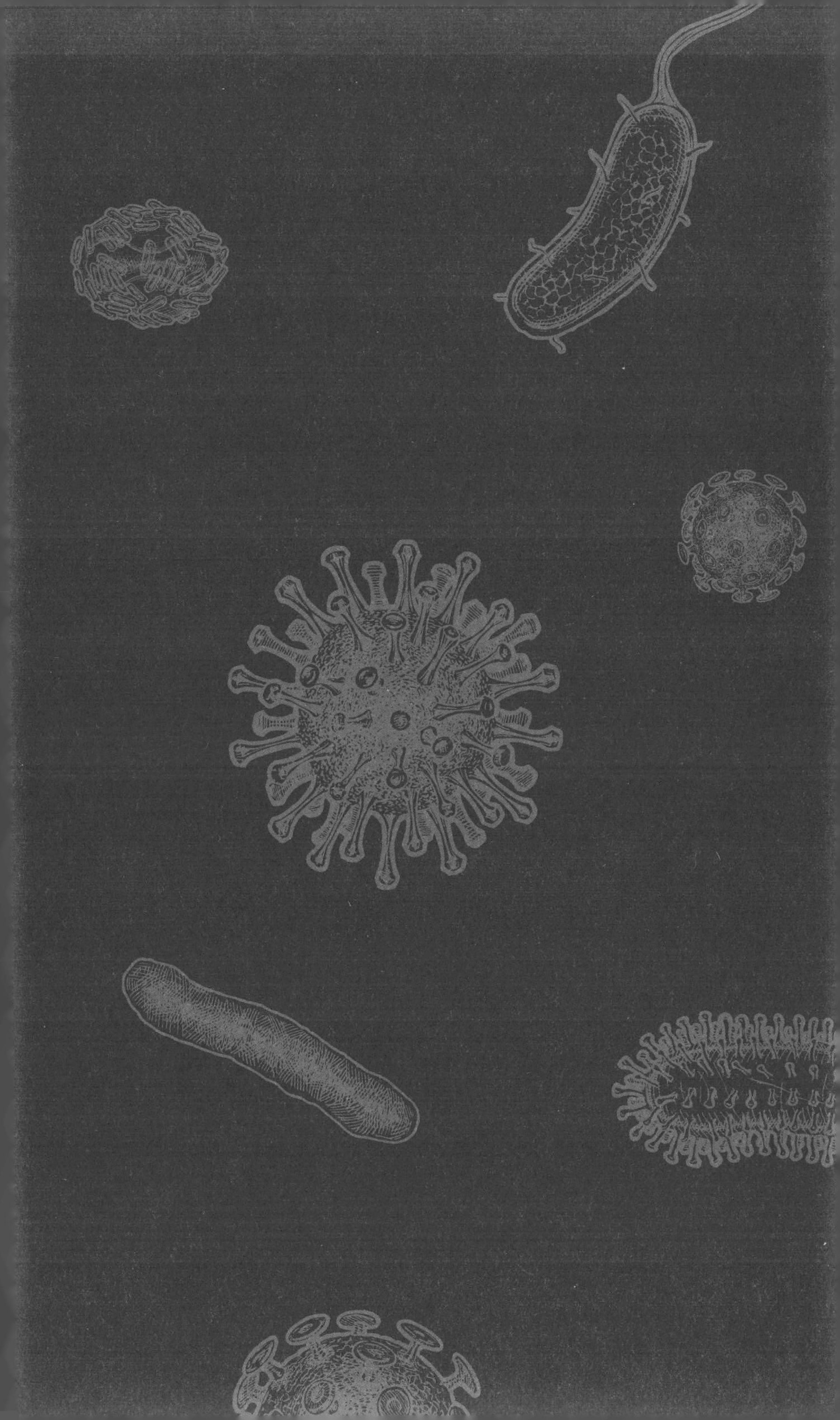

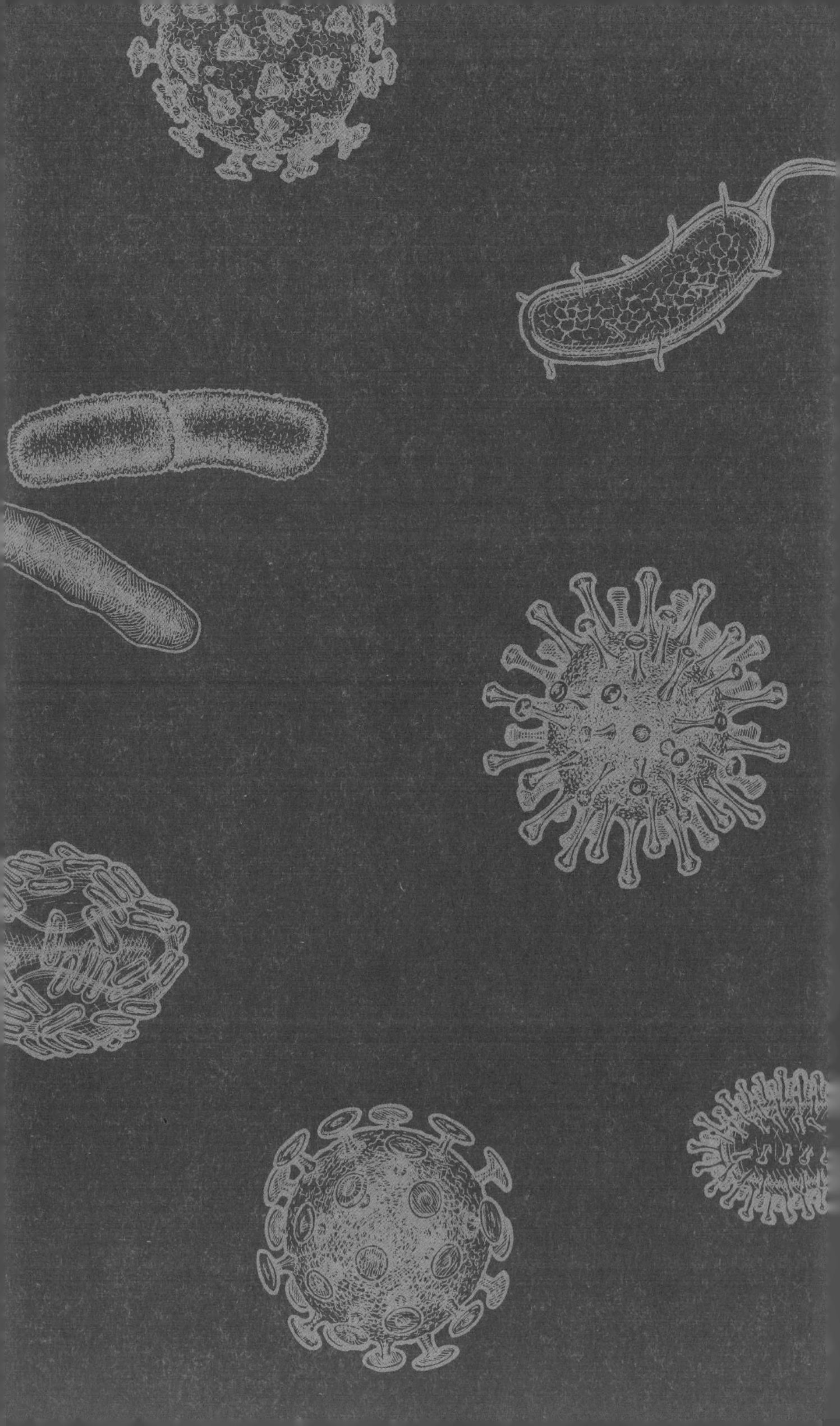

세계사를
바꾼
10가지
감염병

출판은 사람과 나무 사이에서 이루어지는 가치 있는 일입니다.
도서출판 사람과나무사이는 의미 있고 울림 있는 책으로 독자의 삶을
좀 더 풍요롭게 만들기 위해 최선을 다하겠습니다.

세계사를 바꾼 10가지 감염병

조지무쇼 편저 · 와키무라 고헤이 감수

서수지 옮김

사람과 나무사이

세계사를 바꾼 10가지 감염병

1판 1쇄 발행 2021년 8월 18일
1판 9쇄 발행 2024년 9월 25일

편저 조지무쇼
옮긴이 서수지
펴낸이 이재두
펴낸곳 사람과나무사이
등록번호 제2024-000012호
주소 경기도 파주시 회동길 508(문발동), 스크린 405호
전화 (031)815-7176 팩스 (031)601-6181
이메일 saram_namu@naver.com
디자인 박대성
인쇄·제작 도담프린팅
종이 아이피피(IPP)
영업 용상철

ISBN 979-11-88635-49-8 03900

"14세기 페스트 팬데믹이 없었다면
구텐베르크 금속활자 발명으로 인한 지식혁명도,
종교개혁도, 르네상스도, 산업혁명도 없었다."

— 본문 중에서

14세기 페스트 팬데믹이 없었다면 구텐베르크 금속활자 발명으로 인한 지식혁명도, 종교개혁도, 르네상스도, 산업혁명도 없었다?!

페스트는 유럽 근대화의 인큐베이터였다. 터무니없는 주장이라고 생각하는 독자도 있겠으나 사실이다. 실제로 14세기 유럽을 휩쓴 페스트가 아니었다면 구텐베르크의 금속활자 발명으로 인한 지식혁명은 일어나지 않았을 가능성이 크다. 또한 마르틴 루터의 종교개혁도, 레오나르도 다빈치·미켈란젤로·라파엘로 등의 천재 예술가를 탄생시킨 르네상스도, 훗날 영국 등 유럽 국가를 세계 최강대국 반열에 올려놓은 산업혁명도 일어나지 않았을지 모른다.

11세기 말~13세기 말, 일곱 차례의 십자군 원정을 계기로 서유럽과 중동을 잇는 지중해 상인의 무역망이 만들어졌다. 13세기 초·중반 무렵, 몽골제국이 세계를 제패하며 유라시아대륙을 하나로 연결하는 장대한 무역망이 형성되었다. 이로써 두 개의 무역망이 하나로 이어지면서 세계 최초 글로벌 상권이 완성되었다. 유라시아대륙을 좌우로 관통하는 무역망은 인간에게만 탄탄대로가 되어준 것이 아니었다. 그 무역망은 1330년대 원이 지배하던 중국에서 시작된 페스트 확산의 트리거가 되었다.

1346년, 페스트는 당시 제노바공화국 영토였던 크림반도에 진출함으로써 유럽에 첫발을 내디뎠다. 이후 페스트는 지중해 건너 시칠리아섬에 상륙한 뒤 유럽을 휩쓸고 영국해협을 건너 잉글랜드 왕국까지 밀어닥쳤다. 페스트가 전 유럽을 장악하는 데는 2~3년밖에 걸리지 않았다.

14세기 페스트는 당시 유럽 인구의 4분의 1에서 3분의 1에 달하는 수많은 인명을 앗아갔다. 심지어 오늘날 프랑스 남부에서 스페인에 이르는 광대한 지역에서는 전체 인구의 80퍼센트가 목숨을 잃었다. 말할 수 없이 처참한 상황이었다. 그러나 불탄 숲에 새롭게 싹이 트고 나무로 자라 불나기 전보다 더 건강하고 멋진 숲이 만들어지듯 14세기 유럽도 그랬다.

희망은 절망의 토양에서 싹트는 법. 전체 인구의 30퍼센트에 가까운 많은 사람이 목숨을 잃은 절망적 상황에서 유럽을 근본적으로 변화시키고 향후 수백 년간 정치·군사·과학기술·문화예술 등 모든 분야에서 다른 대륙을 압도할 위대한 혁신이 이루어졌다.

눈에 띄는 첫 번째 변화는 인건비 상승과 농민·장인·상인 등 서민의 지위 향상이었다. 본격적으로 '을의 반란'이 전개되었다고 해야 할까. 그도 그럴 것이 페스트 팬데믹 후유증으로 일손이 부족해지자 갑으로 군림하며 권력을 휘두르던 귀족과 영주, 거상들은 일꾼을 붙들기 위해 처우를 개선하고 임금을 올려주는 등 노동자의 요구를 들어주어야 했다. 상류계급이 부리던 하인과 노동자는 스스로 고용주를 선택할 수 있게 되었다. 또 남성 노동자 수가 줄어든 자리를 메우기 위해 일터로 진출하는 여성 노동자 수가 증가했다. 자연스럽게 여성의 지위 향상도 이루어졌다.

페스트 팬데믹으로 줄어든 인구를 회복하지 못한 유럽에서는 노동자의 임금 상승이 16세기 이후로도 이어졌다. 그 덕분에 하급 장인과 상인 등 도시 주민의 살림살이는 나날이 넉넉해졌다. 형편이 나아진 사람들이 식탁에 고기를 올리는 횟수가 늘어나며 식육 수요가 증가했다. 또 연극 등 문화와 여흥, 오락에 돈을 쓸 수 있는 여유도 생겼다. 18세기에 들어서면서 아시아와 중남미에서 수입된 홍차와 설탕 같은 기호품을 대량으로 소비하는 도시 주민이 늘어나 시장 경제 규모가 확대되었다.

14세기 페스트 팬데믹으로 많은 사람이 목숨을 잃게 되면서 생겨난 다양한 변화가 유럽을 바꾸어놓았다. 마치 불탄 숲에 싹이 터서 더 건강하고 근사한 숲이 만들어지듯 도시와 농촌에, 전 유럽 사회에 활력이 넘치고 창조성과 역동성이 생겼다. 그 긍정적 기운이 모든 분야에서 변화와 혁신을 이루어내는 원동력이 되었다.

14세기 페스트 팬데믹의 가장 큰 수혜자를 딱 한 명 꼽으라면? 나는 요하네스 구텐베르크를 꼽고 싶다. 페스트 팬데믹을 계기로 출판문화가 크게 융성했으며, 그 중심에 금속활자를 발명한 구텐베르크가 있었기 때문이다.

페스트 팬데믹이라는 전대미문의 재난을 겪으며 생명·안전과 직결되는 과학기술, 그중에서도 의학 지식에 관한 대중의 관심과 욕구가 높아졌다. 이러한 관심과 욕구는 다양한 지식을 효과적으로 전파할 수 있는 매체에 대한 갈급함으로 이어졌다. 여기에 '인건비 폭등'이라는 요소가 더해지면서 빠른 속도로 책을 대량 인쇄·제작할 수 있는 금속활자 발명과 지식혁명이 일어났다.

중세에는 의학이 발달하지 않아 팬데믹 같은 재난이 발생하면 신에게 자신을 지켜달라고 기도하는 것 외에는 할 수 있는 일이 없었다. 페스트 팬데믹은 단기적으로는 신앙심을 자극해 구름떼처럼 사람들이 교회로 몰려들게 했다. 그러나 신에게 간절히 기도해도 페스트는 사그라질 줄 몰랐다. 오히려 교회가 집단 발병의 온상이 되어 감염자와 사망자 수를 크게 늘렸다. 사람들은 기도를 들어주지 않는 신에게 실망해 가톨릭교회를 향한 믿음을 잃어갔다. 민중 사이에서는 페스트라는 역병이 부도덕한 세상에 내린 천벌이라고 믿는 교리가 퍼져나갔으며 기존의 낡고 타락한 교회와 독립된 형태로 기독교 본연의 금욕 정신으로 돌아가자는 운동이 전개되었다. 그러한 정신과 운동의 화룡점정으로 시작된 것이 마르틴 루터의 '종교개혁'이었다.

14세기 페스트 팬데믹은 신분제에도 변화의 물결을 몰고 왔다. 기존 유럽 사회의 주류였던 귀족이나 성직자 계급과는 전혀 다른 새로운 인재가 부상했으며, 그들은 문화예술 발전과 혁신에 크게 기여했다.

"누구나 뭔가를 하지 않고는 못 배기는 상황이다."

이는 페스트 팬데믹이 진정된 후의 유럽 분위기를 표현한 말로, 14세기 페스트 대유행을 자세히 기록한 이탈리아 북부 도시 시에나의 연대기 작가가 남긴 기록이다. 사람들은 내일 당장 죽을지 모르는 상황이라면 가만히 있기보다는 무슨 일이든 과감히 시도해보는 게 낫다고 여겼다. 이러한 감정이 15세기 이후 레오나르도 다빈치, 미켈란젤로, 라파엘로 등 천재 예술가의 등장과 함께 꽃피우기 시작한 르네상스 시대의 회화와 조각, 문학 등에 영향을 미쳤다.

구텐베르크의 금속활자 발명이 촉발한 15~16세기의 지식혁명, 부패한 로마 가톨릭교회에 맞서 변화를 일으키고자 했던 마르틴 루터의 16세기 종교개혁, 이탈리아 여러 도시를 중심으로 일어난 14~16세기 르네상스는 18세기의 산업혁명으로 이어졌고 유럽 사회를 바꾸었다. 이 모든 변화와 유럽 근대화의 시발점을 찾아 거슬러 올라가다 보면 우리는 14세기 페스트 팬데믹과 조우하게 된다.

이 책은 인류가 페스트, 인플루엔자, 콜레라, 말라리아, 이질, 결핵, 천연두, 황열병, 티푸스, 매독 등의 감염병과 맞서 싸우며 고통과 절망을 극복하고 변화와 혁신을 일구어낸 흥미진진한 역사 이야기를 담고 있다. 전 세계인이 코로나19로 고통받는 시점에 유럽 근대화의 인큐베이터가 되어준 '페스트 이야기' 등 가장 절망적인 상황에서 오히려 희망의 싹을 틔우고 변화와 혁신의 꽃을 피워낸 역사 속 인류 이야기가 독자 여러분에게도 새로운 희망과 변화의 작은 씨앗이 되길 기대한다.

차례

03

19세기 유럽 도시 환경과 위생 상태를 개혁하게 한 콜레라

04

세계대전의 향방을 두 번이나 바꾼 말라리아

05

백년전쟁의 판도를 바꾼 이질

07

스페인의 남북 아메리카대륙 정복의 첨병 천연두

08

파나마 운하 개통 사업을 끈질기게 방해했으나 결국 빛나게 해준 황열병

01

感染病

유럽 근대화의 인큐베이터

페스트

plague

‘흑사병(黑死病, Black Death)’이라는 이름으로도 알려진 페스트는 고대부터 일정한 주기로 공포스러운 얼굴을 드러내며 수차례 지구를 휩쓸었다. 페스트는 14세기에 특히 맹위를 떨쳤는데 당시 북동아시아에서 출발해 유럽까지 아우르는 대제국을 건설한 몽골제국의 군사적, 정치적, 경제적 활동이 페스트를 전파시키는 엄청난 촉매제가 되어 전 세계적 팬데믹을 초래했다.

중세 후기에 유럽은 전체 인구의 4분의 1이 넘는 많은 사람이 목숨을 잃었다. 페스트로 인한 끔찍한 죽음이었다. 그러나 불탄 자리에서 나무가 새싹을 틔우듯 이 참담한 재난에서도 긍정적 기운이 싹텄다. 페스트가 촉발한 급격한 인구 변동이 비극적 재난에 그치지 않고 다양한 사회 변혁을 낳는 마중물 역할을 했던 것이다.

14세기 페스트의 최대 수혜자가 구텐베르크라고?

"유럽의 근대화는 페스트에서 시작되었다"라는 말이 있다. 이 말이 가장 명징하게 드러난 분야는 '출판'이었다. 페스트를 계기로 출판문화가 그저 확대된 정도가 아니라 그야말로 '폭발'했다고 할 수 있기 때문이다.

페스트는 어떻게 출판문화 발달로 이어졌을까? 전대미문의 재난을 겪으며 생명·안전과 직결되는 과학기술, 특히 의학 지식에 관한 대중의 관심과 욕구가 비약적으로 높아졌으며, 다양한 지식을 효과적이고 효율적으로 전파할 수 있는 매체를 향한 갈급함이 커졌기 때문이다.

인간은 종이 매체인 책을 통해 지식을 얻어왔다. 본격적으로 책의 대량 생산이 이루어진 것은 독일인 요하네스 구텐베르크(Johannes Gutenberg)가 활판 인쇄술을 이용해 성경을 간행하기 시작하면서부터였다. 이는 1455년 무렵의 일이다.

구텐베르크가 금속활자를 이용한 활판 인쇄로 책을 대량 생산하기 전 책은 어떻게 만들어졌을까? 한 권 한 권 손으로 원본을 베껴 쓰는 필사본이나 목판 인쇄에 의해 제작된 책이 대부분이었다. 책을 한 권 필사하여 출간하는 일은 녹록하지 않았다. 엄청난 시간과 노동력이 투여되어야 해서 책 한 권을 필사하는 데 적게 잡아도 수십 일이 걸렸고, 많은 수의 전문 인력이 밤낮없이 작업에 매달려야 했다.

페스트가 휩쓸고 간 중세 말기인 14~15세기에 출판과 문화·예술 발달을 크게 촉진한 또 하나의 중요한 요인이 있었다. 이탈리아의 여러 도시를 중심으로 일어난 문예 부흥 운동 '르네상스'가 그것이다. 당시 르네상스의 기운에 힘입어 문학과 예술이 눈부시게 발전했고 그 연장선에서 출판도 놀라운 성장세를 이루었다.

구텐베르크가 역사에 등장하기 전, 유럽에서는 서적 필사를 비롯한 상공업의 여러 분야에서 인건비가 폭등했다. 목마른 사람이 우물을 판다고, 인건비가 가파르게 치솟자 출판업자들은 인간의 노동력을 최소화해 서적을 대량 생산하는 방법을 모색하기 시작했다. 그때 절묘하게도 구텐베르크가 등장해 활판 인쇄에 의한 서적(성경)의 대량 생산을 실현함으로써 문제를 단번에 해결했다.

“유럽의 근대화는 페스트에서 시작되었다”라는 말이 있다.
이 말이 가장 명징하게 드러난 분야는 ‘출판’이었다.
페스트를 계기로 출판문화가 그저 확대된 정도가 아니라
그야말로 ‘폭발’했다고 할 수 있기 때문이다.

활판 인쇄물을 확인하는 요하네스 구텐베르크(오른쪽)

중세 유럽에서 성경을 비롯한 고전문학과 철학, 자연과학 등의 학술서는 대부분 라틴어로 집필되었고, 라틴어에 능통한 가톨릭교회 성직자 같은 특정 계층 사람들이 지식을 독점했다. 그러나 16세기 종교개혁과 더불어 활판 인쇄술이 발달하고 독일어, 영어 등 여러 언어로 성경이 출간, 보급되면서 가톨릭교회의 권위는 급속히 쇠퇴하고 자유롭게 학문을 연구하는 풍조가 번져나갔다.

게다가 14~15세기 유럽에서는 대규모 노잡이 군단 없이도 먼 거리 항해가 가능한 대형 범선과 상대적으로 숙련도가 낮은 병사도 쉽게 다룰 수 있는 총기를 비롯한 다양한 발명품이 등장했다. "필요는 발명의 어머니다"라는 말처럼, 뱃사람과 군인의 인건비 폭등 문제를 해결하기 위한 자구책의 일환으로 새로운 발명품이 대거 등장했고 시대가 바뀌며 변화의 바람이 거세게 불기 시작했다.

14~16세기 유럽에서 일어난 획기적인 변화로 다음의 세 가지를 꼽을 수 있다. 첫째, 앞서 언급한 '인건비 폭등에 따른 신기술 도입'이다. 둘째 '장인, 상인, 농민의 지위 향상'이다. 셋째, 신분이나 출신 가문 따위의 허울에 얽매이지 않고 열정적으로 새로운 지식을 습득하고 기술을 연마하는 새로운 '인재'가 등장한 일이다.

한데, 놀랍게도 이 세 가지 중요한 변화가 모두 페스트와 밀접한 연관이 있다. 지금부터 페스트가 어떻게 중세에서 근대로 이행하는 혁명적 시대 변화를 초래했는지 차근차근 살펴보자.

인류가 농경을 시작하지 않았다면 페스트도 없었다?

인류와 페스트의 관계는 어제오늘의 일이 아니다. 적게 잡아도 수천 년 전으로 거슬러 올라간다. 예컨대 스웨덴에서 발견된 5,000여 년 전 신석기시대 인골에서 페스트균이 검출되었는데, 발굴 시기는 불과 몇 년 전인 2018년이다. 스웨덴 페스트균은 오늘날까지 발굴된 인류의 가장 오래된 페스트 감염 사례로 학계에 보고되었다.

페스트는 어떻게 사람에게 전파될까? 대개 벼룩을 매개로 쥐 등의 설치류 같은 작은 동물에서 사람에게로 전파되며, 감염자가 증가하면 사람 사이 접촉과 공기를 통해서도 감염된다. 인류가 최초로 페스트에 감염되기 시작한 데에는 농경과 더불어 시작된 집단생활의 영향이 컸다. 그로 인해 곡물을 주로 먹는 쥐와 접촉할 기회가 늘어나면서 인류의 페스트 감염이 일어나기 시작했다고 추정한다. 전문가에 따르면, 사람 근처에 서식하는 쥐 가운데 10퍼센트 정도가 페스트에 감염되면 본격적으로 사람에게 감염되기 시작한다고 한다. 또 사람에게 페스트가 유행하기 전 쥐의 대량 폐사가 일어난다는 사실도 알려져 있다.

페스트의 종류 중 '가래톳페스트'가 있다. 사람의 목과 배 등 각 부위에 세균과 바이러스를 포착해 제거하는 림프샘이 있는데 여기에 페스트균이 침범하면서 증상이 나타난다. 일단 사람이 페스트균을 가진 벼룩에게 물리면 주변 림프샘이 붓고 겨드랑이 아래나 샅굴 부위(서혜부) 림프샘이 부어오르며 무지근한 통증이 나타난다. 증상이 악화하면 림프샘이 혹처럼 커지고 페스트균이 내장을 침범하면서 독소가 체내로 퍼져 나간다. 환자는 고열과 오한에 시달리고 의식이 몽롱해지면서 수의근이 마비되어 경직되고 심장에 타격을 입어 점차 쇠약해진다.

'폐페스트'라 불리는 종류도 있다. 가래톳페스트가 악화하면서 균이 폐를 침범하거나 페스트균이 섞인 공기를 흡입해 발병한다. 폐페스트에 걸리면 기관지염과 폐렴을 일으켜 피가 섞인 가래를 토하거나 호흡 곤란을 겪는다. 폐페스트 치사율은 매우 높아서 발병 후 항생제 투여 등 적절한 조치가 이루어지지 않으면 반나절에서 사흘 안에 사망에 이른다. 가래톳페스트에 걸렸을 때 사람 간 직접 감염이 일어나는 일은 거의 없다. 하지만 폐페스트는 감염자의 몸에서 밖으로 나온 기침이나 재채기 등에 섞인 침방울을 매개로 감염되거나 공기 중에 떠도는 균이 체내로 들어가 감염을 일으킬 수 있다.

패혈증이란 병원균이 혈액으로 들어가 온몸을 도는 상태를 의미하는데, 페스트가 중증화하면 '패혈성 페스트'로 악화할 수 있다. 몸 안의 혈액이 페스트균에 오염되면 피부에 반상출혈(ecchymosis)이 나타나고 온몸에 검푸른 반점이 생겨 이내 사망에 이른다. 페스트를 '흑사병'이라고 부르는 것은 이런 연유에서다.

『구약성경』「사무엘상」의 그 '독종'은 과연 페스트였을까

세계 각지의 문화권에서 문자 기록이 시작된 이후 페스트의 유행으로 추정할 수 있는 역사적 기록이 곳곳에서 발견되었다. 예를 들어 『구약성경』「사무엘상」 제5장에는 이스라엘 사람들과 적대 관계에 있던 아스돗 사람들이 여호와를 노엽게 해 역병에 걸렸다는 구절이 나온다. 이는 기원전 10~11세기 무렵 고대 이스라엘 왕국에서 일어난 사건을 기록한 것이다. 많은 연구자가 "여호와의 손이 심히 큰 환난을 그 성에 더하사 성읍 사람의 작은 자와 큰 자를 다 쳐서 독종이 나게 하신지라"라는 구절의 '독종'을 페스트로 추정했다.

그러나 그 독종이 정말로 페스트였는지는 단언할 수 없다. 고대 서적에서 병의 구체적인 증상과 감염 경로에 관한 기술에 모호한 부분이 많기 때문이다. 페스트를 뜻하는 영어 단어 plague는 라틴어 pestis에서 유래했다. pestis는 '역병' 혹은 '해충'을 의미한다. 그런 터라 유럽 고대 문헌에서 볼 수 있는 이 단어에 페스트 이외의 다양한 감염병이 포함될 수 있다.

고대 그리스의 맹주 아테네를 중심으로 한 도시국가 연합 델로스 동맹과 스파르타를 중심으로 한 도시국가 연합 펠로폰네소스 동맹 사이에 전쟁이 벌어졌다. 기원전 431년의 일로, 고대 그리스의 패권을 차지하기 위한 대규모 전쟁이었다.

전쟁 중에 아테네는 농성전을 펼쳤다. 수많은 시민이 도시의 좁은 공간에 빽빽이 모여 어깨를 부대끼며 생활하는 시간이 길어지자 역병이 창궐했다. 페스트로 알려진 이 역병으로 수많은 아테네 시민이 목숨을 잃었고 위대한 정치 지도자로 전투를 몸소 지휘했던 페리클레스도 결국 이 병에 걸려 사망했다. 그러나 펠로폰네소스 동맹 측에는 이 병이 거의 발병하지 않아 역병은 아테네를 중심으로 한 델로스 동맹 측에 치명상이 되었다. 한데, 학자들 중에는 이 병이 페스트가 아닌 천연두였다고 주장하는 이도 있다.

한편 1~2세기에 활동한 고대 그리스의 의사 에페수스의 루프스(Rufus of Ephesus)가 남긴 기록에 따르면, 기원전 3세기에 오늘날의 이집트에서 시리아에 이르는 광대한 지역에 페스트로 추정되는 질병이 만연했다고 한다. 루프스는 이 병의 증상으로 균에 오염된 환부가 염증으로 부어오르는 종창(腫脹), 급성 발열, 의식 혼

유럽 고대 문헌에 등장하는 라틴어 pestis에서
오늘날의 '페스트'가 유래했는데, 당시 pestis는
역병이나 괴질 전반을 의미했기에 문헌에 등장하는 질병을
모두 페스트라고 단언할 수는 없다.

펠로폰네소스전쟁 희생자 장례식에서 연설하는 페리클레스

란 등을 꼽았는데 페스트 증상과 거의 일치한다.

맨 처음 페스트는 어디에서 발생했을까? 많은 학자가 톈산산맥 북부 이식쿨호(Lake Issyk-Kul, 키르기스스탄) 주변으로 추정한다. 기원전 202년, 한(前漢) 왕조가 성립하자 당시 대부분의 유럽을 지배하던 로마제국과의 사이에 실크로드 무역이 활발해졌다. 이 시기 톈산산맥 주변 지역을 통과하는 무역 상인이 유라시아대륙을 동서로 분주히 오가며 페스트균을 퍼뜨렸다고 생각한다.

그보다 몇백 년 뒤인 기원후 2세기 무렵 로마제국에서도 페스트가 대유행해 300만 명에 가까운 사람이 목숨을 잃었다는 기록이 있다. 로마제국 최고 황금기인 5현제 시대의 마지막 황제 마르쿠스 아우렐리우스(Marcus Aurelius Antoninus, 재위 161~180) 시대의 일이다. 그러나 앞에서 설명했듯 고대 유럽 문헌에서 페스트라는 단어가 역병이나 괴질 전반을 의미했기에 당시의 질병을 페스트라고 단언할 수는 없다.

전 세계 인구 2억 명 중 33~40퍼센트의 목숨을 앗아가고 이후 200년간 인구 증가를 막은 6세기 페스트 팬데믹

역사적으로 페스트의 전 세계적 대유행, 즉 팬데믹은 세 차례 확인되는데 각각 6세기, 14세기, 19세기에 발생했다.

6세기 대유행은 540년 무렵의 일로, 이집트 나일강 하구 동부에서 시작되어 널리 퍼져 나갔다. 이 지역은 아시아, 유럽, 아프리카 세 지역이 서로 연결되고 동방의 아라비아반도와 서방의 동로마제국(비잔틴제국)을 연결하는 동서 교역의 요충지에 해당한다. 페스트는 이 통상로를 따라 동로마제국에서 남유럽의 여러 나라, 서아시아의 페르시아제국에까지 번져 나갔다.

6세기 무렵, 전 세계 인구는 몇 명이었을까? 정확히는 알 수 없으나 대략 2억 명 남짓으로 추정하는 것이 일반적이다. 한데, 페스트로 인해 그중 무려 33~40퍼센트가 사망했다는 주장이 있다. 이 6세기 팬데믹 이후 세계 인구는 200년 가까이 제자리걸음을 했다고 한다. 세계 인구가 증가 추세로 다시 돌아간 것은 9세기에 들어서고 난 뒤라고 추정하는 통계까지 남아 있을 정도이니 페스트가 인류에게 얼마나 막대한 피해를 끼쳤는지 짐작이 가고도 남는다.

6세기 페스트 팬데믹 당시 동로마제국의 역사가 프로코피오스(Procopius Caesariensis)는 각지에서 발생한 페스트 팬데믹 양상을 자세히 기록했다. 그에 따르면, 당시 동로마제국의 수도 콘스탄티노폴리스(현재 이스탄불)에서는 하루에 5,000명 이상이 사망했으며 총 40퍼센트가 넘는 시민이 목숨을 잃었다고 한다.

이때 수도 콘스탄티노폴리스는 거의 모든 시스템이 마비되어 제대로 돌아가지 않았다. 그도 그럴 것이 이 도시 시민은 자신의 생활 전반을 노예노동에 거의 전적으로 의존하다시피 했는데, 노예를 포함한 수많은 사람이 페스트에 걸려 쓰러지자 건강한 사람도 간호와 사망자를 매장하는 일에 투입되어 농업과 제조업, 물류 관련 업무가 중단되었기 때문이다. 사정이 이렇게 되자 많은 사람이 식량을 구하지 못해 굶주림에 시달려 페스트로 죽기 전에

6세기에 페스트가 대유행했던 지역

지중해 일대를 지배한 동로마제국을 중심으로 페스트가 유행했다.

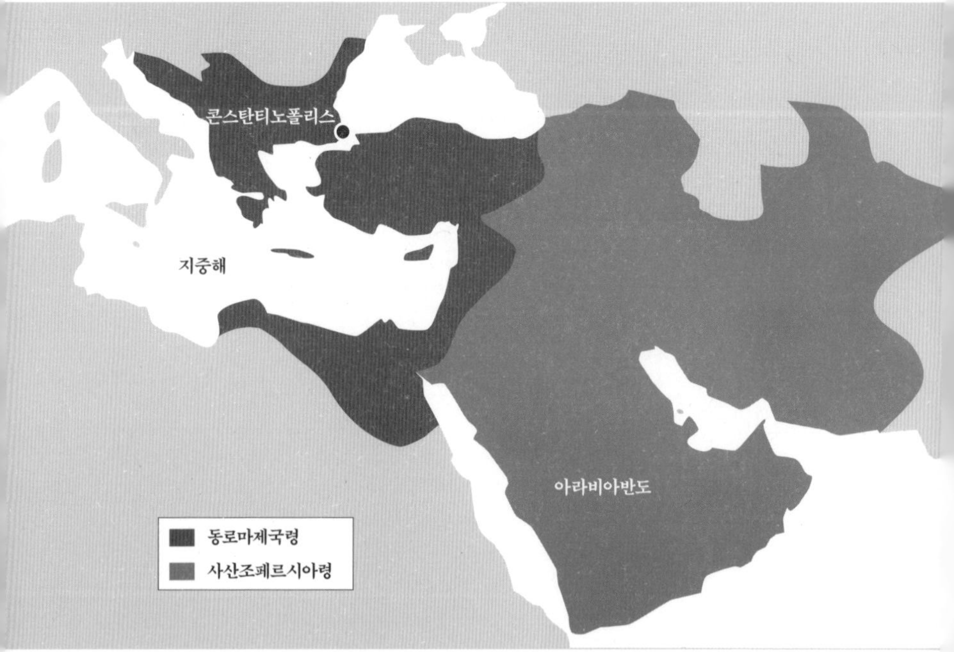

굶어 죽을 판이었다. 그리고 실제로 식량난이 심해지면서 굶어 죽는 사람이 속출했다.

학자들에 따르면, 5세기 무렵 콘스탄티노폴리스의 인구는 50만 명에 달했다고 한다. 그러던 것이 페스트가 휩쓸고 간 뒤 거의 절반 수준인 20~30만 명 수준으로 줄었는데, 8세기에도 비슷한 수준에 머물렀을 것으로 추정된다.

오늘날에도 사람들은 동로마제국을 커다란 위기에 빠뜨렸던 6세기 페스트를 '유스티니아누스 페스트(Plague of Justinian)'라고 부른다. 왜 이런 이름이 붙었을까? 그 시기에 동로마제국 황제 자리에 있던 인물이 바로 유스티니아누스 1세(Justinianus I, 재위 527~565)였기 때문이다. 당시 페스트의 기세가 어찌나 대단했던지 황제 자신도 이 병에 감염되었으나 다행히 목숨은 부지했다.

유스티니아누스 황제는 몸소 몇 차례 원정에 나서 옛 서로마제국 영토를 일시적으로 회복했다. 그러나 운 나쁘게도 당시 지중해 연안의 여러 도시 주민으로 로마제국의 전통과 문화를 계승한 로마인의 후손 상당수가 페스트에 걸려 목숨을 잃었다. 그리고 그들을 대신해 동방에서 밀려들어온 고트족, 프랑크족 같은 게르만족이 새로운 주민이 되고 차츰 세력 교체가 이루어지며 서유럽에서 로마 문화가 단절되었다.

십자군 원정에서 돌아온 병사들의 짐에 섞여
유럽에 들어온 곰쥐,
페스트 팬데믹의 도화선이 되다

그 후로도 유럽 각지에서 소규모 페스트 유행이 산발적으로 발생했다. 그러나 8세기 중엽, 좀 더 구체적으로 750년부터 11세기까지 유럽에서 대규모 팬데믹은 일어나지 않았는데 그 명확한 이유는 밝혀지지 않았다. 다만 당시에는 서유럽과 아시아의 접촉이 비교적 적은 편이었고, 사람들의 생활권 안으로 깊숙이 파고들어 페스트를 옮기던 쥐가 기후 변화로 인해 크게 감소했기 때문이라는 가설이 제기되었다.

1096년에 시작된 제1차 십자군 원정은 페스트의 새로운 도화선이 되었다. 프랑스를 비롯한 서유럽 여러 나라의 기사단이 당시 이슬람교 국가인 셀주크 왕조의 지배를 받던 기독교 성지 예루살렘을 탈환하고자 연이어 공략에 나섰다. 한데 그 무렵 예루살렘에서 전쟁을 치르다 돌아온 병사들의 짐과 옷가지에 인가에 살던 곰쥐와 페스트균이 섞여 들어와 서유럽에 또다시 페스트가 창궐하게 되었다.

11세기 말에 시작된 십자군 원정은 13세기까지 이어졌는데, 대규모 원정만 해도 일곱 차례나 강행되었다. 그 밖에 소규모 순례자 집단도 수시로 서유럽에서 예루살렘으로 향하는 성지 순례길에 올랐다. 서유럽 기독교 국가들의 예루살렘 점령은 끝내 실패로 돌아갔으나 그들의 입장에서 긍정적인 측면도 많았다. 대표적인 사례로 베네치아 공화국 상인들은 중동의 군사 원정과 물자 운송 중개를 통해 막대한 이익을 챙겼으며, 13~14세기에는 서유럽과 아시아를 잇는 지중해 무역이 크게 발달했다.

그 무렵 농촌에서는 '삼포식농법(三圃式農法)'이 보급되어 농업 생산력이 눈에 띄게 향상되었다. 삼포식농법이란 농지를 삼분해 봄에 씨앗을 뿌려 콩과 보리를 재배하고 남은 땅은 휴경지로 돌려 지력을 회복하게 하는 농법이다. 삼포식농법의 성공은 농업 생산력 향상과 인구 증가로 이어졌고, 농업에서 남아도는 일손은 속속 도시로 유입되었다.

급격히 인구가 몰린 도시에서는 페스트의 매개체인 쥐가 급격히 개체수를 늘렸다. 이러한 상황이 반영된 사건이 바로 그 유명한 '하멜른의 피리 부는 사나이'다. 독일 서부의 도시 하멜른에서 쥐가 엄청난 속도로 번식하기 시작했다. 이에 고민에 빠진 시민들은 쥐 잡이를 고용했는데, 그가 쥐를 성공적으로 잡아주었음에도 차일피일 미루며 약속한 보수를 지급하지 않았다. 자신이 땀 흘려 일한 정당한 대가를 받지 못해 화가 난 쥐 잡이가 어느 날 그 도시의 아이들을 모두 데리고 어디론가 사라져버렸다고 한다.

이 이야기를 누군가 지어낸 허구로만 볼 수는 없다. 왜냐하면 실제로 하멜른에서 130명의 아이들이 감쪽같이 사라져버린 사건 기록이 남아 있기 때문이다. 이는 1284년의 일이다. 하멜른의 피리 부는 사나이 사건과 관련해서는 '소년 십자군 가입', '동유럽 개척단 참여' 등의 다양한 설이 존재한다. 또 당시 페스트 유행으로 많은 시민과 어린아이가 사망했고 이 사건을 바탕으로 '피리 부는 사나이' 이야기가 만들어졌다는 해석도 주목할 만하다.

몽골제국이 촉발한 '세계화', 14세기 페스트 팬데믹의 결정적 트리거가 되다

자, 이제 13세기 아시아로 눈을 돌려보자. 당시 칭기즈칸이 세운 몽골제국은 동쪽 끝 몽골초원에서 시작해 급속히 세력과 영토를 확장하며 대제국으로 성장했다. 1279년, 칭기즈칸의 손자 쿠빌라이는 중국 북부를 제압하고 국호를 원(元)으로 정한 뒤 중국 전역을 지배하기 시작했다.

몽골인은 말을 타고 이동하며 활동하는 전형적인 유목민 집단이다. 그들은 자신의 특장점을 살려 중국에서 중앙아시아, 중동, 오늘날의 러시아에 이르는 광대한 지역을 기마 릴레이로 연결하는 통상로를 완성해 동서 무역에 새로운 장을 열었다.

상업이 활성화하고 거래 규모가 커지면 오가는 금화와 은화의 양이 늘어난다. 몽골제국이 '교초(交鈔)'라는 지폐를 본격적으로

몽골인이 닦아 놓은 동서 무역 통상로가 지중해 상인의
통상망과 이어짐으로써 세계 최초 글로벌 상권이 완성되었다.
이 통상로를 통해 전해진 것은 값비싼 무역품만이 아니었다.
페스트 역시 이 길을 따라 유럽 각지로 번져 나갔다.

몽골제국 지배 지역에서 유행한 페스트는 무역망을 통해 유럽으로 확대되었고, 유럽 무역망을 따라 유럽 각지로 번졌다.

아시아에서 동유럽까지

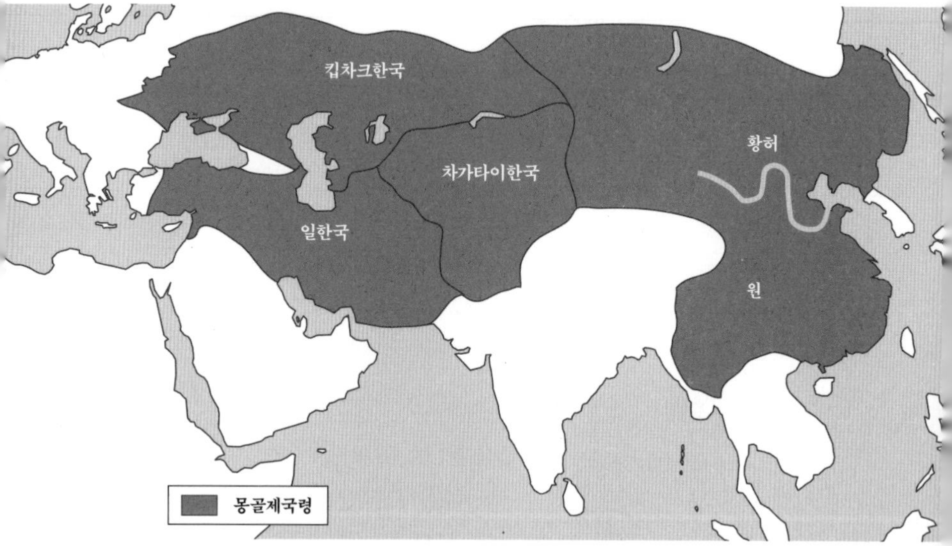

동유럽에서 서유럽으로

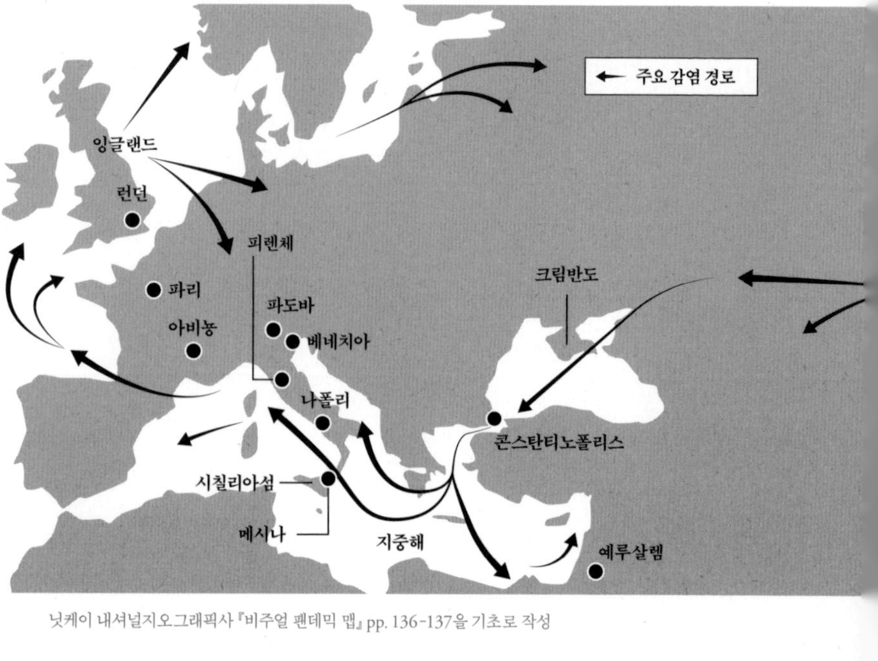

닛케이 내셔널지오그래픽사 『비주얼 팬데믹 맵』 pp. 136-137을 기초로 작성

보급하고 상업에 도입한 것은 이런 연유에서다.

몽골제국의 통상망은 십자군 원정을 계기로 발달한 서유럽과 중동을 잇는 지중해 상인의 통상망과 하나로 이어졌고 이로써 세계 최초 글로벌 상권이 완성되었다. 이러한 상황이 14세기에 발생한 팬데믹의 주요 원인으로 작용했다.

중세 유럽 도시가 페스트 발생과 확산을 위한 최적의 조건을 지닌 이유

14세기에 두 차례에 걸쳐 발생한 페스트 팬데믹은 먼저 원이 지배하던 1330년대 중국에서 시작되었다. 초기 감염 확산으로 추정되는 지역은 현재의 허베이성으로, 인구의 90퍼센트에 달하는 500만 명이 사망했다고 알려져 있다. 1334년의 일이다.

이를 전후로 한 시기에 원의 각지에서 대지진과 홍수가 잇따랐고, 허시지방(河西, 황허 유역 서부) 등지에서 곡물을 갉아먹는 메뚜기 떼가 대량 발생(황충(蝗蟲)이 일으키는 재해라 해서 '황해(蝗害)'라고 불렀다)했으며 페스트 유행과 맞물려 심각한 식량 위기를 초래했다. '역사는 반복된다'라는 말대로, 코로나19가 대유행한 2020년에 아프리카 동부에서 메뚜기 떼가 창궐해 중동에서 인도까지 휩쓴 상황과 흡사하다.

중국에서 맹위를 떨친 페스트는 몽골제국이 구축한 무역망을 따라 중동과 북아프리카까지 세력을 확장했다. 1346년, 페스트는 제노바 공화국 영토였던 크림반도까지 진출한 다음 지중해를 건너 이듬해에 시칠리아섬 북부 메시나에 상륙했다. 페스트 유행은 북쪽 지역으로도 확산되어 1348년 이탈리아반도에서 프랑스의 수도 파리에 이르렀고, 같은 해 말에는 영국해협을 건너 잉글랜드왕국까지 밀어닥쳤다.

유럽에서의 대유행은 중앙아시아에서 들여온 모피에 붙어 있던 벼룩이 페스트의 매개체로 시작되었다는 설이 있다. 14세기 팬데믹의 최초 발생지를 두고는 여러 주장이 있다. 애초 중국에서 페스트가 발생하기 시작했다는 설과 중앙아시아의 이식쿨호수 주변에서 시작해 동방으로 전해진 이후 서역으로 퍼져 나갔다는 설도 있다. 그러나 어느 설도 백퍼센트 확신할 수 있는 정설은 아니며 아직 명확한 결론이 내려지지 않았다.

이 팬데믹은 불운하게도 당시 유럽에서 하필 최악의 시기에 발생했다. 왜냐하면 12세기 무렵부터 유럽에서는 삼포식농법 도입 등으로 인구가 크게 증가했기 때문이다. 이후 14세기에 들어서면서 '중세 소빙기'라고 부르는 한랭화 기후변동이 일어나 원제국과 마찬가지로 메뚜기 떼가 대량으로 발생했고, 대지진 같은 자연재해도 꼬리에 꼬리를 물고 일어나면서 식량 생산량이 급격히 감소했다.

거기다 엎친 데 덮친 격으로 중세 유럽 도시는 적의 침공을 막기 위해 외벽을 성벽으로 둘러싸고 성 안은 미로처럼 복잡한 골목으로 이어지게 만들었다. 그러므로 환기가 잘 되지 않는 비좁은 공간에 많은 사람이 복작복작 모여 살다 보니 일단 감염병이 돌면 대유행으로 번지기에 딱 좋은 환경이었다. 또한 과거에 비해 인구 밀도는 크게 높아졌으나 상하수도가 완비되지 않아 사람들은 오물이 길바닥에 흘러넘치는 비위생적인 환경에서 생활할 수밖에 없었다. 이런 상황에서 깨끗한 물도 구하기 어려워 심지어 수도 런던에 사는 잉글랜드 국왕조차 몇 달에 한 번밖에 목욕하지 못할 정도로 물 사정이 열악했다.

한편 농촌에서는 벽이 얇고 열악한 목조 주택이 많아 쥐가 서식하기 좋은 환경이었다. 당시 농가 주택은 쥐에게는 최적의 보금자리를 제공했다. 이러한 상황이니 유럽 각지에서 감염자가 속출하는 것은 당연했다.

페스트가 창궐하던 시대에 유럽 각지에서 '유대인 박해'가 극심해진 까닭은?

페스트가 본격적으로 활개를 치자 땅을 파서 무덤을 만들고 시신을 매장하는 속도보다 사람들이 사망하는 속도가 훨씬 빨라졌다. 시신을 매장할 공간도 인력도 부족해지자 대충 구덩이를 파고 시신을 모아서 던져 넣는 식으로 수습했다.

중세 유럽의 의학은 2세기 로마제국 시대 이후 거의 발전이 없었다. 당시에는 '병원체' 개념도 없었고 감염병에 효과적인 치료법이나 예방법도 존재하지 않았다. 대처법이라고 해봤자 현대인의 기준으로 볼 때 그야말로 한심한 수준이었다. 일테면 주변을 식초와 유황으로 소독하거나 환자의 옷가지나 소지품 따위를 소각하는 일이 고작이었다. 사태가 건잡을 수 없을 만큼 심각해져 환자가 대량으로 발생하면 그 지역을 봉쇄하거나 사람 이동을 제한하거나 감염이 아직 퍼지지 않은 지역으로 피난길에 오르는 식이었다.

지중해 무역항에서는 12세기 무렵부터 '검역' 제도가 존재했다. 검역이란 자기 나라에 해외에서 유행하는 질병이 침입하지 못하도록 항구 등 주요 길목에서 입국자를 조사하거나 격리하는 조치를 말한다. 페스트가 한창 유행하던 시대에 베네치아에서는 1374년 이후 외국에서 들어오는 선박의 승조원을 40일간 격리하는 제도가 정착되었다. 격리 기간이 40일로 정해진 이유를 두고 다양한 설이 나왔다. 『구약성경』에서 신이 대홍수를 일으켜 노아와 그의 가족이 방주로 피신한 기간이 40일이었다는 데서 따왔다는 설과 중세 연금술에서 변성에 40일이 걸렸기 때문이라는 설이 있다. 의학적 근거에 따라 격리 기간을 40일로 정한 건 아니었다. 격리 기간 40일에서 40을 뜻하는 이탈리아어 quaranta는 검역을 의미하는 영어 단어 quarantine의 어원이 되었다.

나폴리를 중심으로 활약한 이탈리아 작가 조반니 보카치오(Giovanni Boccaccio)의 소설 『데카메론(Decameron)』은 페스트가 한창 유행하던 1348~1353년에 쓰였다. 『데카메론』에서는 페스트를 피해 피렌체에서 교외로 거처를 옮긴 열 명의 남녀가 언제 병에 걸릴지 모른다는 불안감을 떨치기 위해 열흘에 걸쳐 한 사람이 한 편씩 모두 100편의 이야기를 풀어놓는다. 보카치오에 따르면, 중류층 이하 사람들은 하루에 1,000명 이상 페스트에 걸릴 정도로 당시 페스트는 들불처럼 번져 나갔다. 역병이 활개를 치자 사람들 사이에서 다양한 반응이 나타났다. 몸가짐을 조심하며 자중하는 사람이 있는가 하면 공포를 잊기 위해 욕망에 몸을 맡기고 향락에 빠져 해방감을 즐기는 사람도 있었다. 사람들은 제각기 다른 방식으로 참혹한 페스트 시대를 살아가는 가운데 방황과 혼란이 주된 분위기를 형성했다.

페스트가 창궐하던 시대에 유럽 각지에서는 유대인 박해가 극심해졌다. 병원균이라는 개념조차 없던 시절 외국인이나 이교도처럼 전통적인 공동체에 속하지 못한 사람들은 질병과 재앙을 몰고 오는 장본인으로 낙인 찍혀 마녀사냥을 당했기 때문이다. 오늘날의 스위스와 독일 여러 지역에서 '유대인이 우물에 독을 풀었다'는 식의 유언비어가 퍼져 유대인 거주지 방화와 유대인 살

조반니 보카치오가 『데카메론』을 쓸 무렵 페스트는 그야말로 들불처럼 번지고 있었다. 중류층 이하 사람들이 하루에 1,000명 이상 페스트에 걸리는 참혹한 상황이다 보니 사회 전체에 방황과 혼란스런 분위기가 가득했다.

조반니 보카치오 『데카메론』 속 이야기꾼 삽화

해 등의 보복 범죄가 끊이지 않았다. 이에 보다 못한 당시 교황 클레멘스 6세(Pope Clement VI, 재위 1342~1352)는 두 차례나 신자들을 향해 유대인 박해를 중단하라는 성명을 발표했다.

중세에는 정확한 인구 통계가 없었기에 페스트로 희생된 사람 수를 추정하는 것을 두고 몇 가지 주장이 있다. 어느 주장을 따르든 지역에 따라 들쭉날쭉 커다란 편차를 보였다는 공통점이 있는데, 상업지역처럼 인구 이동이 활발한 지중해 연안 지역의 피해가 특히 심각했다.

일설에 따르면, 이탈리아 북부 베네치아의 사망률은 4분의 3, 파도바의 사망률은 3분의 2 수준이었다. 오늘날 프랑스 남부에서 스페인에 이르는 광대한 지역에서는 무려 전체 인구의 80퍼센트나 되는 엄청난 수의 사람이 사라졌다고 추정된다. 페스트가 한바탕 휩쓸고 지나가기 전인 1328년 프랑스 인구는 1,500만~1,800만 명으로 추정된다. 페스트 이전 수준까지 인구가 회복되려면 400년 이상의 기나긴 세월이 필요해, 18세기 말이 되어서야 가까스로 인구수를 회복했다. 1350년 전후의 유럽 인구는 1억 명에 가까운 것으로 추정되는데, 그중 4분의 1에서 3분의 1이 페스트로 사망한 셈이다.

건조한 봄날 바람을 타고 빠르게 번지는 산불처럼 놀라운 기세로 확산되던 유럽의 페스트 유행은 잔불만 남기고 큰불이 진화된 수준으로 가까스로 소강상태에 접어들었다. 이는 14세기 말경의 일이다. 병원균은 독성이 너무 강해지면 숙주가 사망하므로 독성이 강한 균은 차츰 사라지고 사람과 공존할 수 있을 정도로 독성이 약한 균만 남는 양상을 보이는데, 페스트도 숙주와 공존하며 생존하기 위해 독성을 줄이는 방향으로 전략을 바꿨다고 볼 수 있다.

유럽에서 페스트 팬데믹이 중세에서 근대로 도약하는 중요한 디딤돌이 된 이유

14세기에 일어난 페스트 팬데믹과 중세의 소빙기는 공교롭게도 아시아에서는 원의 쇠퇴기와 겹친다. 동서를 가로지르는 교역로를 장악한 원의 세력이 약해지면서 실크로드 무역 규모가 눈에 띄게 축소되었고 화폐 경제가 쇠퇴했다.

시대를 역행한 아시아와 달리 유럽에서는 페스트를 계기로 중세에서 근대로 이행하는 중요한 도약이 이루어졌다. 페스트가 유행한 이후 유럽에서 나타난 변화를 크게 다음의 세 가지로 요약할 수 있다. 첫째 장인과 상인, 농민의 지위가 향상되는 '을의 반란'이 일어났다. 둘째 가톨릭교회의 권위가 실추되며 종교개혁의 불씨가 지펴졌다. 셋째 신분과 가문에 얽매이지 않는 새로운 인재 등용 방식이 등장했다.

먼저 첫 번째 변화를 살펴보자. 당시 화물 운반, 교회와 관청에서 필요한 서류 작성 및 각종 자료 필사, 연락과 통신, 식사 준비와 청소 등 온갖 잡다하고 자질구레한 일을 처리하려면 사람 손이 필요했다. 그런데 상류계급 사람들은 하인을 고용하지 않고는 살림을 꾸려가기는커녕 제대로 생활할 수조차 없었다. 이런 상황에서 페스트 팬데믹으로 인구가 단기간에 급격히 감소하자 귀족과 성직자의 하인, 상점 점원, 장인 등 다양한 일터에서 일손이 부족해졌다. 그러자 상류계급이 부리던 하인과 노동자는 스스로 고용주를 선택할 수 있게 되었다. 페스트 이전에 철저한 갑으로 권력을 행사하던 귀족과 거상은 일꾼을 붙들어두기 위해 처우를 개선하고 임금을 올려주는 등 노동자의 다양한 요구를 받아주어야 했다.

잉글랜드 국왕 에드워드 3세(Edward III, 재위 1327~1377)는 임금 시세를 페스트 팬데믹 이전 수준으로 돌리라는 명령을 내렸다. 이는 잉글랜드에서 노동자의 임금 상승 요구의 목소리가 높아지던 1349년 무렵의 일이다. 시대 흐름을 거스르는 이 일방적 명령을 민중이 고분고분하게 받아들일 리 없었다. 당시에는 이미 노동자의 몸값이 크게 높아져 페스트 이전보다 두세 배 많은 급여를 받고 일하는 사람이 적지 않았다. 페스트 이전 하급 노동자는 그야말로 가까스로 입에 풀칠할 수 있을 정도의 최저 생계비에도 못 미치는 급여를 받았으나 페스트가 유럽을 휩쓸고 간 뒤에는 서너 배 많은 소득을 벌어들일 수 있었다. 또 남성 노동자 수가 급격히 줄어든 자리를 메우기 위해 일터로 진출하는 여성 노동자 수도 크게 증가했다.

임금 노동자 수의 증가는 화폐 경제 발달을 촉진했다. 특히 잉글랜드에서는 15세기 무렵부터 장인을 한곳에 모아두고 작업시키는 공장제 수공업(manufacture)이 활발해지면서 모직물 산업이 급성장했다.

페스트로 크게 줄어든 인구를 오랫동안 좀처럼 회복하지 못한 유럽에서는 노동자의 임금 상승이 16세기 이후로도 꾸준히 이어졌다. 그 덕분에 하급 장인과 상인 등 도시 주민의 살림살이는 나날이 넉넉해졌다. 형편이 나아진 사람들이 식탁에 고기를 올리는 횟수가 늘어나며 식육 수요가 증가했다. 또 연극 등 문화와 여흥, 오락에 돈을 쓸 수 있는 여유도 생겼다. 18세기에 들어서면서는 아시아와 중남미에서 수입된 홍차와 설탕 등의 기호품을 대량으로 소비하는 도시 주민이 늘어나 시장경제 규모가 확대되었다.

13세기 이후 화폐 경제에 뚜렷한 변화의 조짐이 나타났다. 철저한 을로 갑에게 종속당하는 신분이던 농민과 노동자의 지위가 향상되고 화폐 경제의 규모가 커졌다. 페스트 팬데믹이 변화의 불씨를 지피는 불쏘시개 역할을 하며 변화의 폭이 커지고 속도가 빨라졌기 때문이다.

인건비 폭등은 활판 인쇄술과 대형 범선 등의 발명으로 이어졌고 군사(軍事) 측면에서도 변화가 나타났다. 전쟁터에서 필요한 능력과 기술을 연마한 전문 기사와 용병을 고용하려면 고액의 인건비를 지불해야 하고 활쏘기나 말타기 같은 기술이 숙련되려면 오랜 시간이 필요했기에 농민에게 쥐어주면 바로 사용할 수 있는 총기가 급속히 보급되었다.

노예에 가까운 농민을 자유로운 신분의 농업 노동자로 변신시키고 농지를 소유한 독립 자영농이라는 신흥 계급을 탄생시킨 페스트 팬데믹

페스트 팬데믹은 도시와 농촌을 가리지 않고 사람들의 생활을 크게 바꾸어 놓았다. 도시뿐 아니라 농촌에도 변화의 바람이 불기 시작했다. 중세 유럽의 많은 나라에서 농지는 장원 영주의 소유물로 농민 대다수는 영주에게 예속되어 노동과 납세 의무를 지고 '농노'라 불리는 미천한 신분으로 살아야 했다. 그런데 페스트 팬데믹으로 인구가 가파르게 감소해 각지의 장원에서 일꾼이 귀한 몸이 되었고 세수가 줄어들면서 영주의 주머니가 홀쭉해졌다. 영주는 농민을 영지에 잡아두기 위해 처우를 개선해주었다. 이로써 농노는 자유로운 지위에서 영주에게 임금을 받아 일하는 농업 노동자 신분으로 변신했고, 농지를 소유한 독립 자영농(Yeoman)이라는 신흥 계급이 형성되었다.

그러나 여전히 가장 막강한 기득권층인 국왕과 영주는 농민의 요구를 순순히 받아들이려 하지 않았다. 그들은 발악하듯 무리하게 세금을 올리거나 권력을 휘두르고 포악질을 부리는 등 변화하는 시대에 거세게 저항하며 구태의연한 행태를 보였다.

새 생명이 태어나려면 반드시 극심한 산통을 겪어야 하듯 역사도 마찬가지다. 새로운 시대를 맞이하기 위해서는 산통을 겪어야 한다. 1358년 프랑스에서 일어난 농민봉기 자크리의 난(La Grande Jacquerie)은 그런 맥락에서 이해할 수 있는 역사적 사건이다. 이후 유럽 곳곳에서 대규모 농민봉기가 줄을 이었고 1381년 잉글랜드에서 일어난 와트 타일러의 난(Wat Tyler's Rebellion)이 대표적인 예다. 당시 봉기의 주체 세력인 농민 집단이 일시적으로나마 잉글랜드의 수도 런던을 점령하고 국왕 리처드 2세(Richard II, 재위 1377~1399)에게 농노제 폐지를 요구하여 국왕의 동의를 얻어내는 데 성공했으나 주모자인 와트 타일러가 체포되어 처형되면서 사태가 일단락되었다. 그러나 이러한 충돌이 반복되는 과정에 국왕과 각지의 영주는 차츰 권위를 잃고 추락해갔다.

농촌에서는 곡물 재배 중심의 자급자족 생활이 기본이라 화폐 경제가 쉽게 자리 잡지 못했다. 그러던 중 페스트의 확산으로 인해 농촌 경제 구조에 뚜렷한 변화의 조짐이 나타나기 시작했다. 곡물 재배에는 많은 일손이 필요한데, 페스트로 인구가 급격히 감소한 잉글랜드에서는 품이 한결 덜 드는 목양(牧羊)으로 전환하는 움직임이 나타난 것이다. 농장을 소유한 영주나 대지주는 목초지를 확보하기 위해 소작농의 농지와 공유지에 울타리를 둘러 사유화했다(인클로저). 이로써 땅을 잃은 소작농은 하급 농장 노동자로 전락하거나 먹고 살기 위해 도시로 이주해 날품팔이로 생계를 꾸려가야 하는 도시 하층민이 되었다.

농업 기술 분야에서도 변화의 조짐이 뚜렷이 나타났다. 기술이 발전해 대량의 비료를 사용하는 방식이 보급되면서 상업 작물 매매가 활발해짐에 따라 농촌의 자급자족 생활 경제가 붕괴되고 필요한 물자와 식량을 외부에서 조달하는 가정이 늘어났다. 물물교환이 아닌 화폐로 거래하고 세금도 화폐로 내게 되면서 화폐 경제가 농촌에 뿌리 내릴 수 있게 되었다.

자본주의 발달의 밑거름이 된 18세기 유럽의 농업 혁명

대농장주가 된 자영농은 농업 노동자를 일꾼으로 고용했다. 그들이 이익 추구를 위해 수확량을 늘리거나 새로운 농법을 적극적으로 도입하는 등 자구책을 마련한 결과 18세기 초 잉글랜드의 밀 생산량은 14세기에 비해 갑절로 늘어났다.

18세기 유럽에는 보리, 클로버, 밀, 순무의 네 종류 작물을 돌려짓기하는 '노퍽 농법(Norfolk four-course system)'이 보급되었다. 클로버는 콩과의 여러해살이풀로 척박한 토질을 회복시키는 효과가 있고 가축 먹이로도 사용할 수 있어 곡물 재배와 목축의 효율을 동시에 끌어올릴 수 있었다. 그 덕분에 농산물과 식육, 유제품, 양모 등의 시장 유통량이 증가했다.

농산물 거래가 활발해지면서 농장주는 자본가로 변신했고 자연스럽게 농업의 자본주의화가 진행되었다. 이러한 일련의 변화를 '농업 혁명'이라고 부르는데, 이는 유럽의 자본주의 발달의 확실한 밑거름이 되었다.

그런데 서유럽과 달리 동유럽 국가에서는 페스트 팬데믹 당시 화폐 경제가 서유럽만큼 발달하지 않아 임금 노동자와 농민의 지위 향상이 이루어지지 않았다. 그중에서도 러시아제국은 19세기까지 농노제가 유지되어 서유럽에 비해 경제와 산업 발전이 뒤처졌다.

페스트 팬데믹 이후 공중위생을 담당하는 관료가 교회보다 더 큰 권력을 행사하게 되었다고?

페스트 팬데믹으로 유럽 사회에 나타난 두 번째 변화의 물결을 살펴보자. 가톨릭교회의 권위 실추는 200여 년 동안 서서히 진행되었다.

중세에는 의학이 발달하지 않아 감염병을 비롯한 여러 가지 재해에 맞닥뜨렸을 때 사람들은 그저 신에게 자신을 지켜달라고 기도하는 것 말고는 할 수 있는 게 없었다. 페스트의 유행은 단기적으로는 신앙심을 자극해 귀족과 민중이 구름떼처럼 교회로 몰려들었다. 그러나 신에게 두 손 모아 간절히 기도해도 페스트 유행은 사그라질 줄 몰랐고 사람들은 기도를 들어주지 않는 신에게 실망해 가톨릭교회를 향한 믿음을 잃어갔다. 민중 사이에서는 페스트라는 끔찍한 역병이 부도덕한 세상에 신이 내린 천벌이라고 믿는 교리가 퍼지며 기존의 낡고 타락한 교회와 독립된 형태로 기독교 본연의 금욕 정신으로 돌아가자는 운동이 시작되었다.

13세기 후반 무렵, 이탈리아반도 각지에서는 속죄를 위해 자기 몸을 스스로 채찍질하며 순례하는 고행자 무리가 나타났다. 페스트 유행 후 등장해 고행을 강조한 이 교단은 프랑스와 네덜란드, 폴란드 등 유럽 여러 지역에서 활발히 포교 활동을 하며 교세를 확장해갔다. 이처럼 자생적으로 일어난 신앙에 기반한 운동은 유럽 각지의 농민 반란과 연결되며 종교개혁의 촉매제가 되었다.

중세에는 가톨릭교회가 학교 역할을 겸했다. 로마제국 시대부터 전해져 내려온 과학, 철학 등의 문헌은 대부분 라틴어로 집필되었으며 라틴어 교육은 특히 성직자가 담당했기 때문이다. 그런데 페스트 팬데믹으로 교회에 속한 지식인 계층이 목숨을 잃으면서 14세기 당시 유럽 각지의 30개 대학 중 4개가 폐교했다. 페스트 유행이 지나가고 끔찍한 사태가 어느 정도 수습된 뒤에도 교회의 권위로부터 독립한 학술 탐구 열기가 식지 않으면서 훗날 르네상스를 꽃피우는 토양이 마련되었다.

중세 의사에게 라틴어는 기초 교양과목이었다. 의사들은 교육을 담당하는 교회나 수도원 부설 병원에 소속되어 환자를 돌보았다. 당시 의학에서는 신체를 직접 다루는 외과의를 천시하고 내과의를 중시했다. 내과는 실천보다 이론 쪽에 편중되었다. 그리고 고대 그리스의 의사 히포크라테스(Hippocrates, c. 460~c. 370 BC)에서 로마제국 시대 의사 갈레노스(Claudios Galenos, c. 129~c. 200)에게 이어진 '사체액설(四體液說, Humoral theory)'을 신봉하고 있었다. 사체액설은 혈액, 점액, 황담즙, 흑담즙의 네 가지 체액이 균형을 이루어야 건강을 유지할 수 있다는 사고방식으로, 현대의학에서는 인정받지 못하는 이론이다. 당시에도 페스트 치료에 이 이론이 별다른 효과를 보이지 못하자 차츰 이론보다 실천을 중시하는 움직임에 힘이 실리면서 외과의사의 지위가 향상되는 지위 역전 현상이 일어났다.

유럽의 도시에서는 공중위생을 담당하는 관료가 교회보다 더 큰 권력을 행사하게 되었다. 그 연장선에서 감염병 확산을 방지하기 위해 수시로 교회에 많은 사람이 모이는 미사나 세례 행사 중지, 학교 폐쇄 명령 등의 조치가 내려졌다.

15세기에 들어서면서 페스트가 잠잠해질 무렵, 교황 인노켄티우스 8세(Pope Innocent VIII, 재위 1484~1492)와 알렉산데르 6세(Pope Alexander VI, 재위 1492~1503)는 교황의 권위를 강화하려는 행보를 보였다. 그러나 고인 물은 썩게 마련이고 교회는 이미 부패할 대로 부패해서 성직을 사고파는 파렴치한 활동이 버젓이 이루어졌다. 이러한 교회의 사악한 행태를 작센 출신 신학자 마르틴 루터(Martin Luther)가 비판하고 나섰고, 라틴어를 배우지 못한 민중도 읽을 수 있도록 독일어로 번역된 성경을 보급했다. 당시 성경이 보급되는 과정에서 활판 인쇄술이 탄생했다.

페스트 팬데믹으로 교회에 비판적인 세력이 차츰 목소리를 내기 시작하면서 학문과 예술이 교회로부터 독립했다. 또 '필요는 발명의 어머니'라는 말대로 노동력 부족에서 탄생한 활판 인쇄술이라는 획기적인 발명품이 종교개혁의 마중물 역할을 했다.

페스트가 레오나르도 다빈치, 미켈란젤로, 라파엘로 등 천재 예술가의 등장을 촉발하고 르네상스를 앞당겼다고?

페스트는 신분제에도 변화의 물결을 몰고 왔는데, 기존의 귀족이나 성직자 계급과는 전혀 다른 새로운 인재가 부상했다. 그리고 그들은 문화 혁신에 크게 기여했다.

왜 그런지는 알 수 없지만 중세 페스트를 퍼뜨린 역병의 신은 나이든 사람보다 젊은 사람을 사랑하는 것처럼 보였다. 실제로 셀 수 없이 많은 청년이 페스트로 목숨을 잃었다. 당시만 해도 인간의 평균 수명은 마흔 살 미만으로, 특별히 건강하지 않으면 쉰 살을 넘기지 못하고 대부분 세상을 떴다. 게다가 학교 교육이 보편적이지 않던 시대라 열 살 미만 어린아이의 노동이 일반적이었다. 귀족 혹은 돈깨나 번다는 상인 가문에서도 선대가 세상을 뜨면 스무 살 남짓한 젊은 나이에 가문을 이어받아 책임지고 이끌어야 했다.

특히 일정 수준 이상의 자산을 보유한 계급에서는 상속과 기부가 활발해졌다. 페스트로 사망한 친인척의 유산을 상속하거나 페스트로 사망한 고인의 유언에 따라 교회나 공공기관에 유산을 기부하는 사람이 나타나기 시작했다. 이러한 자금이 건설공사 등에 투입되어 경제에 윤활유 역할을 하며 경기가 살아났다.

페스트 팬데믹으로 유럽에서는 라틴어를 배워 교양을 갖춘 성직자 계급의 사회적 영향력이 감소했다. 잉글랜드에서는 11세기 이후 고등교육 현장에서 라틴어와 함께 프랑스어를 사용했는데, 프랑스어를 가르치는 교사 중 상당수가 페스트로 목숨을 잃게 되면서 서민에게 익숙한 자국어(영어)로 교육과 출판이 이루어졌다.

14세기 말, 잉글랜드의 위대한 시인 제프리 초서(Geoffrey Chaucer)는 『캔터베리 이야기(The Canterbury Tales)』를 집필했다. 이 책은 영국

문학사에서 영어로 집필된, 중세를 대표하는 문학작품으로 높이 평가받고 있다.

페스트 유행 당시에는 왕후장상도 성직자도 농민도 시민도 모두 병마와 죽음 앞에 평등하게 무력했다. 죽음의 손길은 신분이나 지위 고하를 막론하고 메뚜기 떼처럼 사람들을 휩쓸고 지나갔다. 페스트가 지나간 후 유럽에서는 '왕도 귀족도 농민도 죽음 앞에서는 모두 평등하다'라는 생각이 번져 나갔다.

14세기 후반부터 16세기까지 '죽음의 무도(舞蹈)'라고 부르는, 춤추는 해골을 그린 작품과 창백할 정도로 푸르스름한 말("내가 또 보니, 푸르스름한 말 한 마리가 있는데 그 위에 탄 이의 이름은 '죽음'이었습니다."— 요한계시록 6:8)을 그린 산 프란체스코 대성당의 벽화 등 '죽음'을 모티브로 한 예술작품이 활발히 제작되었다. 사람들은 고귀한 자도 가난한 자도 언젠가는 죽어야 하는 운명을 타고난 인간임을 깨달았다. 이 시대에 "메멘토 모리(Memento mori, 죽음을 기억하라)"라는 라틴어 문구가 널리 퍼져 나갔다.

죽음의 이미지는 '재생'에 대한 염원과 인간다운 삶의 긍정으로 이어졌다. 그 무렵 집필된 보카치오의 소설 『데카메론』에서는 색욕을 탐닉하고 얕은 술수로 사람들을 속이고 기만하는, 기존의 기독교적 도덕관에서 벗어난 새로운 인간상이 묘사되었다.

"누구나 뭔가를 하지 않고는 못 배기는 상황이다."

이는 페스트 팬데믹이 진정된 후의 유럽 분위기를 표현한 말

페스트가 지나간 후 유럽에서는 '왕도 귀족도 농민도 죽음 앞에서는 모두 평등하다'라는 생각이 번져 나갔다. '죽음'을 모티브로 한 예술작품이 활발히 제작되었고 사람들은 누구나 죽어야 하는 운명을 타고났음을 새삼 인식하게 되었다.

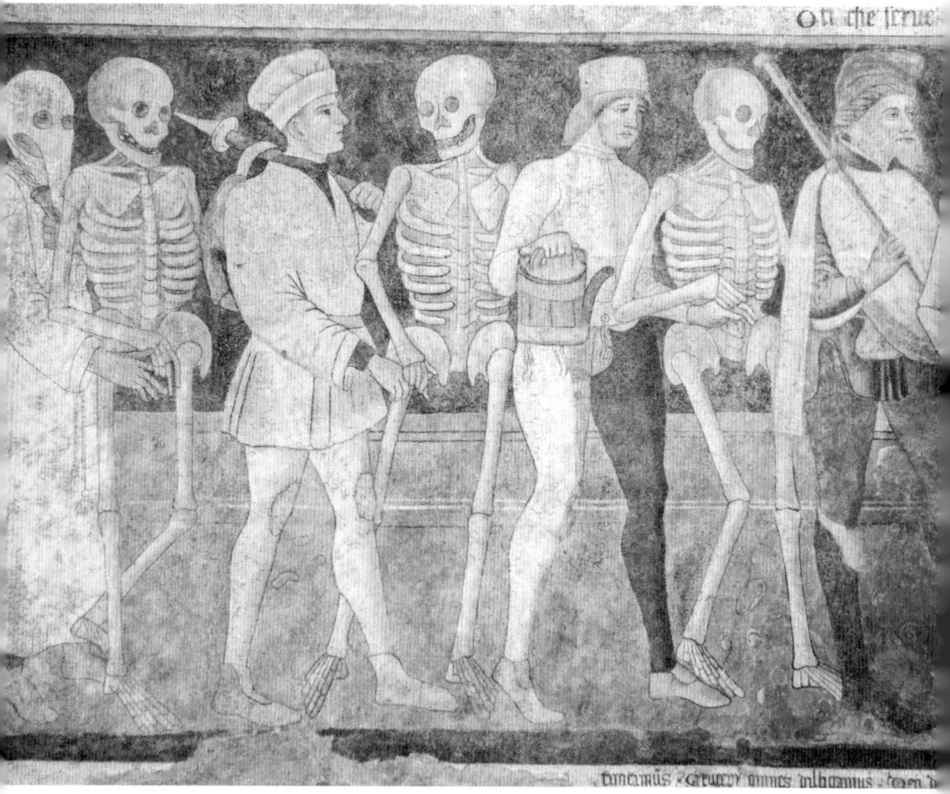

'죽음의 무도'와 같은 '죽음'을 모티브로 한 작품에서 죽음의 이미지는 '재생'의 염원과 인간다운 삶의 긍정으로 이어졌다.

Non hauere pagura a questo ballo venire, Ma alegramente vene e non tremare, Poy chi nasce

로, 14세기 페스트 대유행을 자세히 기록한 이탈리아 북부 도시 시에나의 연대기 작가가 남긴 기록이다. 사람들은 내일 당장 죽을지 모르는 상황이라면 아무것도 하지 않고 가만히 있기보다는 무슨 일이든 과감히 시도해보는 게 낫다고 여겼다. 이러한 감정이 15세기 이후 레오나르도 다빈치, 미켈란젤로, 라파엘로 등 천재 예술가의 등장으로 본격적으로 꽃피우는 르네상스 시대의 회화와 조각, 문학 등에 커다란 영향을 미쳤다.

중세 마녀재판이 고양이 수를 급감시키고
쥐가 들끓게 만들어
페스트 팬데믹을 초래한 중요한 원인이었다는데?

15세기 이후로도 페스트 팬데믹은 전 세계 각지에서 몇 번씩 되풀이되었다. 유럽에서는 페스트의 산발적 유행과 동시에 종교적 광풍이 휘몰아쳤는데, 16~18세기 가톨릭교회와 이에 맞서는 프로테스탄트 교회가 서로 자신들의 종파에 속하지 않은 사람을 이단으로 몰아 탄압하고 이단 판정을 받은 여성을 가혹하게 처벌하는 마녀재판이 횡행했다.

마녀로 몰린 사람 중에는 교회가 가르치는 정통 의학의 범주에서 벗어난 민간요법을 행하거나 마술을 부렸다고 지목된 사람도 있었다. 한데 역병이 유행하던 시절에는 지푸라기라도 잡아보고 싶은 심정으로 이런 수단에 의지하는 사람이 적지 않았다.

사람들은 자칫하면 자신도 이단으로 몰려 고발당할지 모른다는 생각에 서로 눈치만 살피며 몸을 사렸다. 당시에는 질병을 치료하기 위해 민간요법이나 주술에 의지하는 사람들을 페스트 팬데믹을 초래한 흉악한 범인으로 지목하고 체포해 처형하는 흉흉한 분위기가 팽배해 있었기 때문이다. 마녀는 고양이를 부하로 부린다는 소문이 돌면서 네덜란드와 프랑스에서는 죄 없는 고양이가 억울하게 희생되기도 했다. 고양이 수가 급격히 줄어들자 천적인 쥐가 들끓면서 페스트가 점점 더 활개를 치는 악순환이 반복되었다.

17세기에는 상업이 발달한 이탈리아를 비롯해 유럽 각국 도시에서 감염병의 대유행에 대응하는 공중위생 부서가 만들어져 검역과 감염자 격리에 힘썼다. 공중위생 부서의 업무 중 하나는 감염병이 발생한 지역에서 생산된 상품을 훈증 소독하거나 소각 처분하는 일이었다. 값비싼 비단 제품을 몰수당해 처분하다 보니 이런 조치에 적잖이 불만을 품는 상인도 생겨났다.

그 무렵 유럽에서 페스트 환자를 치료하던 의사들은 독특한 복장으로 환자를 돌보았다. 환자와 접촉해 감염되는 상황을 막기 위해 피부 노출을 줄이고 얼굴에는 새 모양의 가면을 썼다. 가면 부리 부분에는 장뇌와 장미 같은 향료를 넣어 질병의 원인이 되

중세 유럽에서 페스트 환자를 치료하던 의사들은
독특한 복장으로 환자를 돌보았다.
환자와 접촉해 감염되는 상황을 막기 위해
피부 노출을 줄이고 얼굴에 새 모양의 가면을 썼다.
가면 부리 부분에는 장뇌와 장미 같은 향료를 넣어
질병의 원인이 되는 나쁜 공기를 차단하고자 했다.

는 나쁜 공기를 차단하고자 했다.

18세기 중반 이후 유럽에서 페스트 팬데믹이 거의 발생하지 않은 까닭은?

1660년대 네덜란드에서 이탈리아로 퍼져 나간 페스트로 인해 뜻밖의 부산물이 생겨났다. 그것은 바로 위대한 과학자 아이작 뉴턴(Isaac Newton)과 관련된 일이다. 당시 잉글랜드의 수도 런던 근교 케임브리지대학교 트리니티 칼리지에서 공부하던 뉴턴은 페스트 대유행을 피해 고향으로 돌아가 연구와 사색에 깊이 몰두했다. 뉴턴은 페스트가 기승을 부리는 동안 미적분, 만유인력의 법칙, 분석 광학 등 기초 이론을 완성할 수 있었다.

페스트 팬데믹이 한창이던 1666년, 런던 대화재(Great Fire of London)로 수많은 가옥이 소실되었다. 이를 계기로 목조 가옥이 벽돌 주택으로 개축되었고 짚으로 지붕을 만들던 관습이 사라졌다. 주택 형태가 개량되자 가옥에 서식하던 쥐가 눈에 띄게 줄어들었고 런던은 페스트가 창궐하기 어려운 바람직한 환경으로 탈바꿈했다.

18세기 중반 이후 유럽에서 페스트 팬데믹은 거의 일어나지 않았는데 철저한 검역과 격리, 기후 변화, 페스트균의 변이로 약해진 독성 등의 이유와 함께 쥐의 대이동을 주요 원인으로 꼽을 수 있다. 1720년대 런던에서 대량의 시궁쥐가 서유럽으로 유입되며 그때까지 터줏대감 행세를 하던 곰쥐가 밀려나는 신세가 되었다. 굴러 들어온 돌이 박힌 돌을 밀어내며 페스트를 옮기는 매개체인 곰쥐의 개체수가 급격히 줄어들게 된 것이다.

여기에 더해 19세기 중반에 들어서서 근대적 위생개념과 기술이 보급되며 유럽 각지에서 상하수도가 정비되었고 일조권과 환기에 신경을 쓴 널찍한 도로를 갖춘 도시 계획이 추진되며 예전처럼 질병이 활개 치기 어려운 환경이 갖춰졌다.

사람들은 왜 페스트를 '감염병의 대명사'로 인식할까?

19세기에 들어서자 증기선 발달에 힘입어 세계 교역망이 급속하게 발전했고 제국주의를 내세우는 유럽 열강은 앞다투어 세계 각지에 영토와 시장을 개척했다. 중국의 청 왕조를 비롯해 아시아 해안부 항만 지대는 수많은 선박이 오가며 상업 발달로 인구가 급속히 증가해 비위생적인 환경이 일상이 되었다.

이러한 상황의 연장선에서 세 번째 페스트 팬데믹이 발생했다. 1894년의 일이다. 중국 윈난성에서 시작된 제3차 페스트 대유행은 국제적인 무역항으로 자리매김한 홍콩을 거쳐 아시아 여러 나라와 하와이까지 진출했으며, 1920년대까지 주기적으로 세계 각지에서 맹위를 떨쳤다. 프랑스 작가 알베르 카뮈(Albert Camus)가 1947년에 발표한 소설 『페스트(La Peste)』는 북아프리카의 프랑스령 알제리의 페스트 유행을 소재로 한 작품이다.

1900년을 전후해서 독일 의학자 로베르트 코흐(Robert Koch)와 연구자들이 근대 세균학을 확립했다. 일본 감염병 연구소의 기타자토 시바사부로(北里柴三郎)와 프랑스 파스퇴르 연구소의 알렉상드르 예르생(Alexandre Emile Jean Yersin)은 페스트가 유행하는 홍콩을 방문해 감염자의 몸에서 조직을 채취해서 페스트균을 특정해 분리(단리單離)하는 작업에 성공했다. 이후 파스퇴르의 제자로 러시아 출신의 발데마르 하프킨(Waldemar Haffkine)이 페스트 백신 개발에 나섰다.

제2차 세계대전 이후 세균 감염증 치료에 큰 효과를 발휘하는 스트렙토마이신(Streptomycin), 클로람페니콜(Chloramphenicol), 테트라시클린(Tetracycline), 플루오로퀴놀론(Fluoroquinolone) 등의 항생제가 보급되었다. 동시에 여러 나라의 도시에서 쥐와 벼룩 퇴치, 상하수도 정비 등 본격적인 환경 개선이 이루어진 덕분에 페스트 위협이 크게 줄어들었다.

그러나 여전히 많은 사람이 페스트를 '세계사에서 인류를 공포에 떨게 한 무시무시한 감염병의 대명사 같은 질병'으로 인식하고 있다. 이는 마치 1980년대에 출현한 '에이즈(AIDS)'와 비슷한 느낌이라고 할까. 인간면역결핍 바이러스(Human Immunodeficiency Virus, HIV)로 발생하는 에이즈가 급속히 국경을 넘어 무서운 속도로 퍼져 나가며 전 세계를 휩쓸 무렵 사람들은 이 전대미문의 질병을 '세기말 흑사병'이라는 별명으로 불렀다. 이처럼 페스트는 인간 사회에 엄청난 영향을 미치며 인류사에 뚜렷한 발자취를 남겼다.

02

感染病

제1차 세계대전 장기화를 막아 평화를 가져온 인플루엔자

influenza

20세기 초까지만 해도 인플루엔자는 인류에게 한 번도 경험해보지 못한 공포스러운 위협이었으며, 인종과 민족을 가리지 않고 그야말로 전 세계인의 목숨을 '공평하게' 앗아갔다. 물론 지금은 의학기술이 발달해 인플루엔자의 경우 적절한 치료를 받기만 하면 생명을 위협하는 질병은 아니게 되었다. 아무튼 20세기 초 제1차 세계대전 당시 인플루엔자는 전쟁의 향방을 송두리째 바꾸어놓을 정도로 엄청난 위력을 자랑했다. 잠시 심호흡을 하고 곰곰이 생각해보자. 전 세계를 위협하는 감염병이 창궐했을 때 사람들은 어떻게 대처했을까? 이 점을 주의 깊게 조사하고 연구하는 일은 매우 중요하다. 왜냐하면 과거 인류가 인플루엔자라는 전대미문의 재앙에 대처하는 자세와 태도에서 코로나19 시대를 살아가는 우리는 지혜로운 교훈을 찾아낼 수 있을 것이기 때문이다.

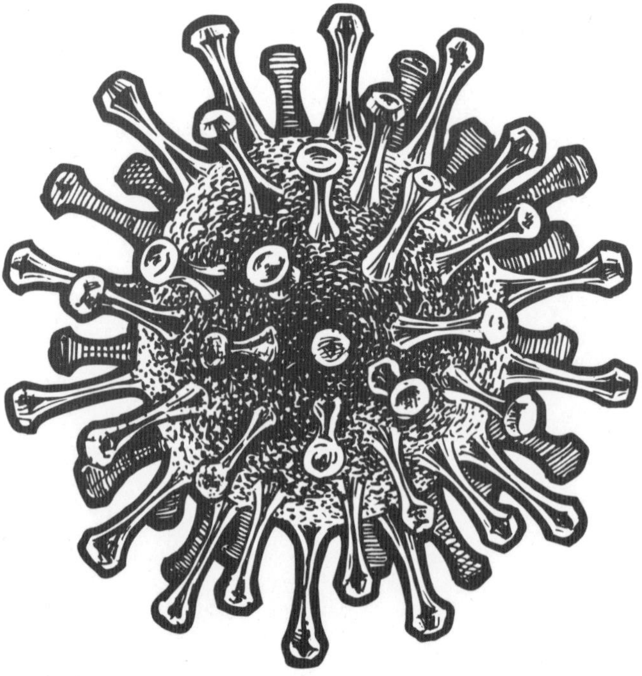

히포크라테스가 남긴 기록의
그 '미증유의 돌림병'이 인플루엔자라고?

인류에게 가장 도전적인 감염병을 꼽을 때 흔히 '독감'이라는 이름으로 불리는 인플루엔자를 빼놓기 쉬운데, 그래선 곤란하다. 인플루엔자란 인플루엔자 바이러스가 병원체로 발병하는 급성 호흡기 증후군을 말한다. 겨울이 오면 마치 제 세상을 만난 듯 활개를 쳐서 찬바람이 불기 시작할 즈음이면 독감 백신을 맞는 사람이 많아진다. 인플루엔자는 아주 먼 옛날부터 인류를 괴롭혀온 가장 대표적인 감염병이다.

한 마을에서 어느 날 갑자기 대다수 주민이 고열에 시달리며 몸을 벌벌 떨고 기침이 멈추지 않는 심각한 증상을 보였다. 이 미증유의 병은 돌림병이라 온 마을에 퍼졌는데, 희한하게도 어느 날 갑자기 사라졌다.

기원전 412년 히포크라테스가 남긴 기록이다. 최근 연구로 고대 그리스에서 기록된 이 미지의 질병이 인플루엔자였다는 가설이 제기되어 학계의 주목을 받았다.

인플루엔자는 서양 의학의 선구자이자 고대 의학을 집대성한 인물로 '의학의 아버지'로 추앙받는 히포크라테스 시대 이후에도 수시로 유행했다. 기록으로 미루어 짐작하건대, 특히 14~15세기 이탈리아에서 산발적인 유행을 되풀이한 것으로 보인다.

인플루엔자 팬데믹, 즉 인플루엔자의 전 세계적 유행을 인류가 맨 처음 인식하게 된 것은 1580년 아시아를 시작으로 아프리카에서 유럽을 거쳐 아메리카대륙까지 광범위하게 확산된 때다. 당시 이탈리아반도 로마에서는 무려 8,000명 넘는 사람이 졸지에 목숨을 잃었고 스페인 왕국의 도시 중 하나가 파괴되었다는 기록이 전한다.

일본 헤이안시대(794~1185년)에 편찬된 역사서『일본삼대실록(日本三代実録)』862년 기록에 "기침하다 사망하는 백성이 속출했다"라는 구절이 있는데 학자들은 이것을 일본 최초의 인플루엔자 관련 기록으로 보고 있다. 마찬가지로 헤이안시대 작가 무라사키 시키부(紫式部)가 지은『겐지모노가타리(源氏物語)』속 한 여주인공의 사인이 인플루엔자라는 설이 있을 정도로 인플루엔자는 그 무렵 일본인의 생활 깊숙이 자리 잡은 일상적 감염병의 하나였다.

인플루엔자의 원인이 '바이러스'라는 사실을 최초로 밝혀낸 사람은?

인플루엔자라는 병명은 언제부터 사용했을까? 인플루엔자는 '영향'을 의미하는 이탈리아어로 16세기에 병명으로 퍼져나갔다. 당시 이탈리아에서는 매년 겨울이면 원인을 알 수 없는 돌림병이 돌았는데 이 수수께끼의 질병이 별의 움직임에서 영향을 받는다고 알려졌다. 오늘날 '영향력을 행사하는 사람'을 일컫는 단어 '인플루언서(influencer)'도 어원이 같다.

유럽에서는 예로부터 인플루엔자 증상이 알려져 있었다. 사람들은 이 병의 원인을 '미아즈마(miasma)' 탓이라고 믿었다. 미아즈마는 '나쁜 공기'라는 의미로, 물질이 부패해 발생하는 나쁜 공기로 감염병이 퍼진다는 것이다. 일본에서는 바람을 맞으면 걸리는 병이라고 해서 감기를 '가제(風邪)' 또는 '후에키(風疫)'라 불렀다. 나쁜 바람이 불어 사람들에게 병을 퍼뜨린다고 믿었기 때문이다(우리나라의 '감기(感氣)'는 한자어로 '(찬) 기운을 느끼다, (찬) 기운에 감염되다'라는 의미다. 감기는 순우리말로 '고뿔'이라 한다. '코에서 나는 불'로 해석할 수 있는데, 감기에 걸리면 콧물이 흐르고 코가 막히며 코에서 열기가 나는 증상을 일컬어 명명한 것이다. — 옮긴이)

나쁜 공기가 아닌 세균이 감염병의 원인이라는 주장이 나온 것은 20세기 초의 일이다. 독일 의사 로베르트 코흐가 세균의 존재를 증명한 이후 다양한 세균이 발견된 덕분이다. 1892년, 코흐의 제자가 환자의 코에서 세균을 발견했다. 동물 실험에서는 원인균이라는 증거를 발견하지 못했으나 환자의 후두에 대량으로 존재한다는 사실을 알게 되어 이를 인플루엔자의 원인으로 보고 '인플루엔자균(헤모필루스 인플루엔자Haemophilus influenzae)'이라 명명했다.

훗날 인플루엔자 바이러스의 존재가 입증되었음에도 인플루엔자균이라는 이름은 사라지지 않았다. 인플루엔자균은 건강한 사람의 목과 비강에 상시 존재하다가 이따금 몸 상태가 나빠지면 심술을 부리기라도 하듯 기지개를 켜고 깨어나 중이염과 기관지염 등을 일으킬 수 있다.

1933년 영국에서 인플루엔자의 원인이 바이러스에 의한 점막 감염이라는 사실이 판명되었다. 그 주인공은 영국 국립의학연구소의 윌슨 스미스(Wilson Smith)와 크리스토퍼 앤드루스(Christopher Andrewes)가 이끄는 연구팀이었다. 그들은 인플루엔자 환자에게서 분리한 바이러스를 족제비과 동물인 패럿(ferret)의 목에 묻혀 인위적으로 감염을 유발하는 실험으로 인플루엔자 증상을 재현했다.

사실 그들보다 먼저 '바이러스 가설'을 주창한 이가 있었다. 1919년 프랑스 파스퇴르 연구소 전 연구원인 일본인 야마우치 다모쓰(山内保) 박사는 환자가 양치한 물을 실험에 자원한 간호사와 동료 연구원, 그리고 일반인 지인의 인두 내에 접종해 감염시키는 실험으로 인플루엔자 증상을 확인한 뒤 '바이러스'가 원인이라고 확신했다. 이후 그는 연구 결과를 영국의 권위 있는 의학 학술지 《랜싯(The Lancet)》에 발표했다. 또 인플루엔자균을 인두에 접종하는 실험으로 인플루엔자균이 원인이 아니라는 사실도 밝혀냈다.

야마우치 박사의 연구 결과는 학계에서 오랫동안 주목받지 못하다가 최근에야 비로소 재평가받게 되었다.

전 세계 18억 명 인구 중 6~9억 명을 감염시키고 그중 4,000만~5,000만 명의 목숨을 앗아간 무시무시한 질병, 스페인 독감

인플루엔자 감염 사례는 고대부터 현대에 이르기까지 전 세계의 다양한 지역에서 수없이 발견된다. 그러나 인플루엔자가 인류에게 본격적으로 사나운 이빨을 들이댄 것은 20세기에 들어선 이후의 일이다. 실제로 20세기에 인류는 세 번에 걸쳐 인플루엔자 팬데믹을 경험했다.

첫 번째 사례는 제1차 세계대전 중 전 세계를 휩쓸며 수천만 명의 목숨을 앗아간 '스페인 독감'이다. 당시 사람들은 인플루엔자 바이러스가 그 병의 원인인지 아닌지 알지 못했기 때문에 그저 '독감'이라고 불렀다.

얼마나 많은 사람이 스페인 독감에 걸렸으며, 그중 얼마나 많은 사람이 목숨을 잃었을까? 놀랍게도 당시 세계 인구 약 18억 명의 3분의 1에서 2분의 1 정도가 이 감염병에 걸렸다고 한다. 말하자면 6억에서 9억 명 정도가 스페인 독감에 걸렸고 그중 4,000만 명에서 5,000만 명이 목숨을 잃었다. 이 사망자 수는 제1차 세계대전 추정 사망자 802만 명의 5~6배에 이르는 엄청난 수다.

두 번째 사례는 1957년 4월의 일이다. 홍콩에서 '아시아 독감'이 발생해 반년도 지나지 않은 시점에 아시아 일대와 호주, 미국, 유럽으로 급속히 퍼져 나갔다. 항공기를 비롯한 각종 교통수단이 발달하며 감염병도 날개를 달고 전 세계로 번졌는데, 스페인 독감 시대와 비교해도 전파 속도가 엄청나게 빨라졌음을 알 수 있다. 당시 아시아 독감으로 100만 명 넘게 사망한 것으로 추정되며 일본에서도 300만 명이 이 병에 감염되어 그중 5,700여 명이 목숨을 잃었다.

세 번째 사례는 1968년 7월에 일어났다. 맨 처음 발생한 곳이 홍콩인 탓에 '홍콩 독감'으로 불렸으며 여름에서 가을에 걸쳐 아시아, 유럽, 미국까지 차례로 휩쓸었다. 제1차 팬데믹에서는 비교적 얌전하던 독감이 이듬해 겨울 제2차 팬데믹 당시에는 상당히 높은 감염률과 사망률을 나타냈다. 전 세계에서 100만 명 넘는 사람이 사망했고 일본에서는 병에 걸린 14만여 명 가운데 2,000명 가까이 목숨을 잃었다.

한편 1947년 이탈리아에서 새로운 인플루엔자 바이러스로 인한 '이탈리아 독감'이 발생해 이듬해부터 유럽과 북아프리카 일대에서 기승을 부렸다. 다만 이 바이러스의 유형이 스페인 독감과 같고 제2차 세계대전 직후 혼란스러운 상황이 채 수습되기 전이라 정확한 정보가 전달되지 않아 팬데믹으로 인정되지는 않았다.

1977년 5월에는 중국 북서부에서 '소련 독감'이 발생해 그해 12월에 시베리아, 서러시아에서 미국, 유럽까지 세력을 확장했

인플루엔자 팬데믹

수십 년 주기로 형태가 다른 인플루엔자 바이러스가 출현하고 있다.

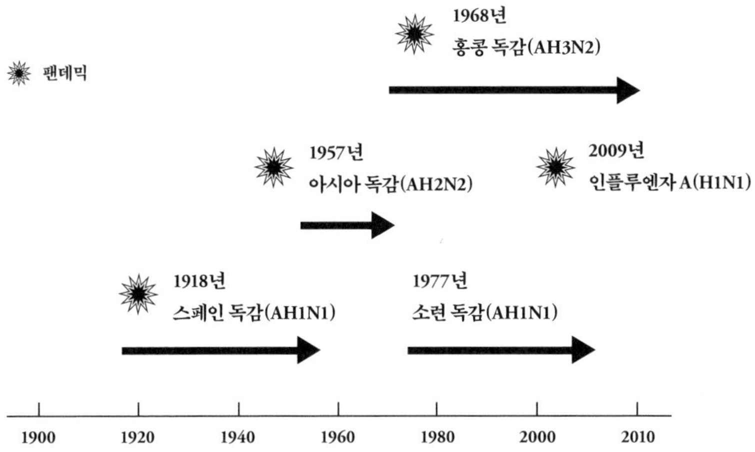

일본 시마네현 감염정보센터 홈페이지를 기초로 작성

다. 소련 독감 바이러스 유전자는 이탈리아 독감과 같았고 이때도 팬데믹으로 보지는 않았다.

당시의 이탈리아 독감 바이러스는 자연계에서 사라졌다고 여겨지던 중 왜 뜬금없이 아시아에 나타나 재유행했는지가 여전히 수수께끼로 남아 있다. 실험실에 동결 보존된 바이러스가 유출되었다는 음모론이 퍼진 것도 그런 이유에서다.

최초 인플루엔자 발생국으로 의심받는 '미국', '프랑스', '중국' 대신 엉뚱한 '스페인'이 병명에 붙은 이유가 유일하게 언론 통제를 하지 않았기 때문이라는데?

자, 이제 인플루엔자 팬데믹 중 가장 규모가 크고 인적 피해가 가장 심했던 스페인 독감을 집중적으로 살펴보자.

스페인 독감이라고 하니 독자들은 이 감염병이 당연히 스페인에서 맨 처음 발생했을 것이라고 생각하기 쉬운데, 사실은 그렇지 않다. 스페인 독감은 미국 중서부 캔자스주 해스켈 카운티의 미군 훈련지 캠프 펀스턴(Camp Funston)에서 최초 감염 사례가 보고되었다. 제1차 세계대전이 한창이던 1918년 3월 4일의 일이다. 발열과 두통 증상을 느끼는 병사들이 걷잡을 수 없이 늘어나 1,000명이 넘는 병사가 같은 증상을 호소했고 그중 48명이 사망했다. 사인은 폐렴으로 기록되었다.

왜 미군 캠프에서 많은 사람이 한꺼번에 인플루엔자에 감염됐을까? 훗날 연구자들의 조사 결과에 따르면 캠프 근처 겨울 철새 도래지가 주요 원인이었던 것으로 보인다. 즉, 철새 도래지의 새에게서 캠프 내 축사에서 기르던 돼지에게 바이러스가 전파되었고, 다시 돼지 몸속에서 사람에게 감염 가능한 형태로 변이를 일으킨 바이러스가 축사 담당 병사에게 옮겨갔다는 주장이다. 이를 종합해볼 때 스페인 독감은 스페인 기원이 아닌 미국 기원설로 보는 것이 좀 더 타당하기에, 이름 또한 이제부터라도 고쳐 불러야 하지 않을까 싶다.

그 밖에 '프랑스 기원설'도 있다. 제1차 세계대전이 한창일 때 북프랑스 에타플에 있던 영국군 기지에는 연합국 병사 10만 명이 드나들었다. 한데 1916년 12월 이곳에서 인플루엔자와 유사한 증상을 보이는 병사가 나타난 후 전사자의 두 배가 넘는 사망률로 사망자가 나왔다는 기록이 있다.

최근에는 '중국 기원설'도 새롭게 제기되었다. 중국 북부에서 비슷한 증상을 보이는 호흡기 질환이 유행했다는 기록이 발견되었기 때문이다. 이는 1917년 11월의 일이다. 벨기에 남부에서 프랑스 북동부까지 펼쳐진 서부전선에서 영국군과 프랑스군을 후방에서 지원하기 위해 9만 6,000명의 중국인 노동자를 동원했다. 그 중국인 노동자들이 중국 본토에서 이미 감염된 상태에서 유럽으로 건너왔고, 거기서부터 유럽 전역으로 인플루엔자가 퍼져 나갔다는 설이다.

여기에 더해 1917년부터 캐나다를 가로질러 유럽으로 보내진 중국인 노동자 2만 5,000명 중 검역 대상이 된 3,000명이 인플루엔자와 유사한 증상을 보였다는 기록도 발견되었다. 당시 중국인 노동자를 동원하는 일은 물밑에서 쉬쉬하며 은밀히 이루어졌고 정확한 명부도 작성되지 않아 뚜렷한 증상을 보이는 환자가 나와도 제대로 대처하지 못했다.

이렇듯 스페인 독감의 발생 원인을 추정하는 여러 가지 설에서 정작 스페인은 거론조차 되지 않았는데 왜 '스페인 독감'이라는 이름이 붙었을까? 그 이유는 제1차 세계대전이라는 엄중하고 긴박한 세계정세와 관련이 있다.

제1차 세계대전은 영국과 프랑스, 러시아, 그리고 뒤늦게 참전한 미국 등의 연합국과 독일, 오스트리아·헝가리제국, 오스만제국, 불가리아 등의 동맹국 사이에 벌어진 전쟁이다. 전시에 연합국과 동맹국에 속한 나라는 정보를 엄격히 통제했기 때문에 설령 인플루엔자가 유행해도 나라 밖으로 그러한 정보가 흘러나가지 않았다.

그러던 중 '스페인 독감'이 스페인 왕국을 강타했다. 국왕 알폰소 13세(Alfonso XIII, 재위 1886~1931)와 각료를 비롯한 800만여 명이 감염되면서 국가 기능이 거의 마비되었다. 그런데 당시 스페인은 스페인 독감이라고 하니 이 감염병이 당연히 스페인에서 맨 처음 발생했을 것이라고 생각하기 쉬운데, 사실은 그렇지 않다. 스페인 독감은 미국 중서부 캔자스주 해스켈 카운티의 미군 훈련지 캠프 펀스턴에서 최초 감염 사례가 보고되었다.

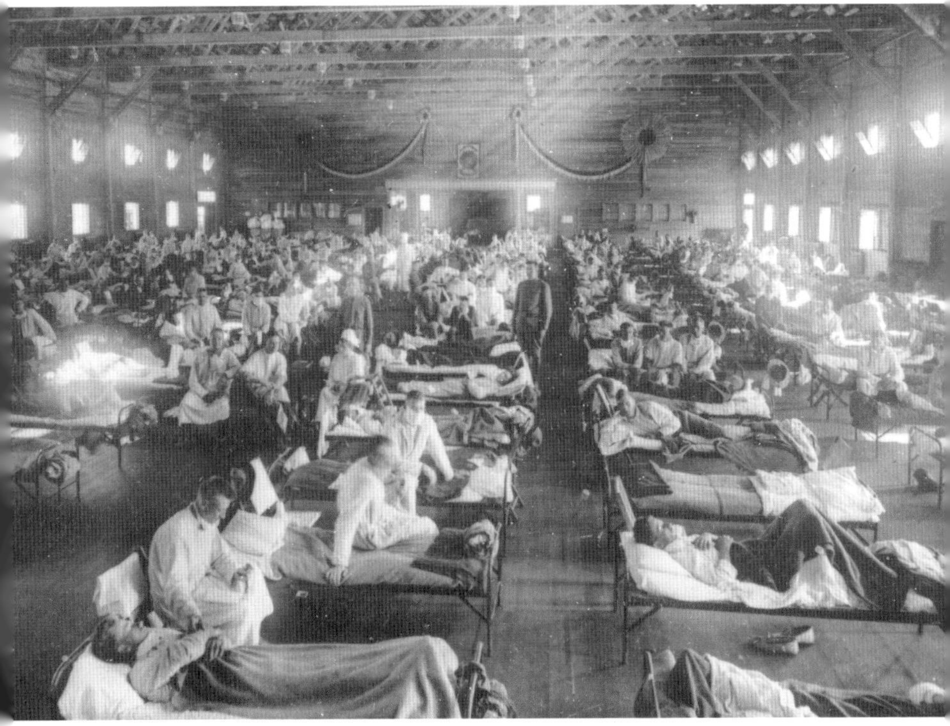

스페인 독감 발생원으로 추정되는 캠프 펀스턴에 설치된 병동

전쟁을 치르던 양쪽 진영과 거리를 둔 중립국이었기에 정보를 통제하지 않았다. 1918년 5월 22일 마드리드《ABC》신문이 팬데믹 참상을 기사로 실었고 5월 말에는 영국 로이터 통신의 보도를 통해 인플루엔자 확산 상황이 널리 퍼져 나갔다.

이것이 당시 전 세계를 휩쓴 인플루엔자에 관한 최초의 보도였기에 스페인이 발생원이라는 사실무근의 이야기가 기정사실화되어 각국에 알려졌다. 가만히 있다가 억울하게 '스페인 독감'이라는 불명예스러운 이름을 얻으며 봉변을 당한 스페인 정부는 당연히 이의를 제기하고 거세게 항의했다. 그러나 한번 사람들의 입에 붙은 이름은 좀처럼 바뀌지 않았다.

지금은 차별과 경제적 악영향이 발생하지 않도록 신종 감염병 이름에 국명이나 지명을 사용하지 않는다는 국제 규칙이 만들어져서 2015년부터 엄격히 적용되고 있다.

인플루엔자의 인큐베이터이자 베이스캠프가 된 프랑스 내 연합국 막사

1918년 3월 4일 미국 캠프 펀스턴에서 '스페인 독감' 발생이 확인되고 일주일 만에 뉴욕에서도 감염이 보고되었으며 이후 삽시간에 미국 전역으로 퍼져 나갔다. 애초 미군 기지에서 발생했기에 스페인 독감의 감염 확산에는 군 관계자의 국내 이동이 큰 원인이 되었다. 디트로이트의 자동차 공장에서는 3월에만 1,000명이 넘는 노동자가 병가를 내고 결근하는 바람에 공장이 정상적으로 운영되지 않았다. 4~5월에는 교도소까지 감염이 확산되어 캘리포니아 교도소의 경우 수감자 1,900명 중 500명이 스페인 독감에 걸렸고 그중 3명이 사망했다.

그 무렵 유럽 전장에서는 독일을 중심으로 뭉친 동맹국 진영이 총공세에 나서 파리를 약 100킬로미터 앞둔 지점까지 진격해 들어갔다. 당시 독일에게는 확실히 '믿는 구석'이 있었는데, 바로 러시아제국과의 교묘한 역학관계였다. 좀 더 자세히 설명하자면, 1917년에 일어난 러시아 대혁명으로 러시아제국이 크게 비명을 지르며 무너졌고 그 바통을 이어받은 소비에트 정권이 독일과 강화조약(브레스트리토프스크 조약Treaty of Brest-Litovsk)을 체결해 독일은 러시아와 대치한 동부전선에서 200만 명에 달하는 대규모 병력을 서부전선으로 이동시킬 수 있었다.

연합국 진영은 동맹국 진영에 효과적으로 반격을 가하기 위해 미국의 파병을 받아들이기로 결의했다. 그런데 배를 타고 유럽으로 파병된 몇십 만 명 규모의 미군 중 스페인 독감 감염자가 섞여 있었고, 프랑스에 주둔한 연합국 막사를 드나드는 연합군 병사들이 각자의 모국으로 성실하게 병을 실어 날랐다. 프랑스 북부 됭케르크에 진을 치고 있던 미 해군 수상 비행정 기지에서는 병사의 무려 90퍼센트가 스페인 독감에 걸렸다.

스페인 독감 발생 초기에 연합국 진영은 이 병의 실체를 독일이 꾸민 간악한 음모로 여겼다. 제1차 세계대전 중에 독가스 같은 신종 화학무기가 도입되며 흉흉한 소문이 꼬리에 꼬리를 물고 이어지기도 했기 때문이다. 그러나 1917년 5월, 독일군 진영에서도 이 병에 감염된 사람이 하나둘 나타나기 시작했다. 그나마 독일군에서 장교급은 1890년에 유행한 러시아 독감을 경험한 적이 있어서 어느 정도 저항력을 갖추었으나 신병의 목숨은 스페인 독감의 거센 위력 앞에 풍전등화와 같았다.

독일군은 그해 5월 27일, 서부전선에서 대공세(제3차 앤 전투 Third Battle of the Aisne)에 나섰다. 그 무렵 연합국 진영 내부에 분열 조짐이 나타났지만 미국에서 파병된 전력이 증강되며 전열을 가다듬을 수 있었다. 그러자 독일군은 후방에 대기하고 있던 예비군을 전선에 투입하려고 했다. 그러나 스페인 독감이 기승을 부려 예비군을 동원할 수 없었고 이후 6월이 되자 독일군의 기세가 한풀 꺾이면서 서부전선은 교착상태에 빠졌다.

1918년 봄부터 여름까지 스페인 독감은 전 세계의 많은 지역에서 맹위를 떨쳤다. 그러나 다행히도 당시에는 감염력은 높아도 독성이 약해져 며칠 동안 고열에 시달리며 끙끙 앓고 나면 자리를 털고 일어날 수 있을 정도로 호전되었다. 게다가 치사율도 눈에 띄게 낮아져서 각국 정부는 스페인 독감을 커다란 위협으로

스페인 독감의 주요 감염 경로

제1차 세계대전의 주요 전장이던 유럽 이외의 지역에서 유입된 인구 이동 또한 감염 확대를 촉진하는 결과를 초래했다.

제1차 유행

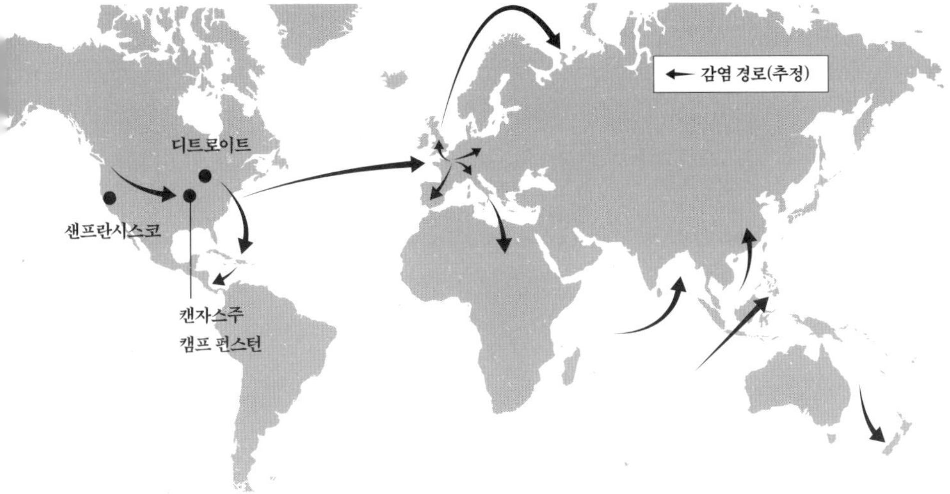

제2차 유행

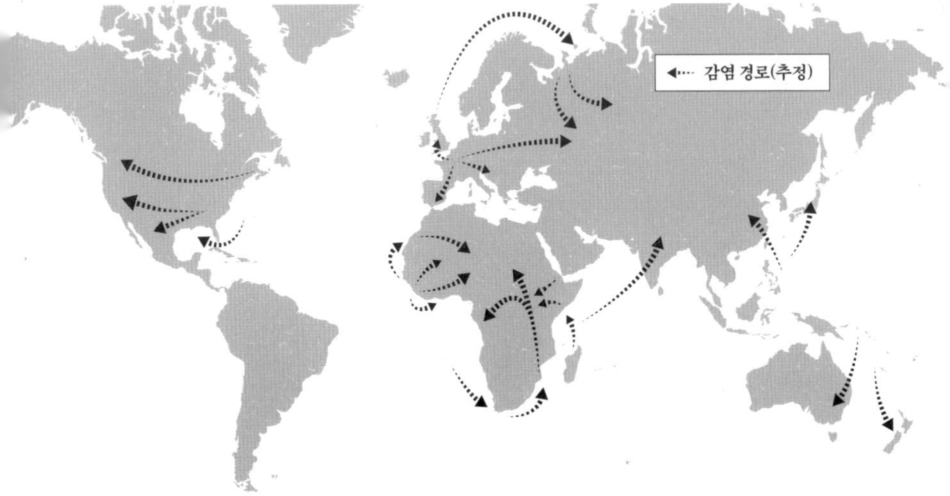

닛케이 내셔널지오그래픽사 『비주얼 팬데믹 맵』 pp. 26-27을 기초로 작성

보지 않고 긴급 대책을 마련하지 않음으로써 '골든타임'을 놓치고 말았다. 특히 미군 사이에서는 사흘이면 자리를 털고 일어난다고 해서 '삼일열(3-day fever)'이라는 별명으로 부르며 스페인 독감을 얕잡아 보는 풍조도 생겨났다.

4개월 만에 전 세계를 휩쓸어버린 스페인 독감은 여름이 오자 수습 국면에 접어드는 것처럼 보였다. 그러나 그것은 착각이었다. 그때까지는 그야말로 전초전에 불과했다. 잠시 소강상태에 들어선 스페인 독감 사태는 앞으로 펼쳐질 엄청난 비극을 알리는 서막에 지나지 않았다.

스페인 독감이 오히려 전쟁을 중단시키고 평화를 가져왔다고?

기세가 한풀 꺾이며 잠잠해지는 듯했던 스페인 독감은 다시 살아나 본격적으로 활개를 치기 시작했다. 1918년 8월 무렵의 일이다.

미국 북동부 보스턴, 프랑스 서북부 브레스트, 서아프리카의 영국 식민지이던 시에라리온의 수도 프리타운, 이 세 항만도시에서 동시에 감염자가 폭발적으로 늘어났다. 당시 프리타운은 유럽과 남아프리카를 연결하는 석탄 운송의 주요 거점 항구였다.

잠시 숨죽이던 바이러스는 그 사이 변이를 일으켜 독성을 크게 강화했다. 환자들은 발병 후 한두 시간 만에 거동조차 할 수 없을 정도로 쇠약해졌고 고열로 신음하며 온몸을 흠씬 두들겨 맞은 것 같은 극심한 통증에 시달렸다. 그리고 5~10퍼센트의 경우 중증 폐렴으로 발전했는데 체액이 폐에 가득 차 공기 중에 있으면서도 마치 물속에서처럼 숨을 쉬지 못해 사망하는 사례가 여기저기서 빗발쳤다. 특히 젊은 세대의 중증화 비율이 눈에 띄게 높았다.

아프리카대륙의 시에라리온에서는 200여 명의 환자를 태운 군함이 입항해 현지 항만 노동자들이 이 배에 석탄을 보급했다. 한데 그 직후부터 스페인 독감 증상을 보이는 노동자가 하나둘 나타나기 시작하더니 짧은 기간에 시에라리온 국내 인구의 5퍼센트가 사망하는 지경에 이르렀다. 시에라리온에 상륙한 바이러스는 철도와 하천 운송로를 따라 아프리카대륙 각지로 퍼져 나가며 세력을 과시했다.

독성이 강화된 스페인 독감이 일반 시민 사이에 침투해 제2차 유행이 시작되었다. 미국에서는 의사와 간호사 등 의료 종사자가 먼저 쓰러졌다. 그리고 그 뒤를 이어 대민 업무를 담당하는 경찰관, 인프라를 관리하는 철도 복무원과 청소부, 장례업자 등이 도미노처럼 줄줄이 쓰러지며 사회 기능이 마비되었다. 가정에서도 어른이 먼저 스페인 독감에 걸려 일터에 나갈 수 없게 되고 장을 보러 나갈 수도 없어 온 가족이 꼼짝없이 집에 갇힌 채 쫄쫄 굶는 사태가 속출했다. 이에 자원봉사들이 출동해 각 가정을 돌며 식료품과 생필품을 사다 나르기 시작했다.

이렇듯 국내 스페인 독감의 상황이 걷잡을 수 없는 상황에서 미국은 교착 상태에 빠진 유럽 전선에 돌파구를 마련하기 위해 한 달에 25만 명이 넘는 병력을 파병해 연합국 진영을 지원했다. 미국에서 유럽으로 향하는 배에 오르기 전 병사들을 대상으로 체온을 재는 등 기초적인 검사가 이루어졌다. 그러나 그런 식의 간이 검사로는 감염의 불길을 잡을 수 없었다. 밀폐된 선내에서 감염자가 발생하기 시작하더니 결국 헤아릴 수 없이 많은 병사가 스페인 독감에 걸려 골골대며 유럽으로 향했다. 유럽으로 가는 수송선은 '바다 위를 떠다니는 스페인 독감 환자 생산 공장'이나 다름없는 상태였다.

수송선 '리바이어던호' 이야기는 특히 유명하다. 승조원 2,000명, 군 관계자 9,000명을 태운 리바이던호는 1918년 9월 28일 뉴욕항을 출항해 10월 7일 프랑스에 도착했다. 상황은 처참했다. 항해 도중 선내에서 2,000명이 넘는 환자가 발생했고 그중 80명이 사망했다. 하선 후에도 사태는 잦아들지 않아서 200명 넘는 사람이 스페인 독감으로 목숨을 잃었다. 선내 침상은 감염자의 코피와 기침할 때 튀어나온 피 섞인 가래로 시뻘겋게 물들어 차마 눈뜨고 보기 어려운 정도였다. 게다가 토사물을 비롯한 온갖 오물이 발 디딜 틈도 없이 가득했다.

항해 도중 운 좋게 감염을 피한 병사도 안심할 수는 없었다. 왜냐하면 전장에서 스페인 독감에 노출될 확률이 매우 높았기 때문이다.

서부전선에서는 참호전이 한창이었다. 참호란 구덩이를 파고 그 구덩이 안에 사람과 무기를 숨겨두는 방어 시설이다. 비좁고 습도가 높은 불결한 참호 속 환경은 이질과 발진티푸스, 콜레라, 스페인 독감 등이 제집 안방처럼 활개를 치기 안성맞춤인 환경을 마련해주었다. 스페인 독감은 적군과 아군을 가리지 않고 전선을 휩쓸어 병사들이 무기를 잡을 힘도 없을 만큼 쇠약해지며 양측은 전투 불능 상태에 빠졌다.

전선에서 귀환한 병사들로 인해 스페인 독감이 급속히 확산한 독일에서는 식량 부족 사태와 경제 혼란 상황을 초래했다. 그러자 독일 내에서 전쟁이라면 넌덜머리가 난다는 반전 풍조와 염세주의가 전염병처럼 퍼지기 시작했다.

1918년 10월 킬 군항에서 독일 수병이 출격 명령을 거부하는 사태가 벌어졌는데, 여기에 노동자들이 합세해 대규모 소요 사태로 번졌다. 이른바 '킬 군항의 반란'을 계기로 독일에서 혁명의 불길이 일어 목숨이 위태로워진 황제 빌헬름 2세(Wilhelm II, 재위 1888~1918)는 황급히 네덜란드로 망명했다. 이로써 제정이 무너지고 같은 해 11월 바이마르 공화국이 수립되었다. 그리고 11월 11일에는 바이마르 공화국이 연합국 진영과 휴전 협정을 체결함으로써 제1차 세계대전이 종결되었다.

역사에 만약은 없다지만 만약 스페인 독감이 유행하지 않았더라면 제1차 세계대전은 장기화 국면에 접어들어 훨씬 더 많은 희생자를 내지 않았을까. 결론적으로 말하면, 스페인 독감이라는 감염병이 전쟁을 중단시키고 평화를 가져오며 세계사의 흐름을 크게 바꾸었다고 할 수 있다.

담배와 잎담배 매출을 순식간에 절반으로 떨어뜨린 '마스크 착용 의무화 조례'

스페인 독감이 전 세계를 강타하는 위기의 순간에 미국인들이 마냥 손을 놓고 있었던 건 아니었다. 샌프란시스코에서는 제2차 팬데믹 당시 백신을 증산해 시민들에게 나누어 주었다. 백신은 보스턴 근교에서 제조되어 필요한 사람 한 명 당 접종 3회분, 1만 7,000명분이 도착했다. 1918년 10월 28일의 일이다.

그해 11월 2일까지 샌프란시스코의 총인구 55만 명 중 1만 8,000명이 백신을 접종했다. 백신 접종을 시작하자 스페인 독감 환자의 사망률이 차츰 내려갔으나 이를 전적으로 백신 효과로 보기는 어렵다. 왜냐하면 미국과 유럽에서 당시 사용한 백신에는 인플루엔자 바이러스가 아닌 2차 감염으로 인한 폐렴을 유발하는 연쇄상구균(Streptococcus)과 폐렴균을 예방하는 물질이 주로 담겨 스페인 독감에 직접 효과를 발휘하지는 못했기 때문이다.

그렇다면 감염률과 사망률이 갑자기 떨어진 이유는 뭘까? 그것은 백신 접종으로 2차 감염이 야기하는 폐렴이 줄어든 것과 마스크 착용 덕분이었다.

샌프란시스코 보건위원회는 1918년 10월 18일 모든 상점의 고객 담당 종사자에게 영업시간에 마스크를 착용하도록 권고했으며, 모든 미용실과 이발소에서의 마스크 착용을 의무화했다. 그리고 그해 11월 1일에는 전 시민에게 마스크 착용을 의무화하는 조례를 제정하고 시행했다. 그런데 놀랍게도 시민의 99퍼센트가 조례 시행을 기다리지 않고 자발적으로 마스크 착용을 생활화하고 있었다. 의료 종사자가 마스크를 착용한 모습을 본 시민들은 너도나도 마스크를 구해 쓰고 다녔다.

다만 당시 마스크는 거즈 재질로, 몇 장씩 겹쳐서 써도 미세한 바이러스 입자의 침투를 막지 못했으나 입에서 나오는 침방울 확산과 방지에는 어느 정도 효과가 있었다.

시민들의 마스크 착용은 뜻밖의 산업에 불똥이 튀었다. 담배와 '여송연'이나 '시가'라고 부르는, 담뱃잎을 말아서 피우는 형태의 잎담배 매출이 50퍼센트나 줄어들며 담배 관련 산업이 치명적인 타격을 받은 것이었다. 마스크를 쓴 채로 담배를 피우는 것이 예삿일이 아니었기에 울며 겨자 먹기로 금연하는 사람이 늘어났다.

샌프란시스코 보건위원회는 1918년 11월 1일, 전 시민에게 마스크 착용을 의무화하는 조례를 제정하고 시행했다. 그런데 놀랍게도 시민의 99퍼센트가 조례 시행을 기다리지 않고 자발적으로 마스크 착용을 생활화하고 있었다. 의료 종사자가 마스크를 착용한 모습을 본 시민들은 너도 나도 마스크를 구해 쓰고 다녔다.

1918년 11월 미국 육군 병원 의사들이 독감을 피하기 위해 마스크를 착용했다.

1918년 11월 11일에 제1차 세계대전 종전 소식이 전해지자 몇만 명의 시민이 거리로 뛰쳐나와 행진을 벌이며 축하행사를 했다. 당시 상황을 촬영한 사진을 보면 한 손에 성조기를 들고 행진하며 흥겨움을 나누는 사람들의 모습을 볼 수 있는데, 아주 일부를 제외하고 대부분 마스크를 착용하고 있었다.

일부 의사와 광신적 마스크 반대주의자들이 '마스크 반대 동맹'을 결성하다

샌프란시스코 보건위원회의 예방 대책이 성공을 거두면서 환자 수가 급감하기 시작했다. 좀 더 구체적으로 10월 19일부터 일주일 동안 발생한 환자 수는 8,682명이었는데, 2주 후에는 2,200명까지 숫자가 줄어들었다. 그리고 그다음 주에는 600명, 11월 마지막 주에는 57명까지 가파르게 줄어 뚜렷한 감소세로 바뀌었다. 바야흐로 팬데믹이 수습 국면에 접어들었다고 느낀 시민들 사이에 차츰 안도감이 퍼졌고, 마스크를 턱까지 내려 착용한 사람들의 모습이 자주 눈에 띄었다. 마침내 11월 21일에 마스크 착용 의무 조례가 해제되었다.

이번에도 샴페인을 터뜨리기에는 너무도 이른 시기에 내려진 성급한 조치였다. 그해 12월에 들어서며 본격적인 겨울 추위가 시작되자 슬금슬금 스페인 독감 보고 건수가 늘어났다. 그에 따라 사망률도 덩달아 상승했다. 의료 현장에서는 부나비처럼 몰려드는 환자를 감당하지 못해 간호 인력이 태부족하다는 아우성이 터져 나왔다.

샌프란시스코 당국은 다시 시민들에게 마스크 착용을 호소하고 강권했다. 그러나 지칠 대로 지친 시민의 90퍼센트 정도가 답답한 마스크 생활로 다시 돌아가고 싶지 않다며 착용을 거부했다. 마스크를 착용하면 대화나 음식 섭취가 불편하고 입김과 땀으로 마스크 속에 습기가 차 축축한 불쾌감을 견뎌야 했기에 마스크 생활에 염증을 느끼는 사람이 늘어났다. 여기에 일부 기독교인 사이에서 개인의 자유와 헌법에 보장된 인권을 바탕으로 마스크 착용에 항의하는 움직임이 나타났다. 신문도 마스크 착용에 회의적인 논조의 기사를 게재했고 급기야 마스크 반대파가 보냈다는 시한폭탄이 보건위원회 위원장의 사무실에 배달되는 테러 미수 사건까지 발생했다.

12월 16일, 샌프란시스코에서는 일반 시민을 포함해 각계 전문가를 초빙한 공청회가 열렸다. 그리고 사흘 후 마스크 착용을 의무화하는 조례가 각하되었다.

새해가 밝았으나 감염의 기세는 전혀 잦아들지 않았다. 일주일간 발생 환자 수가 2,969명, 사망자 수가 195명으로 서서히 늘어나자 1월 17일에 마스크 착용 의무 조례가 다시 발효되었다.

그 와중에도 인권을 강조하는 시민단체와 마스크 효과에 회의적인 일부 의사, 광신적 마스크 반대주의자 등이 모여 '마스크 반대 동맹'을 결성하고 마스크 착용 의무 조례 철회를 요구하며 시민을 선동했다. 그 사이에 환자 수는 서서히 줄어들었고 이윽고 팬데믹이 종식되었다.

1919년 9월부터 이듬해 1월 사이, 인구 55만 명인 샌프란시스코에서 스페인 독감 환자 수는 5만 명을 넘어섰고 사망자 수는 3,500명으로 집계되었다. 사망자의 3분의 2가 20~40대 젊은 세대였다. 시 당국은 마스크 착용 의무 조례라는 시민의 반발이 예상되는 정치적 결단을 내렸으나 안타깝게도 사망률은 다른 대도시와 크게 다르지 않았다. 마스크를 쓰고 벗는 시기를 잘못 판단했기 때문일 수도 있고, 운 나쁘게 여러 요인이 겹쳐서일 수도 있다.

그러나 샌프란시스코와 달리 미국 질병통제예방센터(Center for Disease Control and Prevention, CDC)가 2007년에 발표한 자료에 따르면 스페인 독감 유행 당시 감염 확대를 억제하고 사망자 수를 낮추는 데 성공한 도시도 있었다. 그들 도시는 학교를 폐쇄하고 많은 사람이 모이는 집회를 엄격히 금지했으며 감염자 격리와 외부 활동 자숙 등의 조치로 감염 확대의 고리를 끊을 수 있었다. 이러한 조치는 효과를 거두었고, 코로나19 대유행이 시작된 2020년에도 여러 나라에서 이와 유사한 조치를 시행했다.

유럽이나 미국보다 아시아나 아프리카에서,
그중에서도 특히 인도에서
유난히 스페인 독감 감염자가 많이 발생한 까닭은?

스페인 독감으로 가장 치명적 타격을 받은 지역은 어디였을까? 아무래도 제1차 세계대전의 최대 격전지였던 유럽이 아니었을까? 아니면 유력한 감염원으로 추정되는 미국이었을까? 실제로 스페인 독감의 불똥은 엉뚱한 곳으로 튀어 아시아와 아프리카대륙이 가장 큰 희생을 치렀다. 그중에서도 인도가 입은 인적 피해는 실로 막대했다. 인도의 사망자 수는 1,700만 명으로 집계되었는데, 이는 전 세계 스페인 독감 사망자 수의 절반가량을 차지하는 엄청난 수치였다.

인도에서 그토록 많은 사망자가 나온 데에는 여러 요인이 있었다. 우선 '공중위생' 문제를 지적하지 않을 수 없다. 의료 체계가 미비하고 생활환경이 열악한 당시 인도 농촌에서는 감염자 증가 추세를 초기에 잡지 못했다. 그 무렵 인도를 지배한 영국 식민지 정부가 농촌의 환경 개선 문제에 무관심했기 때문이다. 또 농촌에서 의료시설이 있는 도시로 사람들이 이동하며 감염자 증가를 부추겼다. 봄베이(현재 뭄바이) 도심의 사망률은 30퍼센트(서구 국가의 10배 이상) 정도였는데 농촌에서는 무려 62퍼센트로 두 배 넘게 치솟았다.

당시 경제 상황도 감염 확대를 부채질했다. 스페인 독감이 인도를 덮친 해에 하필 몬순의 영향으로 흉년이 들고 기근이 발생했다. 안 그래도 전쟁으로 물자를 공출해 가뜩이나 식량이 부족했기에 곡물 가격이 폭등했다. 사람들의 영양 상태가 불량해지며 폐렴 같은 2차 감염이 발생해 중증화하는 경향을 보였다.

인도의 스페인 독감 사태는 질병 그 자체가 아닌 굶주림과 전쟁, 공중위생 등 다른 요인이 피해를 눈덩이처럼 키울 수 있다는 교훈을 일깨워준다.

인도와 마찬가지로 유럽 열강의 식민지였던 당시 아프리카대륙의 총인구 1억 8,000만 명 중 사하라 사막 이남에서만 200만 명에 가까운 사람이 스페인 독감 사망자 명단에 이름을 올렸다.

인도와 아프리카대륙의 사례로 보아 스페인 독감 같은 감염병은 특히 빈곤 지역에 더 큰 피해를 주는 방식으로 영향력을 행사한다는 사실을 알 수 있다.

미국의 윌슨 대통령이 스페인 독감에 걸리지 않았다면 제2차 세계대전이 일어나지 않았을지도 모른다?

독일을 포함한 동맹국이 항복한 뒤 전후 처리를 위해 승전국인 미국과 영국, 프랑스, 일본까지 총 32개국이 모여 프랑스 파리에서 강화회의를 개최했다. 1919년 1월부터 이듬해인 1920년 8월까지 진행된 강화회의에서 영국과 프랑스는 독일이 거액의 배상금을 부담해야 한다고 목소리를 높였다. 반면 미국 대통령 우드로 윌슨(Woodrow Wilson, 재임 1913~1921)은 독일에 과도한 배상금을 부과하자는 유럽 국가의 주장에 반대를 분명히 했다. 참고로 윌슨 대통령은 국제연맹 설립을 제안하는 등 이상주의 노선을 표방한 인물이었다.

강화회의가 한창일 때 돌발 상황이 벌어졌다. 윌슨 대통령이 스페인 독감에 걸린 것으로 1919년 4월의 일이다. 최고의 의료진이 붙어 밤낮으로 간호한 끝에 윌슨 대통령은 가까스로 건강을 회복했으나 스페인 독감을 앓고 난 후 기력이 눈에 띄게 쇠약해졌다. 그래서인지 여전히 독일에 막대한 배상금을 부과해야 한다고 목소리를 높이는 영국과 프랑스의 주장을 예전처럼 단호하게 받아치지 못했다. 한데, 역사의 나비효과랄까. 이 독일 배상금 처리에 대한 불만이 독일 국민 사이에 점차 커지며 훗날 나치당이 급부상하는 결정적 요인이 되었다.

혈기왕성하던 윌슨 대통령이 갑자기 약한 모습을 보인 데에는 스페인 독감의 영향이 컸다는 설이 있다. 실제로 인플루엔자를 앓고 나면 면역세포의 신경작용에 변화가 나타나 우울증에 걸릴 확률이 높아진다는 연구 결과도 있다. 인플루엔자는 윌슨 대통령의 몸과 마음을 동시에 약하게 만들었다.

인플루엔자를 앓고 나면 면역세포의 신경작용에 변화가 나타나
우울증에 걸릴 확률이 높아진다는 연구 결과도 있다.
인플루엔자는 윌슨 대통령의 몸과 마음을 동시에 약하게 만들었다.

1923년 무렵 병색이 완연한 우드로 윌슨 미국 대통령

강화회의를 마치고 미국으로 돌아온 윌슨 대통령은 고립주의를 내세우며 국제연맹 참가를 거부하는 미국의회의 고집을 꺾으려고 대중 유세를 다니면서 국민들에게 직접 호소했다. 그러나 유세 도중 쓰러진 윌슨 대통령은 끝내 정무에 복귀하지 못했고 국제연맹은 미국이 불참한 상태로 1920년에 발족했다.

스페인 독감 제3차 유행이 또다시 전 세계를 강타했다. 파리강화회의가 종료된 1920년 8월 무렵의 일이다. 다만 이번에는 폐렴으로 발전하는 비율이 낮아지면서 일반 감기처럼 순해졌다. 1921년 초에 환자 수는 비록 증가했으나 4월 이후로는 환자 수가 감소해 6월에는 차츰 수습 국면으로 접어들었다. 스페인 독감은 발생부터 종식까지 3년여 동안 인류를 끈질기게 괴롭힌 감염병이었다.

이 스페인 독감으로 저명인사가 줄줄이 목숨을 잃었다. 또 운 좋게 목숨은 건졌으나 저승 문턱까지 다녀온 사람도 있었다. 독일 사회학자 막스 베버(Max Weber)는 스페인 독감이 폐렴으로 진행되어 뮌헨에서 세상을 떠났다. 오스트리아 화가 에곤 실레(Egon Schiele)는 스승과도 같았던 화가 구스타프 클림트(Gustav Klimt)가 스페인 독감으로 영면에 든 모습을 스케치했다. 그리고 얼마 후 에곤 실레의 임신한 아내와 에곤 실레 자신 모두 스페인 독감에 걸려 서른 살도 못 채운 짧은 삶을 마감했다. 한편 〈절규〉라는 그림으로 유명한 노르웨이 화가 에드바르 뭉크(Edvard Munch)는 스페인

오스트리아 화가 에곤 실레는 스승과도 같았던 화가
구스타프 클림트가 스페인 독감으로 영면에 든 모습을 스케치했다.
그리고 얼마 후 에곤 실레의 임신한 아내와 에곤 실레 자신 모두
스페인 독감에 걸려 서른 살도 못 채운 짧은 삶을 마감했다.

독감에 걸렸다가 회복한 뒤 〈스페인 독감 후의 자화상〉(1919~1920)을 그렸다.

5,000만 명 이상의 사망자를 낸 스페인 독감이 뜻밖에도 세계 경제에 거의 영향을 미치지 않은 진짜 이유

2년에 걸쳐 유행한 스페인 독감은 당시 세계 총인구 약 18억 명 중 5,000만 명 이상, 비율로 환산하면 2.8퍼센트의 사람을 저세상으로 데려갔다.

그러나 뜻밖에도 세계 경제 전반에 미친 영향은 미미했다. 여기에는 몇 가지 이유가 있다. 첫째, 유행 시기가 제1차 세계대전과 겹쳤기 때문이다. 당대 열강이던 독일과 오스트리아, 러시아, 터키 등의 정권이 붕괴했다. 승전국이 된 영국과 프랑스도 전쟁으로 피폐해지며 전후 유럽 경제는 심각한 침체기를 겪었다.

반면 전장이 되지 않은 지역에서는 전쟁 특수 덕분에 경제가 급속히 발전했다. 대표적인 나라가 미국이다. 미국은 유럽으로 물자와 무기를 수출해 채무국에서 채권국으로 변신했고 마침내 세계 최강대국으로 도약해 지금까지 그 지위를 유지하고 있다.

마찬가지로 전장이 되지 않았던 일본에서도 제1차 세계대전 중에는 경기 호황이 이어졌다. 유럽 각국을 대신해 아프리카 국가에 섬유 등의 상품을 수출해 막대한 이익을 거둔 것이다. 게다가 이가 없으면 잇몸으로 산다고, 유럽에서의 수입이 끊기며 일본 국내 중화학 공업이 발전했다. 그뿐이 아니었다. 조선업도 특수를 누렸다. 예컨대 1913년에 5만 톤에 가깝던 건조 수가 1918년에는 62만 톤까지 급증하며 단기간에 전 세계 산업계에서 덩치를 크게 불렸다.

스페인 독감이 유행하던 당시에도 전쟁 특수를 누린 일본은 농업국에서 공업국으로, 채무국에서 채권국으로 변신하며 경제가 비약적으로 발전했다. 동시에 미쓰이, 미쓰비시 같은 재벌이 좋은 실적을 냈다. 그중에서도 무역회사였던 스즈키쇼텐은 전쟁으로 철이 부족해질 사태를 예견하고 중개무역으로 짭짤한 재미를 보며 업계에서 몸값을 높였다.

그러나 제1차 세계대전이 종결되고 얼마 지나지 않아 사태가 급반전했다. 유럽 국가가 전쟁의 상흔을 서둘러 복구하고 부흥에 시동을 걸며 수출을 재개하자 대조적으로 일본의 수출량이 급감했다. 1920년에는 생산이 수출을 웃돌아 상품을 창고에 재고로 잔뜩 쌓아두던 일본 기업의 주가가 곤두박질쳤다. 전쟁 특수에 대한 반동과 스페인 독감 제3차 팬데믹이 겹치면서 일본은 전후 공황의 나락으로 떨어졌다. 큰돈을 벌어 승승장구하던 스즈키쇼텐도 공황의 여파로 파산했다.

1923년, 일본은 간토 대지진(関東大震災)으로 경제 전반에 큰 타격을 입었다. 그로부터 4년여 후인 1927년 가타오카 나오하루(片岡直温) 재무장관의 실언으로 은행 예금 인출 사태가 벌어지면서 금융 공황 사태가 발생했다.

불행은 홀로 오지 않는다고, 1920년대 몇 번의 경제 위기를 겪던 일본에 1929년 미국에서 시작된 경제 공황이 전 세계를 강타하며 일본을 더욱 심하게 뒤흔들었다. 일본은 대륙 진출에서 활로를 모색했다. 그리고 그 과정에서 여러 나라와 대립하며 급기야 전쟁으로 가는 무모하고도 끔찍한 길을 택했다.

다른 감염병과 비교했을 때 스페인 독감만큼 폭발적으로 감염이 확대되고 불과 몇 년 사이에 엄청난 수의 인명을 앗아간 병은 인류사를 통틀어 전무후무하다시피 했다. 그런데도 스페인 독감은 제1차 세계대전의 그늘에 있어 세계사 교과서에서 그리 중요하게 다루어지지 않는다.

그리고 21세기에 들어선 뒤에도 인플루엔자 팬데믹이 일어났다. 2009년 2월 멕시코에서 돼지에서 시작된 신종인플루엔자가 발생해 6월에 세계보건기구(WHO)는 팬데믹을 시사하는 최고 수준인 6단계로 경계 수준을 높였다. 이 유행으로 전 세계에서 28만 4,500명이 사망했다. 해당 인플루엔자 백신은 개발되었으나 통계자료에 따르면 신종인플루엔자가 30~40년 주기로 유행한다고 한다. 인플루엔자의 위협은 여전히 진행 중이다.

눈도장 찍어두어야 할 감염병 1

1980년대에 들어 유행한, 면역 기구를 파괴하는 '에이즈'의 위협

20세기 후반에 등장해 전 세계로 급속히 퍼져 나가며 단숨에 '감염병의 대명사' 호칭을 꿰찬 질병은? 후천성면역결핍증, 즉 에이즈다. 이 병에 걸리면 인간면역결핍 바이러스(Human Immunodeficiency Virus, HIV)가 면역 기능을 관장하는 T세포를 파괴해 건강한 신체라면 어렵지 않게 억제할 수 있는 감염병에 제대로 면역 기능이 작동하지 않게 되며 폐렴과 악성 종양 등의 합병증이 나타나 급속히 쇠약해질 뿐 아니라 중증일 경우 사망에 이른다.

HIV는 성관계, 수혈, 감염자가 사용한 주사기 재사용 등으로 감염되고 일반적 신체 접촉으로는 감염되지 않는다.

에이즈가 전 세계적으로 주목받게 된 것은 1980년대에 들어서면서부터다. 사실 소수이기는 하지만 1950년대부터 이미 에이즈 감염 사례가 꾸준히 보고되었다. 연구자들은 HIV가 아프리카대륙 중부에 서식하는 침팬지와 고릴라 등 야생 영장류가 감염되는 바이러스에서 변이해 인간에게 전염되었고, 아프리카 각지에서 교통망의 발달로 퍼져 나갔다는 추론을 내놓았다.

미국에서는 1981년에 최초로 에이즈 감염자가 확인되었고 그로부터 2년 후 HIV가 발견되었다. 초기에는 남성 동성애자 사이의 성관계로 인한 감염자가 다수 보고되어 감염자에 대한 차별이 생겨났는데, 얼마 지나지 않아 이성 간 성관계와 수혈로 감염된 사례도 보고되었다.

일본에서는 출혈이 생겼을 때 혈액이 응고하지 않는 혈우병 환자가 HIV가 혼입된 혈액 제제를 투여받아 HIV 감염자 및 에이즈 환자가 되는 사고가 여러 건 발생해 후생노동성이 책임을 인정하고 사과했다. 1996년의 일이다.

21세기에 들어선 이후 항HIV 제제 보급으로 어느 정도 수준까지 발병을 늦추고 증상을 완화할 수 있게 되었다. 그러나 현재도 신규 감염자가 꾸준히 발생해 전 세계 감염자는 2019년 기준으로 3,790만 명, 특히 아프리카대륙 사하라 사막 이남 지역에서는 2,560만 명에 달하는 것으로 집계된다.

03

感染病

19세기 유럽 도시 환경과 위생 상태를 개혁하게 한

콜레라

cholera

콜레라는 본래 특정 지역에서만 유행하던 풍토성 감염병이었다.
그러던 것이 무역이 발달하고 사람과 물자의 이동이 활발해지면서 세계 각지로 활동 영역을 넓혀 나갔다.
인구가 급증하고 과밀한 도시는 특히 콜레라에게 안성맞춤의 무대가 되었다. 콜레라는 각국 정부가 대규모 집단 감염 사태가 발생하지 않도록 도시 인프라 정비를 본격적으로 추진하는 계기를 마련해주었다.

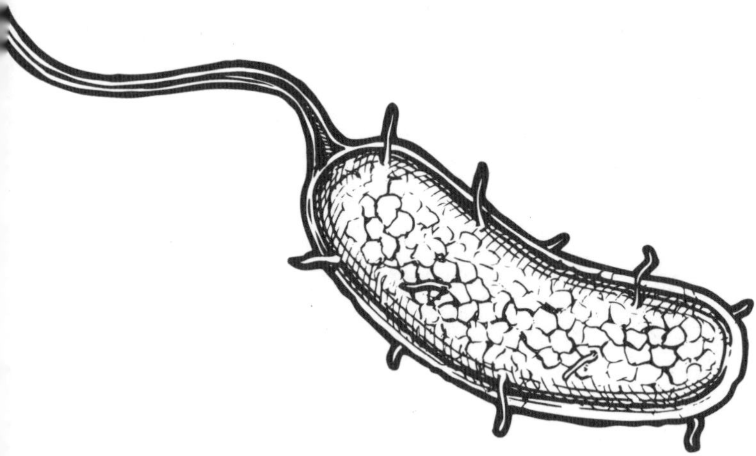

인도인 삶의 원천이자 신성한 강으로 여겨지는
갠지스강이 알고 보면 온갖 병원균이 득실거리는
세균 집합소라는데?

산스크리트어나 힌디어로 '강가(Ganga)'라고 불리는 갠지스강은 히말라야산맥에서 발원해 인도 북동부를 지나 마침내 벵골만으로 흘러 들어가는 총 길이 2,460킬로미터, 유역 면적 173만 제곱킬로미터에 달하는 장대한 강이다. 힌두교에서는 갠지스강 자체를 신격화해 강변을 따라 바라나시 등 수많은 힌두교 성지가 자리하고 있으며, 이 강 상류와 중류 유역에 분포하는 인구만 9,000만 명에 이를 정도로 인도인에게는 매우 중요한 강이다.

힌두교를 믿는 사람들은 '강가의 물로 몸을 씻으면 모든 부정한 것이 깨끗이 사라진다'고 믿는다. 갠지스강에 발끝에서 머리끝까지 몸을 담그거나 강물을 떠서 마시는 모습을 쉽게 볼 수 있는 것도 그런 연유에서다. 더러는 외국인 관광객이 현지인을 따라 갠지스강에 들어가거나 강물을 마시기도 하는데, 이는 건강과 안전을 위해 절대로 해서는 안 되는 행위라고 전문가들은 경고한다. 그도 그럴 것이 갠지스강의 위생 상태는 끔찍한 수준을 넘어 거의 최악의 수준에 가깝기 때문이다.

갠지스강의 오염은 상류에서 중류를 거쳐 하류로 내려갈수록 점점 더 심해진다. 사람들이 생활하며 만들어낸 각종 생활오수와 공업용 폐수가 상류에서부터 흘러들기 시작해 기하급수적으로 늘어나기 때문이다. 갠지스강 물이 온갖 병원균이 득실거리는 세균 집합소나 다름없는 상태가 아닌 게 이상할 정도다. 좀 더 구체적으로, 2018년 바라나시가 실시한 수질 조사 결과에 따르면 100밀리리터당 500마리, 기준치의 9~20배에 달하는 엄청난 양의 대장균이 갠지스강에서 검출되었다. 그리고 더욱 끔찍하게도 대장균만이 아니라 그보다 훨씬 위험한 콜레라균도 함께 검출되었다. 이 콜레라균을 원인균으로 삼아 벵골 지방 삼각주 지대에서 발생한 감염병이 바로 이번 장에서 다루게 될 콜레라다.

『수슈루타 상히타(Sushruta Samhita)』는 인도에서 가장 오래된 의학 서적의 하나다. 이 책에 탈수 증상을 일으키며 고통받다가 마침내 죽음에 이르는 어떤 질병에 관한 자세한 기술이 있는데, 그것이 바로 콜레라일 것으로 전문가들은 판단한다. 이는 단연 콜레라에 관한 가장 오래된 기록으로 추정되며, 학자들은 발생 시기를 기원전 7세기 무렵으로 보고 있다.

'콜레라'라는 병명을 만든 이가 고대 그리스 의사 히포크라테스라고?

콜레라균은 원래 갠지스강의 조류(藻類)나 갑각류와 공생관계에 있던 세균의 일종으로 추정된다. 공기나 체액 접촉으로는 감염되지 않고 오로지 보균자의 배설물로 오염된 물과 음식을 섭취함으로써 감염된다. 입을 통해 몸속으로 침투한 콜레라균은 소장에서 증식하며 본격적으로 말썽을 일으킬 준비에 들어간다.

콜레라균에 감염되고 하루 정도 지나면 설사 증상이 나타난다. 경증이면 배가 살살 아프고 화장실을 몇 번 다녀오는 정도로 끝나지만 중증일 때는 심각한 구토와 설사에 시달린다. 심한 설사 증상을 보이는 단계로 넘어가면 '쌀을 으깨어 만든 미음'과 비슷한 색상과 농도의 희멀건 변을 본다. 들척지근하고 비릿한 특유의 냄새를 풍기며 물처럼 쏟아지는 설사다. 이 물 설사가 하루에 10리터에서 수십 리터까지 말 그대로 콸콸 쏟아진다. 콜레라에 걸린 환자의 변량을 측정했더니 몸무게의 두 배에 달했다는 보고도 드물지 않다.

대량의 물 설사는 콜레라균이 소장 벽을 공격하며 발생한다. 소장은 음식의 수분과 체내에서 남아도는 수분을 흡수하는 역할을 하는데, 콜레라균 독소가 소장에서 대량의 수분을 배출하도록 자극한다. 최악의 경우에는 증상이 나타난 뒤 몇 시간 이내에 몸무게의 30퍼센트에 달하는 엄청난 양의 수분이 빠져나가기도 한다. 이렇게 중증으로 접어든 환자는 극심한 탈수 상태에 빠지며 혈압이 떨어지고 근육 경련 등의 증상이 나타나 신부전이나 혼수 상태를 거쳐 사망에 이를 수 있다.

콜레라의 어원도 이 설사 증상과 관련 있다. 고대 그리스의 의사 히포크라테스는 혈액, 점액, 황담즙, 흑담즙을 사람의 기본 체액으로 규정한 '사체액설'을 주창했다. 그리고 설사는 황담즙 이상에 의해 일어나는 현상으로 보고 설사 증상에 황담즙을 의미하는 그리스어(*χολή*)와 '흐르다'를 의미하는 그리스어(*ῥέω*)를 조합해 '콜레라(*Χολέρα*)'라고 이름 붙였다.

하지만 우리가 아는 콜레라는 인도의 풍토병이며, 고대 그리스의 콜레라는 이와 전혀 다른 식중독의 일종이었다. 영어 단어 cholera는 1384년 무렵 최초로 사용되었다.

그렇다면 콜레라를 어떻게 치료할까? 사실 실망스러울 정도로 특별한 게 없다. 간단히 말해, 콜레라는 잃어버린 수분과 염분을 구강과 정맥주사로 보충하는 방법으로 치료한다. 최근에는 수분에 전해질이 정제된 경구수액제(Oral Rehydration Solution, ORS)를 처방하기도 한다. 경구수액제를 활용하면 의사가 부족해 링거를 맞을 수 없는 개발도상국에서도 효과적으로 수분을 공급해 환자를 신속하게 치료할 수 있다.

1971년 방글라데시 독립전쟁 당시 인접한 인도 국내 난민 캠프에서 콜레라가 발생해 사망률이 무려 30퍼센트에 달하는 참사가 발생했다. 이때 미국 존스홉킨스대학교 연구소가 경구수액제를 캘커타(현재 콜카타)의 콜레라 환자 치료에 도입해 사망률을 3.6퍼센트까지 극적으로 낮춘 기록이 있다. 이러한 성과는 영국 의학지에서 '20세기 최고의 의학적 진보'로 다루어지며 각계각층에서 찬사가 쏟아졌다.

그러나 이 경구수액제를 보급하는 간단한 치료법에 이르기까지 인류는 그야말로 길고도 험난한 여정을 지나야 했다.

인간을 무던히도 괴롭힌 콜레라균이 놀라운 속도로
세계 정복에 성공한 비결은 아이러니하게도
인간의 적극적인 도움 덕분이었다는데?

18세기까지만 해도 인도 등에서 국지적으로 발생하는 풍토병이던 콜레라는 19세기에 접어들면서 전 세계로 세력을 확장하기 시작했다. 1817년 제1차 콜레라 팬데믹 이후 오늘날에 이르기까지 총 7차에 걸쳐 팬데믹이 발생했다.

콜레라균의 특성을 알면 콜레라가 어떻게 세계 정복에 성공했는지를 이해할 수 있다. 콜레라균은 매우 높은 온도에는 상대적으로 약하지만 영하의 환경에서도 왕성하게 활동할 수 있을 정도로 질긴 생명력을 가졌다. 콜레라가 세계 각지의 다양한 환경에서 적응하며 살아남을 수 있었던 것은 그런 연유에서다. 또한 감염되고 난 후 잠복 기간을 거쳐 발병하기까지 시간이 매우 짧아 고리가 급속도로 확대될 수 있다.

아이러니한 점은 콜레라의 전 세계 확산을 가장 적극적으로 도운 이가 바로 인류라는 사실이다. 인간은 어떻게 콜레라의 급속한 확산에 기여했을까? 바로 인간이 개발한 이동수단의 발달 탓이다.

영국은 동인도회사를 설립하고 동아시아 진출에 시동을 걸었다. 신항로 개척시대가 본격적으로 막을 올린 1600년대의 일이다. 자신들의 매력적인 비즈니스를 번번이 방해하는 숙적 네덜란드와 프랑스를 마침내 따돌린 영국은 1757년 벵골 토후(土侯) 연합군과 맞붙은 플라시 전투에서 승리하며 인도 지배권을 거머쥐었다. 이후 영국 동인도회사는 인도 식민지화의 첨병 역할을 담당했다.

영국은 식민지 인도를 면제품 시장으로 삼은 동시에 면섬유 생산지로 이용했다. 산업혁명기에 들어섰을 무렵의 상황이다. 여기서 한발 더 나아가 영국은 인도에서 재배한 마약 아편을 중국, 즉 청나라에 수출하고 그 대가로 청나라의 차를 영국으로 수입하는 삼각무역을 추진했다.

18세기까지만 해도 인도 등에서 국지적으로 발생하는 풍토병이던 콜레라는 19세기에 접어들면서 전 세계로 세력을 확장하기 시작했다. 당시 인도를 점령한 영국군의 활발한 군사 활동과 무역 활동이 콜레라의 전 세계 확산을 가장 적극적으로 도왔다.

1857년 영국 동인도회사의 용병 세포이가 일으킨 항쟁은 1859년이 되어서야 완전히 진압되었다. 이로써 무굴제국이 멸망하고 영국이 인도를 직접 지배하게 되었다.

이러한 적극적인 군사 활동과 무역 활성화로 인해 활발한 인구 이동이 일어났다. 그 연장선에서 콜레라는 인도에서 세계 각국으로 퍼져 나갔다.

역사상 최초로 콜레라 팬데믹이 일어났다. 1817년 8월의 일이다. 인도 캘커타에서 북동쪽으로 160킬로미터쯤 떨어진 지역에서 발생한 콜레라는 삽시간에 벵골 전역과 갠지스강 유역으로 들불처럼 확산되었다. 당시 인도 중앙부에는 1만 명 규모의 영국군 부대가 주둔했는데, 콜레라가 마치 적군처럼 이 부대를 강타했다. 이후 셀 수 없이 많은 감염자가 나왔고 한 달 만에 3,000여 명의 사망자가 발생했다. 이듬해인 1818년 영국군이 북인도를 거쳐 인도의 다른 지역으로 이동하자 동맹군이라도 되는 듯 영국군을 따라 콜레라도 인도 각지로 퍼져 나갔다.

그 무렵 영국은 중동의 오스만제국과 치열한 교전을 치르고 있었다. 이런 상황에서 인도 봄베이에서 오스만으로 파견을 명령받은 영국군이 이동할 때 콜레라도 마치 자신이 부대원이라도 되는 듯 함께 아라비아반도에 상륙했다. 이는 1820년의 일이다. 아라비아반도에서 북아프리카로 건너간 콜레라는 이집트에서 하루에 3만 3,000명의 사망자를 내기도 했다.

제1차 콜레라 팬데믹의 불길은 일본을 포함한 동아시아 지역까지 미쳤으나 유럽에는 도달하지 않은 채 1823년 수습 국면에 접어들었다.

독일 철학자 헤겔도, '로제타스톤'을 해독한 샹폴리옹도, 불멸의 저작 『전쟁론』의 저자 클라우제비츠도 피해가지 못한 콜레라균

제2차 콜레라 팬데믹은 전 세계적 규모로 발전해 '페스트의 재래'라는 헤드라인이 신문 지면을 장식하며 위기감이 고조되었다. 1826년 인도 벵골 지역에서 발생한 콜레라는 같은 해 동남아시아와 중국 청나라로 넘어갔다. 이후 1830년에는 러시아제국 모스크바에까지 세력을 떨쳤다. 콜레라균은 저온에도 강한 활동력을 유지했기에 추운 나라 러시아에서도 기세가 꺾이지 않았다.

1831년 4월, 러시아와 교전을 벌이던 폴란드 독립군 측에 콜레라 환자가 발생했다. 그해 10월에는 독일 연방에 속한 함부르크, 비슷한 시기에 바다 건너 영국 북동부 항구 선덜랜드에 콜레라가 상륙했다. 영국에 진출한 콜레라는 영국 본토를 발판 삼아 미국과 캐나다로 넘어갔고 스페인을 접수한 콜레라는 남미대륙으로 건너가 그곳을 정복했다.

이슬람교 성지인 중동의 메카에서는 순례자들 사이에 콜레라가 창궐했다. 1831년 상황으로 당시 1만 2,000명이 목숨을 잃었다. 그 후 1895년까지 메카에서 16차례나 콜레라가 유행했으며 순례자들이 각자 고향으로 돌아가면서 중동 각지로 콜레라균을 퍼뜨렸다.

제2차 팬데믹은 1837년 소강상태에 접어들었는데, 콜레라가 활개를 치는 동안 전 세계의 많은 저명인사가 목숨을 잃었다. 그중에는 변증법 이론으로 유명한 독일의 철학자 프리드리히 헤겔(Georg Wilhelm Friedrich Hegel), 이집트의 로제타스톤을 해독해낸 프랑

제2차 콜레라 팬데믹 당시 감염 경로

사람이 밀집한 전쟁과 순례를 통해 콜레라는 세계 각지로 퍼져 나갔다.

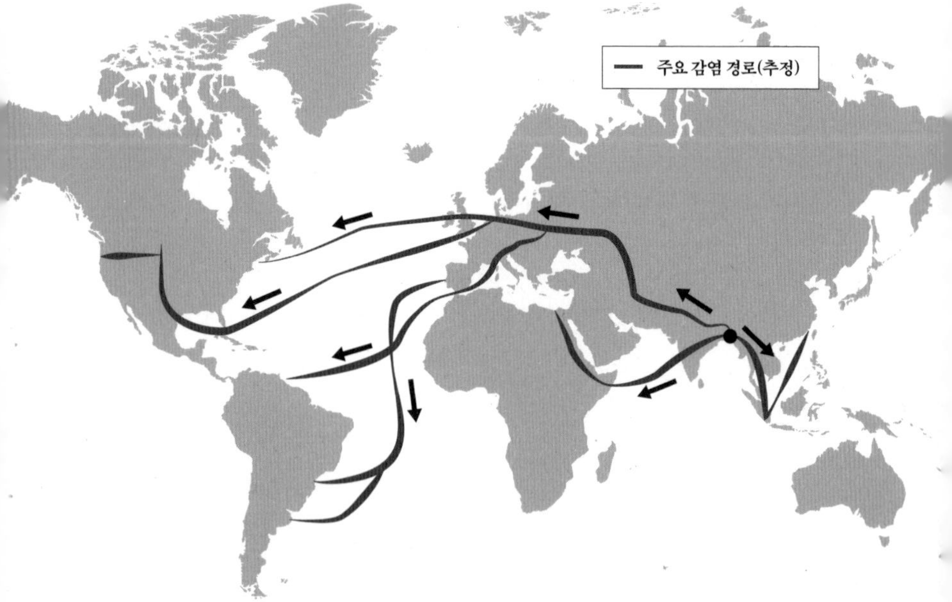

닛케이 내셔널지오그래픽사 『비주얼 팬데믹 맵』 p. 95를 기초로 작성

스 학자 장프랑수아 샹폴리옹(Jean-François Champollion), 프로이센의 장군으로 불멸의 저작 『전쟁론(Vom Kriege)』을 쓴 카를 폰 클라우제비츠(Carl von Clausewitz), 프랑스 부르봉 왕가의 마지막 국왕인 샤를 10세(Charles X, 재위 1824~1830) 등이 포함된다.

오쇼너시의 '염류 정맥 주입법'이 확실히 효과가 있었음에도 당대 주류 의학계에 받아들여지지 않은 이유

1830년대 콜레라 대증 요법은 크게 세 종류였다.

첫째, 감홍(甘汞)을 특효약으로 사용했다. 감홍은 염화제일수은의 약품명으로 설사 증상과 기생충 감염 예방 목적의 구충제로 사용했다. 고대 그리스 시대 이후 사체액설에 따라 질병은 체액의 불균형이 초래하므로 장 내용물을 배설하도록 돕는 하제(下劑)를 처방해 체액을 배출함으로써 흐트러진 균형을 바로잡아 치료할 수 있다고 믿었다.

그러나 감홍을 활용한 치료는 수은 중독을 일으킬 위험성이 높았고, 그렇지 않아도 탈수 증상에 시달리는 환자에게서 수분을 더 빼앗아가 증상을 악화시켰다. 그 밖에도 피마자유와 브랜디를 처방하는 의사도 있었는데 이 또한 탈수 작용을 일으키는 위험한 의료 행위였다.

둘째, 아편을 약으로 이용했다. 오늘날 아편은 마약으로 분류되지만 당시에는 통증을 완화하고 기관지와 위장에서 과도한 점액 분비를 억제하는 만병통치약으로 귀하게 여겼다. 게다가 가격도 비교적 저렴한 편이라 19세기 초 영국의 대부분 가정에서는 아편을 상비약으로 챙겨두었다가 아이부터 노인까지 두루 사용했다.

그러나 아편은 의존성이 강하고 중독 위험이 있다. 게다가 아편을 투여받은 콜레라 환자가 몇 시간 만에 사망하는 사례가 속출했다는 기록이 남아 있을 정도로 부작용이 컸다. 분명한 것은 아편이 콜레라 치료에 효과가 없었다는 점이다.

셋째, 사혈 치료가 이루어졌다. 사체액설을 바탕으로 나쁜 피를 뽑아내어 건강을 회복한다는 사고방식에서 비롯된 사혈은 만능 치료법으로 여겨졌다. 옛날부터 뇌출혈과 천식부터 콜레라, 페스트, 이질 등의 감염병은 물론 타박상, 성병, 정신병 등 온갖 질병에 사혈 치료를 했는데, 환자도 이 엽기적 치료법을 거부감 없이 정상적 의료 행위로 받아들였다. 물론 효과는 없었다. 의학이 발전하면서 1860년대 이후 사혈 요법은 '미개한 구시대의 유물'이라는 인식이 퍼지며 의료 현장에서 자취를 감췄다.

이러한 다양한 치료법이 동원되고 있을 때 영국 의사 윌리엄 브룩 오쇼너시(William Brooke O'Shaughnessy)가 염류 용액을 정맥에 직접 주입하는 치료법을 개발했다. 1831년의 일로, 오쇼너시는 중증 콜레라 환자의 혈액을 검사해 혈중 수분과 염분이 눈에 띄게 줄어들었다는 사실을 깨달았다. 그는 사혈 요법을 처치할 수 없을 정도로 상태가 위중해진 환자를 대상으로 소금과 물 용액을 정맥에 주입하자고 제안했다.

이 치료법이 적중했다. 오쇼너시는 환자의 정맥에 하루 평균 18리터의 염류 용액을 주입했다. 치료는 확실한 효과를 거두었고, 영국 남부 윌트셔 윌턴에서는 오쇼너시가 고안한 치료법과 사혈 요법을 동시에 처치한 콜레라 환자 7명 전원이 회복했다. 사혈 요법을 제외하자 23명 회복, 2명 사망이라는 비교적 양호한 결과를 얻었다.

오쇼너시의 치료법은 분명한 효과를 발휘했음에도 주류 의학계에 받아들여지지 않았다. 당시에는 의사부터 의사를 사칭하는 돌팔이 의사까지 다양한 사람들이 조합한 효과가 검증되지 않은 자칭 특효약이 콜레라 치료법으로 둔갑해 신문지상에서 요란한 광고전을 펼쳤다. 별다른 홍보를 하지 않은 오쇼너시의 치료법은 주목받지 못한 채 그대로 묻히고 말았다. 온갖 사이비 치료법이 판을 치면서 진짜를 알아보지 못하도록 사람들의 눈과 귀를 막은 탓이었다.

아무튼 당시 신문에 실린 약 관련 정보는 오늘날 '광고'라는 비즈니스 모델의 기초가 되었다. 영국에서는 19세기 말까지 자칭 특효약을 제조한다는 수상한 제약회사가 신문 1면의 주요 광고주로서 신문사의 돈줄이 되었다. 이 수상한 제약회사들은 상표와 광고 문구, 로고 등의 효과를 일찌감치 깨달았다. 게다가 약 제조 단가도 얼마 들지 않았기에 마케팅에 아낌없이 자금을 쏟아 부을 수 있었다. 온갖 미사여구를 동원한 효과가 검증되지 않은 약 광고가 날마다 신문 지면을 도배하다시피 했다.

콜레라 치료에는 수분 보충이 중요하다. 이 사실은 1920년이 되어서야 겨우 실험을 통해 증명되었다. 인도 캘커타에 머물던 영국 병리학자 레너드 로저스(Leonard Rogers)가 수분 보충을 콜레라 치료에 도입해 사망률을 크게 낮추었다. 1940년대에는 경구수액제(ORS)가 개발되며 콜레라 치료법이 차츰 자리 잡았다.

브로드 스트리트의 콜레라 원인을 밝혀내어 '역학의 아버지'로 불린 존 스노

제1차 콜레라 팬데믹은 1817년부터 1823년까지, 제2차 팬데믹은 1826년부터 1837년까지 맹위를 떨쳤다. 곧이어 제3차 팬데믹이 1840년에서 1860년 사이에 발생했다.

이때 바야흐로 인도에서 발생한 콜레라가 영국의 수도 런던을 재습격했다. 당시 런던은 50킬로미터 둘레 안에 250만 명이 거주하는 초과밀 도시였다. 19세기 초 100만 명 정도이던 인구가 농업혁명과 산업혁명을 거치며 폭발적으로 늘어났다. 그러나 하수 처리 시설 등의 인프라 정비 속도는 도시 과밀화를 따라가지 못했다. 당시 런던의 각 가정에서는 마룻바닥 아래에 오물 구덩이를 만들어두었다. 그곳에 생활하수와 화장실에서 나온 분뇨 등을 모아두었다가 구덩이가 가득 차면 퍼내서 성벽 밖 농가에 거름용으로 내다 팔았다.

이 시대에 이미 수세식 화장실이 보급되고 있었으나 하수구와 처리 시설은 제대로 갖추어지지 않았다. 집 안에서 흘러나오는 것은 모조리 오물 구덩이로 모여 오물 구덩이는 언제나 찰랑찰랑 넘치기 직전이거나 이미 넘쳐서 끔찍한 악취를 풍겼다. 당대 세계 최고의 도시 런던의 환경과 위생 상태는 그야말로 끔찍한 수준이었다.

1854년 8월, 런던 소호 지구 브로드 스트리트(현재 브로드윅 스트리트)에서 젖먹이 콜레라 환자가 나왔다. 그 후 그 일대에서만 콜레라로 인한 사망자가 수백 명에 이르렀다.

당시 영국 학계와 민간에서는 여전히 콜레라와 같은 감염병이 미아즈마, 즉 나쁜 공기 탓이라고 믿었다. 런던 시 당국은 원인으로 추정되는 악취를 근절하기 위해 오물 구덩이를 덮어 없애고 하수도 정비 사업을 대대적으로 추진했다. 그러나 그 와중에도 배설물을 포함한 오수를 계속 템스강으로 흘려보내 강은 거대한

19세기 중엽까지도 영국 학계와 민간에서는 여전히
콜레라와 같은 감염병이 미아즈마, 즉 나쁜 공기 탓이라고 믿었다.
런던 시 당국은 원인으로 추정되는 악취를 근절하기 위해
오물 구덩이를 덮어 없애고 하수도 정비 사업을 대대적으로 추진했다.

'역학의 아버지'로 불린 존 스노

시궁창이나 다름없는 수준으로 방치되고 있었다.

그때 나쁜 공기가 원인이라는 속설을 의심하는, 시대를 앞서간 인물이 나타났다. 빅토리아 여왕이 레오폴드 왕자를 출산할 때 클로로포름을 사용한 마취로 산통을 줄이는 데 성공한 의사 존 스노(John Snow)였다.

존 스노는 벽을 맞대고 한 건물에 사는 주민은 똑같이 악취에 노출되는 환경에서 생활하는데 누구는 콜레라에 걸리고 누구는 걸리지 않는다는 사실을 발견했다. 그리고 식수 수원과 수도회사가 어디냐에 따라 콜레라 발병률이 크게 달라진다는 결론에 도달했다. 그는 미아즈마설을 부정하고 콜레라가 물을 매개로 전파되는 '수인성 감염병'이라는 이론을 발표했다.

존 스노는 콜레라 발생 원인을 특정하기 위해 사망자가 나온 지역을 면밀히 조사해 지도를 작성했고 브로드 스트리트에 있는 우물 근처에서 가장 많은 사망자가 나왔다는 사실을 알게 되었다. 또 브로드 스트리트 가까이 자리한 한 구빈원에서는 신기하게도 환자가 한 명도 나오지 않은 것을 발견했다. 이 구빈원은 따로 우물을 파서 사용하고 있었다.

콜레라 발생원이 브로드 스트리트의 우물이라고 확신한 존 스노는 우물에서 길어낸 물을 정밀 조사하기로 마음먹었다. 그런데 그가 현미경으로 아무리 열심히 물을 살펴봐도 어떤 이상을 발견할 수 없었다. 실제로 그 물에 콜레라균이 없었을까? 아니다. 그

것은 단지 당시 기술이 만들어낸 현미경으로는 콜레라균을 확인할 수 없었을 뿐이다.

존 스노는 포기하지 않고 행정관청의 문을 두드렸고, 우물물을 퍼 올리는 펌프를 떼어내 우물을 사용하지 못하게 하는 처분을 받아냈다. 우물을 폐쇄하자 브로드 스트리트의 콜레라 집단 감염 사태가 일단락되었다.

사태가 어느 정도 진정된 후 이루어진 후속 조사로 최초 콜레라에 걸린 젖먹이 아이의 소변을 담은 요강을 오물 구덩이에 비웠다는 사실이 밝혀졌다. 그 오물 구덩이를 둘러싼 벽돌이 삭아서 오수가 새어 나왔고 하필 근처에 있는 브로드 스트리트의 우물을 오염시킨 것이다. 오물 구덩이와 우물 사이의 땅은 배설물과 흙이 범벅 되어 고약한 냄새를 풍기는 끈적끈적한 진창으로 변해 있었다.

존 스노는 감염자 조사 자료를 활용해 감염 확대 방지에 성공했고 그 여파로 템스강 오염이 사회 문제로 떠올랐다. 존 스노는 브로드 스트리트의 콜레라 원인을 밝혀낸 공을 인정받아 '역학의 아버지(father of field epidemiology)'라는 별명을 얻었으며 그가 작성한 지도는 감염병을 다루는 현대 교과서에 반드시 실릴 정도로 유명해졌다. 이렇게 존 스노의 활약이 있었음에도 미아즈마설을 지지하는 사람들은 여전히 존재했다.

그로부터 얼마 후 템스강 대악취 사건(The Great Stink)으로 기록되

1858년 6월, 템스강에서 코를 찌르는 고약한 악취가 퍼져 나가면서 강변에 자리 잡은 의사당이 폐쇄되는 초유의 사태로 비화했다. 이를 계기로 런던 시 당국은 투자와 재정 지원을 쏟아부어 대대적인 하수도 시스템 정비에 나섰다.

'조용한 살인자'(1858). 템스강을 오염시킨 이들은 그 대가로 목숨을 바쳐야 했다.

는 악취 소동이 벌어졌다. 1858년 6월의 일이다. 템스강에서 코를 찌르는 고약한 악취가 퍼져 나가면서 강변에 자리 잡은 의사당이 폐쇄되는 초유의 사태로 비화했다. 하지만 이 시기에 감염병 사망률이 예년과 크게 다르지 않았기 때문에 이 악취 사건은 미아즈마, 즉 나쁜 공기가 병을 일으킨다는 구시대적 믿음이 부정되는 계기로 작용했다.

템스강 대악취 사건으로 한바탕 곤욕을 치른 런던 시 당국과 의원들은 하수도 증축에 투자와 재정 지원을 아끼지 않게 되었다. 템스강과 나란히 북쪽에 세 줄, 남쪽에 두 줄의 간선 하수구를 설치하고 오수가 정체되지 않도록 런던 동쪽에서 템스강 하류로 합류하도록 설계했다. 1865년의 일이다. 1887년 이후로는 템스강 하류 대신 바다로 흘러가게 조치했다.

하수도 정비로 위생 상태가 개선되자 템스강에서 악취가 사라졌다. 그에 따라 템스강에 다시 물고기가 헤엄쳐 다니고 식수도 청결하고 안전하게 관리할 수 있게 되었다. 무엇보다 1886년 이후 런던에서 콜레라 집단 발병이 연기처럼 사라졌다.

현재 가치로 환산해 2억 5,000만 파운드에 달하는 금액을 들여 정비한 런던의 하수도 시스템은 오늘날 런던 하수 처리 시스템의 근간이 되었다. 그리고 아이러니하게도 공중위생의 중요성을 인식시킨 콜레라에는 '위생의 어머니'라는 말장난 같은 별명이 붙었다.

인도 전역을 돌며 철저한 조사와 실험을 통해 콜레라균의 정체를 밝혀낸 독일 학자 로베르트 코흐

제4차 콜레라 팬데믹은 1863년에서 1879년까지 유럽, 중국, 중동, 남북 아메리카, 아프리카대륙을 거침없이 휩쓸고 지나갔다. 감염 지역만 놓고 보면 단연 역대 최대 규모의 팬데믹이라고 할 만했다. 또한 그로부터 얼마 지나지 않은 시점인 1881년에 시작된 제5차 팬데믹은 1896년까지 계속되었다. 이 두 차례 팬데믹 모두 공교롭게도 인도에서 시작되었고 전 세계로 확산해가는 중심에 이집트가 자리하고 있었다.

1883년, 독일 정부의 요청으로 서른아홉 살의 세균학자 로베르트 코흐가 콜레라가 유행하던 이집트로 떠났다. 코흐는 그로부터 한 해 전에 결핵균을 발견하고 결핵이 감염병이라는 사실을 증명했다.

비슷한 시기에 프랑스는 광견병 등의 백신을 개발한 세균학자 루이 파스퇴르(Louis Pasteur)를 콜레라 연구를 위해 이집트로 파견할 계획을 세워두고 있었다. 독일과 프랑스는 1870년부터 1871년까지 벌인 프로이센—프랑스 전쟁으로 쌓인 앙금이 남아 있어 틈만 나면 서로 으르렁대는 앙숙이었다. 독일은 프랑스에 대항하는 차원, 말하자면 맞불 작전으로 코흐를 파견했다. 그러나 파스퇴르는 광견병 연구에 매진하기 위해 이집트행 제안을 받아들이지 않았다.

코흐는 이집트에서 콜레라 연구를 시작했다. 그런데 그로부터 얼마 지나지 않아 이집트의 콜레라 팬데믹이 수습 국면에 접어들었다. 이후 코흐는 독일 정부에 공식 요청해 인도로 건너갔다. 그리고 그는 인도 전역을 돌며 식수를 채취하고 기니피그 등의 실험동물을 활용해 콜레라의 실체를 밝혀내기 위한 실험을 계속했다. 그 결과 마침내 코흐는 한천을 사용한 순수 배양으로 콜레라균을 발견했다. 그는 콜레라균이 식수를 매개로 전파되며 습기를 좋아하는 성질이 있다는 사실도 밝혀냈다.

그런데 그 무렵 콜레라 연구에 크게 이바지한 코흐에게 사사건건 시비를 걸고 문제를 제기하는 연구자가 나타났다. 바로 미아즈마설을 여전히 신봉하던 독일 위생학자 막스 요제프 폰 페텐코퍼(Max Joseph von Pettenkofer)였다. 그는 감염자의 대변에서 나온 콜레라균이 토양을 오염시키고 오염된 토양에서 나쁜 공기가 발생해 콜레라 증상을 일으킨다고 일관되게 주장했다. 상수도에 콜레라균이 들어가 콜레라가 발생한다는 코흐의 주장을 부정하던 페텐코퍼는 심지어 콜레라균에 의해 오염된 물을 직접 마셔 코흐가 틀렸음을 증명해 보이려고까지 했다.

계속된 수많은 동물 실험과 풍부한 증거에 근거해 결국 미아즈마설은 학문적으로 완전히 부정되었고 콜레라의 정체는 감염병으로 확정되었다.

국제 위생회의에서 오로지 영국만 '해상 검역 강화 조치'를 강하게 반대하고 나선 이유는?

예전부터 인도에서 시작된 콜레라가 유럽으로 전파된 경로를 두고 두 가지 경우를 생각했다. 우선 인도에서 중앙아시아, 러시아를 지나는 육로를 통한 전파다. 또 하나의 경우는 인도에서 인도양, 홍해를 거쳐 유럽에 도달하는 바닷길이다. 1865년 콜레라가 이 바닷길을 지나 유럽에 입성함으로써 제4차 팬데믹이 발생했다.

1866년 오스만제국의 수도 이스탄불에서 감염병에 관한 국제 검역 규정을 마련한다는 목표로 국제위생회의(International Sanitary Conference)가 개최되었다. 이 회의에서 바다를 통한 콜레라 유입을 막기 위한 본격적인 논의가 이루어졌다.

이때 특히 문제가 된 것은 메카 순례길에 오른 이슬람교 신자를 대상으로 하는 '해상 검역'이었다. 해상 검역이란 특정 감염병 환자가 나온 선박이나 유행 지역에서 출항한 선박의 정식 입항을 거부하고 항구 내 일정 장소에 정박을 명하는 조치를 말한다. 통상적으로 승객과 승조원 모두 닷새에서 열흘 남짓의 일정 기간 하선이 금지되거나 검역 대기소 또는 병원에서 대기하라는 명령을 받는다.

메카 주변에서 콜레라가 창궐하면 아라비아반도와 이집트를 오가는 항구에서 해상 검역을 강화하는 조치를 취해야 한다는 논의가 한창일 때, 많은 나라가 이를 찬성하는 가운데 영국은 러시아, 오스만제국 등과 함께 강한 반대 의사를 표명했다. 영국, 러시아, 오스만제국 모두 자국 영토 안에 이슬람교 신자가 많았고 그들의 반발을 우려했기 때문이다.

그 밖에도 영국은 검역 강화 조치가 자유무역 원칙에 반한다며 트집을 잡았다. 당시 영국에서는 국가의 무역 통제를 최소화해야 한다는 자유무역 사상이 깊이 뿌리내리고 있었다. 또 영국에 여전히 미아즈마설을 신봉해 해상 검역의 근거인 '접촉 감염설'에 부정적인 견해를 제시하는 학자들이 있다는 반대 이유도 내세웠다. 유럽의 다른 나라들과 달리 섬나라 영국에게 무역은 곧 해상 무역을 의미했기에 검역 강화 조치는 곧바로 경제 활동 위축으로 이어질 것이 뻔했다.

1874년 오스트리아—헝가리제국 빈에서 열린 국제위생회의에서 영국은 유럽 지역에서 검역할 때는 반드시 의사가 입회해야 한다고 주장했고 일정 부분 합의를 얻어냈다. 이때 영국이 제시한 의사 검역은 감염병 유행 지역에서 출항한 선박에 의사가 승선해 검역한 후 콜레라 환자나 의심 환자로 추정되는 인원은 감염자 격리, 치료에 특화된 지정 병원으로 이동시키고 나머지 승객과 승조원은 하선을 허가한다는 내용이다. 그러나 홍해 주변에서는 통상적 해상 검역이 이루어졌기에 이른바 '더블 스탠다드

(double standard)', 즉 이중잣대를 적용한 것이다.

국제위생회의는 1851년 파리에서 맨 처음 개최된 이후 1938년에 이르기까지 총 14차례 열렸다.

제2차 콜레라 팬데믹 당시 일본의 경우 유독 수도 에도에서 많은 감염자와 사망자가 나온 기막힌 이유

제1차 콜레라 팬데믹이 발생한 1822년 콜레라가 일본 열도에 상륙했다. 대륙에서 건너온 콜레라는 쓰시마섬을 거쳐 무역 창구인 나가사키로 들어왔다. 그리고 수도로 이어지는 주요 도로인 도카이도를 따라 동쪽으로 올라왔다. 그러나 다행히 에도(도쿄의 옛 이름 — 옮긴이)에는 도달하지 못했다. 콜레라에 관한 정보는 네덜란드 상인을 통해 입수했기에 고로리(虎列刺, 虎烈刺, 虎列拉) 등 발음이 비슷한 다양한 한자로 표기했다(조선에서도 '콜레라'를 음역해 '호열자(虎列刺)'라고 했다. — 옮긴이).

운 좋게도 제2차 콜레라 팬데믹 때 일본은 별 탈 없이 지나갔다. 그러나 행운은 오래가지 않았다. 얼마 지나지 않아 수도 에도를 콜레라가 강타했다. 바쿠후(幕府) 말기에 해당하는 1858년의 일이다. 그해 5월 청나라를 거쳐 나가사키로 입항한 미국 군함 미시시피호의 선원 중 콜레라 환자가 있었고, 그 선원을 통해 콜레라가 퍼져 나갔다. 7월에 에도를 접수한 콜레라로 인해 3만~4만 명에 달하는 사망자가 나왔다.

그러자 8월에 바쿠후는 프랑스에서 콜레라 예방 의견서를 입수해 예방법과 치료법을 배포했다. 그다음 달에는 콜레라로 신음하는 민중을 구제하기 위해 52만 명분에 달하는 엄청난 양의 쌀을 구호물자로 풀었다.

콜레라가 유난히 기승을 부린 1858년에 에도 바쿠후는 미국을 비롯해 영국, 프랑스, 러시아, 네덜란드와 수호통상조약을 체결했다. 이 조약은 조정의 허가 없이 체결된 일본 측에 불리한 내용이었으며 콜레라 유행과 맞물리며 민중 사이에 바쿠후 정권을 향한 불신감과 외국인에 대한 반감이 싹텄다. 이렇게 일본 각지에서 서양 오랑캐를 배척하자는 '양이(攘夷) 운동'의 기운이 고조되었다.

유독 수도 에도에서 많은 사망자가 나온 까닭은 무엇일까? 그것은 에도라는 도시의 구조와 밀접한 관련이 있다. 당시 에도에서는 간다 상수와 다마가와 상수의 물을 돌과 나무로 만든 오늘날의 수도관과 비슷한 구조물을 통해 우물에 공급하는 방식으로 식수와 생활용수를 조달했다. 상수원에서 우물까지 물을 공급하는 설비가 동네마다 존재했다. 지체 높은 무사 가문이나 부유한 상인 가정에서 나온 분뇨는 재래식 변소에서 퍼 올려 한데 모아두었다가 거름을 제조하는 시비 업자에게 팔았다. 그리고 이 업자는 일종의 도매상으로 근교 농가에 거름을 판매했다. 이 과정에서 콜레라균에 오염된 분뇨가 흘러나와 수로를 따라 상수원을 침입했고 식수를 통해 연쇄적으로 감염이 확대되었다.

비슷한 시기의 영국 런던과 마찬가지로 도시 상수도 인프라가 콜레라를 확산시킨 주범이었던 셈이다.

에도 민중 사이에 콜레라의 원인이 식수라는 소문이 돌았다. 그러자 다마가와 상수에서 나오는 물을 마시지 않으려는 사람이 늘어났다. 또 민간신앙에 의지해 문에 액막이 부적을 붙이거나 굿을 하고 문간에 제단을 차려놓고 역병 신이 물러가기를 기원하는 사람도 있었다.

콜레라가 요괴나 악령의 소행이라고 믿는 사람도 많았다. 민간에 "나가사키에 들어온 미국인이 늑대를 데려와서 콜레라가 퍼졌다. 늑대를 퇴치하지 않으면 역병이 사라지지 않는다"라는 괴이한 소문이 돌기도 했다. 그런 터라 미쓰미네 신사(三峯神社, 현재 사이타마현 지치부시)와 무사시미타케 신사(武蔵御嶽神社, 현재 도쿄도 오메시) 같이 늑대를 신으로 모시는 신사가 생겨났고 늑대를 믿는 민간신앙이 싹텄다. 일부 지방에서는 늑대 가죽과 머리뼈로 콜레라를 일으키는 역병 신을 퇴치할 수 있다는 믿음이 퍼지며 늑대 가죽과 머리뼈를 구하기 위해 일대 소동이 벌어졌다. 찾는 사람이 늘어나자 사냥꾼이 일본늑대 사냥에 열을 올렸고, 이때 애꿎은 일본늑대가 남획되어 멸종을 앞당겼다는 주장도 있다.

콜레라가 요괴나 악령의 소행이라고 믿는 사람도 많았다. 민간에 “나가사키에 들어온 미국인이 늑대를 데려와서 콜레라가 퍼졌다”라는 괴이한 소문이 돌면서 늑대를 신으로 모시는 신사가 생겨나고 늑대를 믿는 민간신앙이 싹텄다.

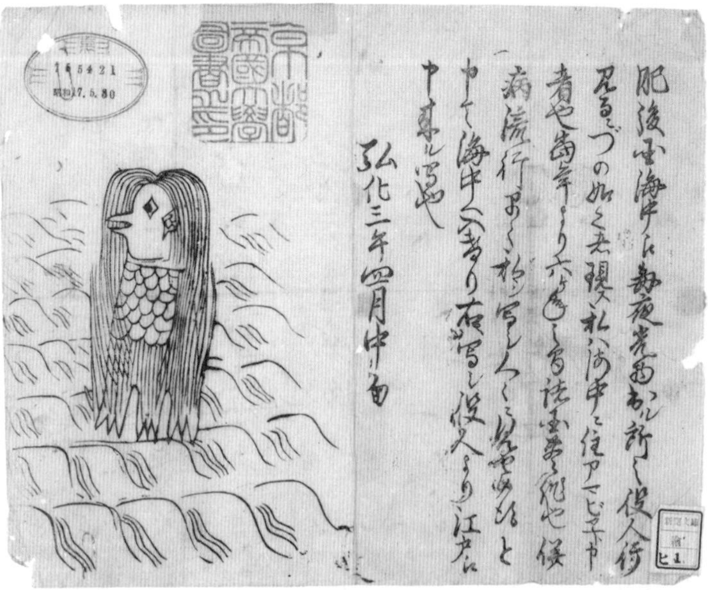

히고국 바다에서 모습을 드러낸 요괴 아마비에

이 시기에 요괴이면서 재해와 역병 신탁을 내리고 예언 능력을 갖춘 영험한 짐승에 관한 소문이 돌기도 했다. 히고국(肥後国, 현재 구마모토현) 바다에서 돌림병이 돌면 홀연히 사람 앞에 제 모습을 드러낸다고 전해지던 아마비에라는 요괴가 있었고, 가가국(加賀国, 현재 이시카와현) 하쿠산에 나타난 머리 두 개 달린 새는 콜레라 유행을 예언하고 "나를 아침저녁으로 모시면 난을 피할 수 있다"라는 말을 남겼다고 한다. 히젠국(肥前国, 현재 나가사키현) 히라토 지역에서도 인어가 바다 위에 모습을 드러내고 콜레라 유행과 그에 이어지는 7년의 풍년을 예언했다고 전해진다.

불온한 정세와 정권의 미숙한 대처로 콜레라가 창궐하며 민심이 흉흉해지고 사회 불안이 만연하면서 온갖 예언이 난무했다. 언제 끝날지 모르는 역병으로 앞날이 막막해진 민중에게 믿을 구석이라고는 하늘이나 요괴밖에 없던 시대가 아니었나 싶다.

메이지 정부는 왜 콜레라 대책에 사활을 걸어야 했을까

메이지시대(1868~1912년)에도 일본에서는 주기적으로 콜레라가 사람들을 괴롭혔다. 에도 바쿠후가 검문소를 폐지하면서 사람 왕래가 늘어나자 2~3년마다 한 번씩 콜레라가 창궐했다.

그래도 메이지 유신 이후 어느 정도 사정이 나아진 셈이었다. 그도 그럴 것이 메이지 정권의 문명개화 정책으로 서구 문물을 적극적으로 받아들이면서 콜레라 관련 문헌이 서유럽 국가에서 대량으로 유입되어 최신 콜레라 대책을 세울 수 있었기 때문이다.

그러나 대륙에서 들어온 콜레라가 일본에서 몇 차례나 유행하며 메이지 정부는 입항하는 외국 선박을 철저히 검사한다는 대책을 내놓았다. 만약 선내에 콜레라 환자가 있으면 가나가와현, 효고현, 나가사키현에 설치한 지정 병원으로 이송한다는 조치였다.

메이지 정부의 방역 정책이 겨우 걸음마 단계에 접어든 1879년은 일본 역사상 콜레라 환자가 가장 많이 발생한 해로 기록되었다. 그해 3월 에히메현에서 발생한 콜레라가 6월경 동일본까지 세력을 확장했다. 니가타현에서는 감염 예방을 위해 어패류와 수산 가공식품 판매를 금지해 어업 종사자와 수산업 관계자가 막대한 경제적 피해를 감수해야 했다. 게다가 홍수 피해가 겹치면서 쌀 가격이 급등해 생계가 막막해진 어부가 저렴한 쌀을 요구하며 상가를 습격하고 경찰이 출동하는 소동이 벌어지기도 했다. 또 일부 폭도는 경찰서와 환자가 이송된 지정 병원을 파괴했고 그 진압 과정에서 사망자도 나왔다.

메이지 정부는 외국에서 입항한 배는 열흘간 앞바다에 정박하도록 요구했으나 영국과 독일이 불평등조약의 치외법권 조항을 내세워 강경하게 반대하는 바람에 실행에 옮기지 못했다. 영국은 상업 우선주의를 주장하며 의사가 승선해서 환자를 가려내는 느슨한 검역을 고집했다. 일본 정부가 주도한 검역은 1899년 치외법권이 폐지될 때까지 이루어지지 못했다.

1879년 7월 14일, 일본 최초의 감염병 예방 법령인 '바다와 항구의 콜레라 감염 예방 규칙(海港虎列剌病伝染予防規則)'이 공표되었다. 메이지 정부는 이를 기념해 7월 14일을 '검역 기념일'로 지정했다.

1879년 콜레라 유행에서는 신고된 환자 수만 16만 2,637명, 사망자 수는 10만 5,786명으로 사망률이 60퍼센트를 넘어섰다. 1886년에도 콜레라가 유행해 환자 수 15만 6,000명, 사망자 수 10만 8,405명으로 집계되었다. 그 후 1890년과 1895년에도 콜레라가 유행했는데 감염자 수는 점점 줄어들었다.

1894년 발발한 청일전쟁은 이듬해 일본의 승리로 끝났다. 전쟁이 끝나자 20만 명이 넘는 귀환병이 발생했고 메이지 정부는 대규모 검역을 시행했다. 검역을 지휘한 고토 신페이(後藤新平)는 의사 출신으로 훗날 외무장관이 되었다. 고토 신페이는 세토 내해의 니노시마섬을 비롯한 여러 섬을 확보해 6월 1일부터 8월 중순까지 각 섬에서 날마다 수천 명에 달하는 귀환병의 검역을 진행하도록 지시했다. 이는 당시 정부가 콜레라를 비롯한 감염병을 얼마나 두려워했는지 잘 보여주는 사건이다.

제6차 콜레라 팬데믹은 1899년부터 1923년까지 이어졌다. 그 시기에 콜레라의 기세가 가장 강했던 1920년 고베에서는 콜레라 환자가 4,969명이나 발생했다. 이것이 오늘날까지 일본에서 일어난 마지막 콜레라 유행으로, 이후 일본 내에서 콜레라 발생은 거의 진정되었다가 제2차 세계대전 이후 부상병과 해외에서 일본으로 귀국한 사람들이 콜레라를 옮기면서 다수의 사망자를 냈다.

각 지방의 경계선도 바꿔놓은
콜레라의 대단한 위력

콜레라 예방에 식수와 환경을 청결히 유지하려는 노력이 필요하다는 사실은 메이지시대 초기부터 잘 알려져 있었다. 정부는 끓인 물을 마시고 우물과 하수도를 정기적으로 청소하라는 계몽운동을 활발히 펼쳤다. 또 콜레라 환자를 어떻게 다루어야 하는지 등도 홍보했다. 메이지 정부와 도쿄부(현재 도쿄도), 경찰청 주도로 콜레라가 발생할 때마다 대중에게 알렸다. 그러나 당시 일본 재정 지출의 상당 부분은 국방비로 충당되어 공중위생에 투입할 자금이 부족했고 감염병 유행을 억제하기는 어려운 실정이었다. 그나마 수질 오염에 신경을 곤두세운 덕분에 1870년 허가받은 다카 상수의 선박 통행이 2년 만에 폐지되는 등 현실적 개선이 이루어졌다.

1873년, 도쿄부는 다마가와 상수원 인근 동네를 도쿄부로 편입하는 신청을 중앙 정부에 제출했다. 다마가와 상수는 가나가와현, 이루마현, 도쿄부에 걸쳐 흐르다 보니 관리 주체가 나뉘어 관리에 어려움을 겪었다. 도쿄부는 다마가와 상수원 일대를 통합관리할 계획이었으나 이 청원은 받아들여지지 않았다.

1889년 고부철도(현재 JR주오선)가 개통하며 도쿄부와 가나가와현에 속하던 기타다마, 니시다마, 미나미다마, 이렇게 세 개 지구가 하나로 연결되었다. 1893년, 수도의 수원과 수질 확보를 목적으로 세 개 다마를 도쿄부로 편입한다는 법령이 가결되었다. 콜레라가 각 지방의 경계선을 바꾸어놓을 정도로 대단한 영향력을 발휘한 것이다.

21세기에도 전 세계가 콜레라를 향한 긴장의 끈을 늦출 수 없는 이유

최초의 콜레라 팬데믹은 1817년에 발생했다. 그리고 1961년부터 현재에 이르기까지 제7차 팬데믹이 진행되는 중이라고 보는 학자가 많다. 그런데 이번 팬데믹은 과거 팬데믹과는 양상이 다르다. 어떤 점에서 다를까?

과거의 콜레라 팬데믹을 일으킨 콜레라균은 '고전형'으로 증상이 악화해 중증화하기 쉬웠다. 반면 현재 진행 중인 콜레라균은 '엘토르형(El-Tor type)'으로, 감염되어도 증상이 나타나지 않는 무증상 감염자가 많고 증상이 나와도 경증에 그치는 경우가 대부분이다. 발생 기점은 과거에는 인도였으나 이번에는 인도네시아의 수마트라섬으로, 이곳에서 시작해 아시아 일대와 동유럽, 아프리카, 이베리아반도까지 유행이 확산하는 추세를 보였다.

그런데 인도 콜카타에서 엘토르형 변이종이 발견되었다. 1990년의 일이다. 이 변이종은 중증화하기 쉬워 각별한 주의가 필요하며 인도에서 아시아의 다른 나라, 아프리카대륙, 카리브해의 아이티 등지로 퍼져 나갔다.

해외여행을 떠날 때는 콜레라 발생 지역을 반드시 확인해야 한다. 현재 일본 국내 콜레라 발생 사례는 해외에서 들어온 귀국자 이외에는 거의 보고되지 않고 있다.(우리나라도 2017~2019년 기준으로 콜레라 발병자는 모두 해외에서 감염된 사례로 질병관리청에 보고되었다. 질병관리청은 "안전한 해외여행을 위해서 여행 전 '해외감염병NOW' 누리집(www.해외감염병NOW.kr)을 통해 방문 국가의 감염병 발생 정보를 확인하고 예방수칙을 지키는 것이 무엇보다 중요하다"라고 했다. — 옮긴이)

상하수도 정비가 뒤처진 해외 빈곤지역과 분쟁지역에서는 지금도 콜레라가 많은 사람의 목숨을 앗아가고 있다. 세계화로 지구촌이 하나의 생활권으로 묶인 오늘날 콜레라는 여전히 방심할 수 없는 주요 감염병 자리를 차지하고 있다.

상하수도 정비가 뒤처진 해외 빈곤지역과 분쟁지역에서는
지금도 콜레라가 많은 사람의 목숨을 앗아가고 있다.
세계화로 지구촌이 하나의 생활권으로 묶인 오늘날 콜레라는
여전히 방심할 수 없는 주요 감염병 자리를 차지하고 있다.

아프리카 모로코의 여성과 아이들이 집에서 멀리 떨어진 우물에서 물을 길어오고 있다.

04

感染病

세계대전의 향방을 두 번이나 바꾼

말라리아

malaria

말라리아는 요즘은 보기 드문 열대성 전염병이다.
일본은 1870년대부터 태평양 전쟁 전까지 아열대에 속한 대만을 점령해 말라리아와 대대적인 싸움을 벌였다. 19세기에 일본은 인도와 동남아시아에서 영토를 확장한 서구 열강과 같은 길을 걸었다. 말라리아가 창궐하여 많은 사람을 괴롭히던 비교적 이른 시기에 '퀴닌(quinine)'이라는 특효약이 개발되었다. 그리고 각국의 퀴닌 원료 확보 문제가 두 번의 세계대전의 향방을 크게 바꾸어놓을 정도로 강력한 영향력을 발휘했다.

제국주의의 확장 역사는 말라리아 등 감염병과의 투쟁 역사다?

말라리아는 열대지역에서 흔히 발병하는 질병의 하나로 감염병의 대명사와도 같은 질병이다. 일본은 제2차 세계대전에서 왜 패배했을까? 이에 대해, 그리고 특히 당시 동남아시아와 태평양 전선에서 일본군이 대패한 원인에 대해 이후 여러 가지 고개가 끄덕여지는 분석이 나왔다. 그에 따르면, 우선 일본은 미국의 상상을 초월하는 물량 공세를 따라갈 엄두도 내지 못했다. 미군은 광범위하게 펼쳐진 전선에 보급이 끊기지 않도록 효과적으로 조달할 수 있는 대단한 능력을 갖추었으나 일본군은 효과적인 조달은 그만두고 장병들이 현지에서 자력갱생해야 하는 경우가 많았다. 게다가 각종 열대 질병과 감염병에 만반의 대비 태세를 갖춘 미군과 달리 일본군의 준비는 부족해도 너무 부족했다.

좀 더 구체적으로 살펴보면, 1937년 중일전쟁이 시작된 후

1945년 종전에 이르기까지 일본군의 총사망자 수는 무려 230만 명에 달했다. 한데 충격적이게도 그중 절반 정도가 직접적 전투로 인해서가 아닌 전쟁터에서 얻은 질병으로 사망하거나 식량 부족으로 굶어죽었다. 이 숫자는 일반 군인을 포함해 기술직 군무원, 의료 관계자 등을 모두 망라한 수치다. 육군 군의국 기록에 따르면, 동남아시아와 태평양 등 남방 전선에서는 병사자 가운데 말라리아 환자가 15.9퍼센트로 가장 많았다.

말라리아는 모기에 물려 인체에 병원체가 들어와 감염되는 질병이다. 일 년 내내 모기가 기승을 부리는 열대지역에서는 계절을 가리지 않고 만성적으로 발생하는 감염병이기도 하다. 중국 전선에서도 일본 육군 전사자 중 말라리아 환자가 차지하는 비중이 10퍼센트로, 14퍼센트인 결핵의 뒤를 이어 두 번째로 많았다.

전쟁 막바지에 벌어진 과달카날 전투(Guadalcanal Campaign)에서도 일일이 헤아리기 어려울 정도로 많은 병사자가 나왔다. 1942년 즈음의 일이다. 당시 일본군 사망자 2만여 명 중 굶어죽은 사람 수와 질병으로 죽은 사람 수가 무려 1만 5,000여 명으로 집계되었다. 그리고 일본군이 동남아시아의 버마(현재 미얀마)에서 인도 동부로 침공해 들어간 임팔 전투(Battle of Imphal)에서는 일본군 사망자 3만여 명 중 질병으로 사망한 수가 8,000명 이상이었다. 한데 놀랍게도 당시의 병사자 대다수가 말라리아 감염자였다. 또한 마리아나 제도, 사이판섬, 필리핀, 인도네시아, 뉴기니 등 남방 전선의 많은 지역에서 다수의 장병이 말라리아로 쓰러져 고국에 돌아오지 못한 채 이국땅에서 눈을 감았다. 게다가 많은 시간과 비용을 들여 훈련을 마친 전투기 조종사가 하늘에서 싸워보지도 못한 채 병으로 숨진 사례도 적지 않았다.

기나나무 껍질로 만드는 말라리아 특효약 퀴닌은 19세기에 일본에 보급되었다. 전쟁이 한창일 때 일본은 대만과 인도네시아 자바섬에서 기나나무를 재배해 퀴닌 정제 생산을 시도했으나 전쟁이 끝날 무렵 미군이 제해권을 장악하며 퀴닌을 비롯한 약품 운송로가 끊겼다. 게다가 식량 공급도 충분하지 않았다. 병들고 굶주려 쇠약해진 부상병은 후방으로 이송되지 못하고 비위생적인 최전방에 방치되었다.

반면 미국은 무기와 탄약뿐 아니라 의약품도 넉넉히 배급했고 부상병을 신속하게 야전병원으로 이송하는 체제를 갖추었다. 또 말라리아 같은 열대성 감염병의 매개체인 모기 퇴치에도 꾸준히 인력과 자원을 투입할 정도로 만반의 태세를 마련하며 일본군의 숨통을 조였다.

근대 서구 열강과 일본이 제국주의 깃발을 내걸고 동남아시아, 태평양, 아프리카대륙 등지에서 세력권을 확장해간 과정은 적대국과 현지 주민뿐 아니라 말라리아 같은 감염병과의 투쟁의 역사였다고도 할 수 있다.

사람의 적혈구를 파괴해
적혈구의 산소 운반을 방해하는 말라리아원충

말라리아를 옮기는 병원체는 말라리아균이 아니라 '말라리아원충(Plasmodium)'이라고 부른다. 원충(原蟲, 원생동물)은 세균과 마찬가지로 미생물로 분류되며 세포 분열을 통해 증식한다. 세균 크기는 0.2~10마이크로미터인데 원충은 1~20마이크로미터로 약간 더 크다. 세균은 유전자 정보가 축적된 세포핵을 가지고 있지 않지만 원충은 세포핵을 가지며 좀 더 복잡한 구조로 이루어져 있다.

말라리아원충은 사람에게 어떻게 감염될까? 말라리아원충을 사람에게 감염시키는 매개체는 날개에 얼룩무늬가 있는 학질모기(Anopheles)다. 학질모기를 포함하는 학질모기속은 지구상에 모두 400종 이상 존재하는데, 태평양의 폴리네시아 일부를 제외하고 지구 전역에 서식하며 이 중 20퍼센트에 해당하는 70여 종이 말라리아를 옮긴다. 또 그중에서 암컷만이 인간에게서 피를 빨아 감염을 일으킨다.

페스트균은 벼룩을 중간 숙주로 삼아 사람 몸에 자리 잡는다. 말하자면 페스트균에게는 벼룩이나 쥐가 아닌 사람이 최종 숙주인 셈이다. 그에 반해 말라리아원충에게 사람은 어디까지나 중간 숙주이며 학질모기가 최종 숙주다. 학질모기가 피를 빨 때 사람

말라리아를 옮기는 병원체는 '말라리아원충'이며, 말라리아원충은 날개에 얼룩무늬가 있는 학질모기를 통해 사람에게 감염된다. 말라리아원충은 호흡을 통해 사람 몸 밖으로 배출되지 않으므로 기본적으로 사람을 통해 감염되지 않는다.

학질모기

의 혈액 속으로 말라리아원충이 들어가면 10~15일 안에 증상이 나타난다. 말라리아원충은 호흡을 통해 몸 밖으로 배출되지 않는다. 그러므로 감염자에게서 수혈받은 경우를 제외하고는 기본적으로 사람을 통해 감염되지 않는다.

사람에게 감염을 일으키는 말라리아에는 네 종류가 있다. 첫째 '열대열(熱帶熱) 말라리아'. 감염자의 96퍼센트는 이 열대열 말라리아가 차지한다. 열대열 말라리아에 감염되면 고열, 빈혈, 오한 등의 증상이 오랫동안 이어진다. 또 침구가 흠뻑 젖을 정도로 엄청난 양의 땀을 흘린다. 발병하고 24시간 이내에 적절히 치료하지 않으면 이내 중증화 단계로 넘어가 사망에 이를 수 있다. 둘째 '삼일열(三日熱) 말라리아'. 동남아시아에서 흔히 볼 수 있는 유형이다. 48시간 주기로 발열 증상을 보이고 원충이 간에 자리 잡으면 한동안 건강해졌다가 재발하기도 한다. 셋째 '사일열(四日熱) 말라리아'. 사일열 말라리아는 72시간마다 주기적으로 발열하는데 비교적 경증이며 감염 사례도 적다. 넷째 '난형(卵形) 말라리아'. 난형 말라리아도 삼일열 말라리아처럼 48시간 주기로 발열 증상을 보이는데, 역시 비교적 경증으로 감염 사례가 드물다. 그밖에 소수지만 원숭이가 감염되는 유형의 말라리아가 사람에게 옮아간 사례가 있다.

말라리아의 세 가지 전조 증상으로는 고열, 빈혈, 비장 비대를 꼽을 수 있다. 말라리아원충은 인체의 적혈구를 파괴해 적혈구의 산소 운반을 방해하므로 빈혈이 생기고 훼손된 적혈구가 쌓여 비장이 커지며 붓는 증상이 나타나는 것이다.

고대 이집트의 파라오 투탕카멘과 마케도니아의 위대한 군주 알렉산드로스 대왕도 말라리아로 죽었다는데?

인류와 말라리아는 아주 오래되고 질긴 인연을 맺고 있다. 말라리아는 천연두와 페스트보다도 더 오래 전, 50만 년 전에 인류와 만났다. 터키 내륙의 차탈회위크 신석기 유적에서 발굴된 8,000여 년 전 인골에서는 말라리아에 걸려 빈혈을 앓은 흔적이 발견되었다.

기원전 14세기 고대 이집트 제18왕조의 열두 번째 왕 투탕카멘(Tutankhamen, 재위 c. 1332~1323 BC)도 말라리아로 목숨을 잃은 것으로 추정된다. 이는 그의 유해 DNA 검사 후 제기된 주장에 따른 것이다.

다만 투탕카멘 가문이 유전성 질환인 겸상적혈구빈혈증(sickle-cell anemia)을 앓았다는 일부 학자들의 주장도 있다. 정상적인 적혈구는 납작하게 누른 공 모양이지만 적혈구가 낫 모양으로 생긴 겸상적혈구빈혈증 환자는 혈액의 운반 능력이 크게 떨어져 체질적으로 빈혈에 걸리기 쉽다. 대신 이 경우 적혈구에 침입해 파괴하는 말라리아원충에는 상대적으로 강한 내성을 보인다. 겸상적혈구빈혈증은 이집트를 포함한 지중해 연안부터 아프리카대륙의 주민에게서 많이 볼 수 있는데, 이 지역에서 말라리아가 기승을 부렸기에 유전적으로 겸상적혈구빈혈증 유전자를 가진 사람이 늘어난 것으로 추정된다.

인도에서 기원전 15세기에 성립된 브라만교의 경전 『아타르바베다(Atharvavedaḥ)』에 '타크만(Takman)'이라는 이름의 열병이 등장한다. 이 열병은 '온갖 질병의 왕'으로 묘사되는 공포의 대상이었는데 "차갑게 이어지다 뜨거워지고", "사흘째 되는 날 열이 나고 이후 사흘을 쉬는 열"이라고 기록되어 있다. 이 병의 주기적인 발열 증상은 '삼일열 말라리아', '사일열 말라리아' 등의 증상과 거의 일치한다.

마케도니아가 배출한 위대한 군주 알렉산드로스 대왕(Aléxandros, 재위 336~323 BC)은 오늘날의 터키와 이란을 거쳐 인도에 이르는 동방 원정에서 돌아오는 길에 고열로 몸져누웠다. 그리고 그는 이란에 위치한 고대 도시 바빌론에서 영면에 들었다. 기원전 4세기의 일이다. 알렉산드로스 대왕의 사인을 두고 다양한 주장이 제기되었는데, 바이러스성 감염병인 웨스트나일열(West Nile Fever)이라는 주장과 말라리아라는 주장이 학계에서 여전히 팽팽하게 대립하고 있다.

로마와 나폴리 등 이탈리아 대표 도시들이 언덕 위에 세워진 이유가 말라리아를 피하기 위해서였다고?

고대 로마시대 이탈리아반도 일대에서 말라리아는 계절을 가리지 않고 왕성하게 활동하는 부지런한 풍토병이었다. 이탈리아 중부에서 로마를 거쳐 지중해로 이어지는 테베레강은 수시로 범람해 강 주변에 작은 연못과 웅덩이가 생기곤 했기 때문에 학질모기 유충(장구벌레)이 서식하기에 안성맞춤인 환경이었다. 로마와 나폴리 등 이탈리아의 대표 도시들은 애초에 말라리아가 서식하기 쉬운 저지대 습지를 피해 언덕 위에 세워졌다.

기원전 264년부터 기원전 146년까지 로마는 지중해 연안의 북아프리카 도시국가 카르타고(로마에서는 '포에니'라 불렀다)와 세 차례 전쟁(포에니 전쟁)을 치렀다. 이 전쟁을 통해 북아프리카와 왕래가 잦아지며 말라리아를 비롯한 열대성 감염병이 로마에 유입되었다.

기원전 1세기, 마르쿠스 테렌티우스 바로(Marcus Terentius Varro)는 저서 『농사론(Rerum rusticarum libri III)』에서 "눈에 보이지 않는 작은 생물이 인체에 침투해 질병이 발생한다"라는, 시대를 앞서가는 주장을 내놓았다. 고대 로마의 학자이며 저술가이던 바로는 역사, 철학, 농업, 건축, 의학 등 여러 분야를 통달한 인물이었는데, 그의 주장은 근대 세균학의 선구자 격 발상으로 인정받을 만하다.

로마제국 시대가 시작되고 광활한 영토를 연결하는 도로 건설이 여기저기에서 추진되었다. 그리고 그 길을 따라 제국 전체로 역병이 고르게 퍼져 나갔다.

그러나 유럽에서 바로의 주장은 받아들여지지 않았다. 유럽에서는 근대까지 질병이란 습지 같은 곳에서 발생하는 독성을 함유한 공기가 원인이 되어 발생한다는 미아즈마설이 주류를 이루었기 때문이다. '말라리아'라는 병명도 이탈리아어로 '나쁜 공기'를 뜻하는 mala aria에서 비롯되었다.

기원후 1세기 로마에 제정이 수립된 이후 광활한 영토를 연결하는 도로 건설이 여기저기에서 추진되었다. 그리고 그 길을 따라 제국 전체로 역병이 고르게 퍼져 나갔다. 또 제국 곳곳에서 대규모 치수 사업과 관개공사, 수도 건설 등이 이루어지면서 로마제국 전체가 거대한 공사판으로 바뀌었다. 또 난방, 도기 생산, 야금업의 발전으로 땔감을 사용할 일이 늘어나며 대규모 삼림 벌채가 이어졌다. 관개공사로 만들어진 농업 용수로라든지 나무를 베어낸 빈 숲에 생긴 물웅덩이 등은 학질모기 유충의 좋은 서식지가 되었다.

로마제국 시대에 인구가 밀집된 지중해 연안 지역에서 '지중해빈혈(Thalassemia)'이라는 풍토병이 발견되었다. 이는 겸상적혈구빈혈증과 마찬가지로 빈혈을 일으키기 쉬운 유전성 질환으로 말라리아원충에 내성이 있어 이 질환 유전자를 가진 이가 많이 살아남았다고 해석할 수 있다.

476년 서로마제국이 해체된 후 서유럽에서는 고대 로마인이 남긴 수도 시설을 따라 학질모기 유충이 대량 발생했다. 예로부터 이탈리아반도에 흩어져 살던 로마인의 후손은 지중해빈혈과 맞바꾸어 말라리아에 어느 정도 내성을 가졌으나, 동쪽에서 이동해 온 게르만족은 내성이 없었다. 게르만족은 이탈리아반도를 침공하자마자 말라리아에 걸렸다. 그들은 말라리아를 이겨내지 못해 이탈리아반도 정착을 포기하고 알프스산맥 이북 지역에 터전을 마련했다.

게르만족의 이동에 영향을 미친 말라리아

게르만족은 말라리아가 두려워 이탈리아반도로 진출하지 않았다.

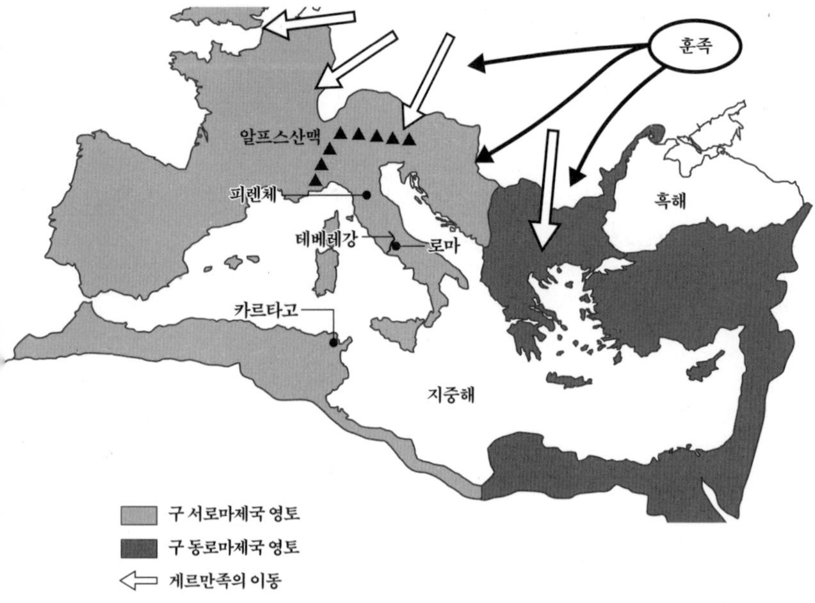

하지만 남유럽 지중해 연안에 사는 사람들이 모두 말라리아에 내성이 있었던 것은 아니다. 주로 알프스산맥 이남 지역에서 말라리아가 주기적으로 유행했다. 장편 서사시 『신곡(La Divina Commedia)』의 저자인 이탈리아 피렌체 출신 시인 단테(Dante Alighieri)는 말라리아로 영원한 안식에 들어갔다. 이는 1321년의 일이다. 단테가 세상을 떠난 시기는 유럽에서 페스트 팬데믹이 일어나기 직전이었다.

잉글랜드 왕 찰스 2세와 프랑스 왕 루이 14세의 목숨을 구한 기나나무 껍질 약제, 퀴닌

15세기 후반 신항로 개척시대가 본격적으로 시작되자 서유럽과 동남아시아, 아프리카대륙 등지의 열대와 아열대에 속하는 지역 간 해상 교류가 활발해졌다. 이에 따라 유럽인이 말라리아에 걸릴 위험성이 높아졌다. 남북 아메리카대륙에서는 중앙아메리카의 아스테카왕국, 남아메리카의 잉카제국 등 여러 지역에서 백인 정복자(conquistador)가 학대를 일삼은 데다 천연두까지 옮기는 바람에 선주민 수가 급감했다. 그러자 농장과 광산에서 일할 노동자가 부족해져 아프리카대륙의 열대지역에서 대규모 흑인 노예를 끌고 왔다. 이들을 따라 말라리아가 대서양을 건너 신대륙으로 퍼졌다고 본다.

남미에서 활동하던 스페인 출신 선교사가 오늘날의 페루에서 기나나무를 유럽으로 가져왔다. 이는 1632년의 일이다. 기나나무는 꼭두서닛과에 속하는 상록 교목이다. 안데스산맥 일대에 살던 잉카제국 사람들은 오랜 옛날부터 기나나무 껍질을 말려 해열제로 이용했다. 유럽인은 원주민의 지혜를 배워 기나나무 껍질을 말라리아 치료제로 활용했다. 그 결과 잉글랜드 왕 찰스 2세(Charles II, 재위 1660~1685)와 프랑스 왕 루이 14세(Luois XIV, 재위 1643~1715)는 말라리아에 걸렸는데도 기나나무 껍질로 만든 약제를 복용하고 목숨을 건졌다.

1820년 프랑스 화학자 피에르 펠르티에(Pierre Joseph Pelletier)와 조제프 카방투(Joseph Bienaimé Caventou)가 기나나무 껍질에서 유효 성분을 추출해 말라리아 특효약 퀴닌을 완성했다. 몸에 좋은 약이 입에 쓰다고 했던가. 퀴닌은 입에 넣으면 저절로 오만상이 지어질 정도로 몹시 썼다. 이 쓰디쓴 약을 하루에 1그램씩을 5~10회로 나누어 복용했는데 신통하게도 말라리아 치료뿐 아니라 예방에도 큰 효과를 발휘했다.

네덜란드는 기나나무 원산지인 페루와 기후가 비슷한 인도네시아 자바섬에서 기나나무를 대규모 재배하기 시작했다. 1855년의 일이다. 이를 계기로 퀴닌의 대량생산이 가능해졌다.

그 전부터 유럽인은 동남아시아와 아프리카대륙 각지의 연안

부와 주요 도시에 교역 거점과 군사 주둔지를 건설했다. 그러나 말라리아를 비롯한 열대성 감염병이 그들의 앞을 가로막아 좀 더 깊은 오지까지 진출하지 못하고 있었다.

그러나 퀴닌이 보급된 19세기 후반 이후 서구 열강은 아시아,

20세기 초 남아시아·동남아시아의 세력 구도

퀴닌의 보급으로 유럽 열강은 남아시아와 동남아시아 대부분을 자신들의 세력권에 편입해 지배력을 행사할 수 있었다.

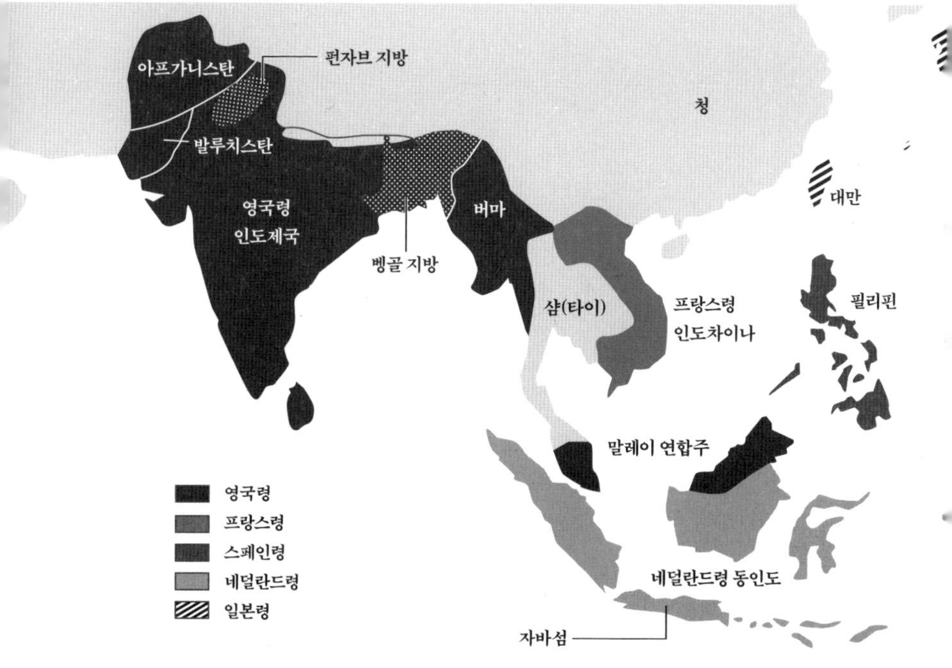

아프리카에 본격적으로 식민지를 건설하기 시작했다. 그레이트 브리튼과 아일랜드 연합 왕국(영국)은 1858년 인도 전역을 정복하고 영국령 인도제국을 선포했다. 1887년 프랑스는 오늘날의 베트남과 라오스, 캄보디아를 정복해 프랑스령 인도차이나를 완성했다.

아프리카대륙 대부분은 20세기 초까지 영국과 프랑스, 독일, 포르투갈 등의 유럽 열강이 분할 통치했다. 아프리카는 대규모 농장에서 생산한 농산물과 천연자원을 공급하는 기지로 탈바꿈했다. 또 유럽에서 제조된 공업제품을 내다 파는 시장 역할도 겸했다.

가장 강력한 경쟁국 프랑스보다 대영제국을 더 끈질기게 괴롭힌 말라리아

아시아와 아프리카를 정복한 유럽인이 말라리아와 치열하게 맞붙은 감염병 전선의 최전방은 바로 인도였다. 국토 대부분이 열대 혹은 아열대 기후에 속하는 인도는 학질모기가 발생하기 쉬운 환경이었다. 19세기 후반 영국의 지배를 받는 과정에서 인도의 철도망과 도로망이 발달했다. 교통 발달과 함께 그 전까지 국지적 유행에 지나지 않던 말라리아가 인도 전역에서 기승을 부리기 시작했다. 북동부 벵골 지방 도시 바르다만의 진료소를 예로 들면, 입원 환자 중 말라리아 감염자의 비율이 1865년에 11퍼센트 정도였다. 그러던 것이 1868년에는 24퍼센트, 1871년에는 40퍼센트로 증가했다.

세균학이 발달하면서 말라리아의 원인이 밝혀졌다. 1880년 프랑스 군의관 샤를 루이 알퐁스 라브랑(Charles Louis Alphonse Laveran)이 말라리아원충을 발견했으나 말라리아 감염 원리는 밝혀내지 못했다. 특정 모기가 말라리아를 감염시킨다는 사실을 증명한 이는 영국 의학자 로널드 로스(Ronald Ross)였다. 1898년의 일로, 당시 그는 인도에서 근무하고 있었다. 로널드 로스는 이 업적을 인정받아 그로부터 4년 후 노벨 생리학상·의학상을 받았다. 1899년 영국은 열대의학원(London School of Hygiene & Tropical Medicine)을 설립하고 식민지 정책을 위해 열대지역의 질병 감염 상황을 파악하고 예방 및 치료에 관한 연구를 진행했다.

로널드 로스는 말라리아 피해를 줄이기 위해 대대적 모기 유충 박멸을 시행해줄 것을 영국 식민지 당국에 제안했다. 그러나 인도는 엄청나게 넓은 나라다. 지역에 따라 기후와 모기 서식 환경도 제각각 다르다. 예를 들어 북서부 펀자브 지방에서는 홍수가 내린 뒤 모기가 대량 발생해 말라리아도 창궐하기 쉬운 경향이 있다. 반면 벵골 지방에서는 우기에 홍수가 나고 그로 인해 강이 불어나면 모기 유충인 장구벌레가 서식하기 어려울 정도로 물이 탁해지거나 물웅덩이가 강한 햇빛에 노출되며 물 온도가 올라가 오히려 모기 발생이 억제되었다. 영국 정부가 근대적 치수 공사와 하천 제방 건설을 추진하는 과정에 수해는 줄어들었으나 도리어 장구벌레가 서식하기 좋은 환경으로 바뀌고 말았다.

이처럼 복잡한 현지 상황 때문에 인도의 모기 퇴치는 계획대로 잘 이루어지지 않았다. 몇 번 실패를 맛본 영국 식민지 정부는 퀴닌 배포를 주요 말라리아 대책으로 삼았다. 그러나 현지 주민은 예부터 전해져온 인도 전통의학을 신뢰했고 정복자인 서양인이 나눠주는 약을 꺼림칙하게 여겨 외면하곤 했다. 영국 정부는 백인이 열대지역에 계속 살아온 주민보다 말라리아에 대한 면역력이 약하다는 점을 고려하여 백인의 거주 구역을 외부와 철저히 차단하고 원주민이 들어오지 못하도록 격리 정책을 시행했다. 이런 정책은 백인과 현지 주민의 생활권을 나누는 당대 인종 차별 사상과 맞아떨어지기도 했다.

태평양 전쟁 당시 퀴닌을 둘러싼 미군과 일본군의 치열한 쟁탈전

인도네시아 자바섬은 세계 최대 퀴닌 산지로 거듭났다. 1860년대 이후의 일로, 자바섬을 지배하던 네덜란드는 퀴닌 이권으로 막대한 이익을 챙겼다.

1914년 제1차 세계대전이 발발하자 연합국의 주요 멤버국인 영국, 프랑스, 이탈리아, 미국은 독점적으로 네덜란드령 자바에서 생산된 퀴닌을 공급받기 시작했다. 반면 연합국과 적대 관계인 추축국의 일원 독일은 대대적 경제 봉쇄로 퀴닌을 입수하는 일이 매우 어려워졌다. 퀴닌을 구하지 못해 발만 동동 구르던 독일은 포기하지 않고 퀴닌과 같은 효과를 내는 약품 개발에 착수했다. 그렇지 않아도 퀴닌은 값이 비싼 데다 구토와 발진 등의 부작용도 있어 여러 나라에서 그 대체품이 될 만한 약품을 인공적으로 합성하는 연구를 진행하고 있었는데, 세계대전으로 퀴닌 수요가 크게 증가하며 각국 연구진은 속도전에 돌입했다.

독일 바이엘사가 야심만만하게 뛰어들어 오랜 연구와 시행착오 끝에 새로운 항말라리아 제제인 클로로퀸(Chloroquine)을 개발했다. 1934년의 일이다. 클로로퀸은 퀴닌보다 약효가 뛰어났으나 시각 장애를 일으키는 등 심각한 부작용이 있어 독일에서조차 곧바로 실용화되지 못했다.

1941년, 태평양 전쟁이 발발하고 일본이 퀴닌 원료 공급지인 자바섬을 점령했다. 그러자 말라리아 대책에서 아깝게 선수를 빼앗긴 미국은 클로로퀸을 제조하고 모기 퇴치용 살충제인 DDT를 대량 생산하는 방식으로 노선을 크게 변경했다. 이후 미국은 클로로퀸과 DDT를 태평양 전선뿐 아니라 유럽 전선에도 본격적으로 보급하기 시작했다. 그러고 보면 말라리아 치료제 클로로퀸과 모기 살충제 DDT가 제2차 세계대전 후반 미국군의 반격을 뒷받침하는 든든한 버팀목이 되어준 셈이었다.

자바섬을 지배하던 일본 육군은 한 달에 300만 정의 퀴닌을 소비했다. 그러나 일본은 1943년 이후 점차 태평양 일대 많은 지역에서 미군에게 제해권을 빼앗겨 수송선 대부분이 격침당해 보급로가 끊겼고 의약품과 살충제를 전선까지 보급할 수 없었다. 약품과 식량을 제때에 보급받지 못한 일본 장병들은 말라리아로 하나둘 허수아비처럼 쓰러졌다.

말라리아가 일으킨 재앙은 군인과 민간인을 구별하지 않았다. 제2차 세계대전 말, 미군의 오키나와 상륙이 임박한 1945년 3~6월에 일본군은 오키나와현 야에야마 제도 주민을 야에야마 제도 최대의 섬인 이리오모테섬 등으로 분산시켰다. 주민들은 학질모기가 떼로 서식해 감염병에 노출되는 위험한 지역으로 강제이주 당했다. 그곳은 좁은 지역에 많은 사람이 바글바글 모인 공간인 데다 의약품도 턱없이 부족했다. 그 결과 야에야마 제도 인구의 절반에 해당하는 1만 7,000여 명이 말라리아에 걸렸으며 그중 3,647명이 사망했다. 전쟁이 끝난 후 남방 전선에서 귀환한 병사들이 일본 본토에 말라리아를 가지고 들어오면서 일본 정부와 점령군은 발등에 불이 떨어졌고 말라리아 대응책을 짜느라 분주해졌다.

퀴닌 대신 클로로퀸 보급으로 방향을 바꾼 미국이 또다시 퀴닌 보급으로 바꾼 이유는?

미국을 비롯한 주요 선진국에서는 퀴닌을 대신해 클로로퀸을 보급했다. 또 세계보건기구는 1955년부터 1969년까지 세계 각지에 DDT를 대량 살포해 모기를 박멸하는 등 '말라리아 근절 계획'을 실시했다. 클로로퀸과 DDT의 활약으로 유럽과 일본 등 온대지역에서는 말라리아가 거의 자취를 감추었고, 삼일열 말라리아와 열대열 말라리아가 병존하는 인도와 동남아시아에서도 감염을 크게 억제할 수 있었다.

1950년대 후반, DDT 내성이 생긴 모기와 클로로퀸 내성을 보이는 말라리아원충이 등장했다. 1960년대에 들어서자 DDT의 강력한 독성이 초래하는 환경오염을 우려해 선진국에서는 차츰 사용을 금지하고 다른 살충제로 대체했는데, 이번에도 어김없이 내성을 보이는 모기가 나타났다.

1960년대에 접어들자 미국은 사회주의 국가인 북베트남을 제압하기 위해 남베트남을 지원하며 베트남 전쟁에 개입했다.

열대 기후에 속하는 베트남 전쟁에서 말라리아가 활개를 쳤다. 미국은 클로로퀸 내성이 생긴 원충이 증가하자 다시금 퀴닌에 주목했다. 그런데 퀴닌 주요 원산국인 인도네시아는 전후 네덜란드로부터 독립한 뒤 초대 대통령 수카르노(Sukarno, 재임 1945~1967)의

세계보건기구는 말라리아를 결핵, 에이즈와 함께
'3대 감염병'으로 규정하고 예방과 치료에 매진하고 있다.
21세기에 들어선 이후 말라리아원충을 구성하는 단백질 해독이
진행되었지만 현재까지 효과적인 백신은 실용화되지 않았다.

2016년 7월, 타이 방콕의 한 마을에 DDT를 살포하고 있다.

지휘로 사회주의권 국가들과 협력하는 방향으로 정책 노선을 변경하고 미국에 퀴닌을 공급하는 것을 제한했다. 그러던 중 1965년 수하르토(Suharto, 재임 1968~1998) 장군을 중심으로 한 군부가 쿠데타를 일으켜 수카르노 대통령이 실각했다. 제2대 대통령으로 취임한 수하르토의 인도네시아는 친미 정책으로 노선을 전환했다. 갑작스럽게 벌어진 이러한 상황의 배후에 미국의 중앙정보국(CIA)이 버티고 있다는 소문이 돌기도 했다.

클로로퀸의 뒤를 이어 판시다(Fansidar), 메플로퀸(Mefloquine) 등의 항말라리아 제제가 개발되어 한 알만 복용해도 효과를 볼 수 있게 되었다. 그러나 그 효과는 일시적이어서 어김없이 내성을 보이는 원충이 등장했다. 다른 한편으로 말라리아 백신 연구도 진행되었다. 그러나 말라리아원충은 성장 단계에 따라 신체를 구성하는 물질과 구조가 판이하게 변이를 일으키고, 같은 환경에서 똑같이 말라리아에 감염되어도 실제로 발병하는 사람과 증상을 보이지 않는 사람 등 발병 조건도 일정하지 않았다. 21세기에 들어선 이후 말라리아원충을 구성하는 단백질 해독이 진행되었지만 현재까지 효과적인 백신은 실용화되지 않았다.

아프리카대륙에서 열대열 말라리아가 창궐하는 사하라 사막 이남 지역에서는 모기의 말라리아 전파력이 매우 높아 유아기에 말라리아에 감염되어 사망하는 경우가 많다. 대신 일단 면역이 생기면 성인이 되어 말라리아에 걸려도 증상이 나타나지 않게 된다. 이러한 '획득 면역' 상태를 중시해 이 지역에서는 세계보건기구의 말라리아 근절 계획이 시행되지 않았다.

세계보건기구는 말라리아를 결핵, 에이즈와 함께 '3대 감염병'으로 규정하고 예방과 치료에 매진하고 있다. 전 세계 말라리아 감염자는 연간 3억~5억 명이며 그중 90퍼센트 이상이 아프리카대륙 남부에서 나온다. 아프리카대륙의 여러 나라에서는 정부의 공중위생 지출의 40퍼센트를 말라리아 대책에 할당하고 있다. 그 탓에 빈곤 가정의 감염자는 치료비 부담에 더해 교육과 취업 기회를 잃는다. 그래서 말라리아가 아프리카 여러 나라의 경제성장을 1.3퍼센트 뒤처지게 만든다는 보고도 있다.

이러한 상황에서 말라리아를 전파하는 모기에게서 사람을 지키는 효과적인 도구 '모기장'에 관심이 집중되고 있다. 섬유를 짜서 만든 그물망으로 실내를 덮어 모기를 막는 모기장은 고대 이집트와 지중해 연안, 중국 등지에서 사용되었다. 일본 스미토모화학은 아프리카 국가 기업에 살충제 성분을 배합해 직조한 모기장 제조 기술을 제공해 나름대로 좋은 성과를 거두었다. 2015년 기준으로 사하라 사막 이남에서 말라리아 감염 위험성이 있는 지역의 53퍼센트 정도가 모기장을 사용한다.

지금도 연간 40만 명 이상이 감염되다!
여전히 얕볼 수 없는 '홍역'

요즈음 홍역이라고 하면 '유아기에 걸리는 일과성 질병' 혹은 '예방주사로 평생 걸릴 일 없는 병' 정도로 생각하는 사람이 많다. 그러나 과거에는 그야말로 생사가 걸린 치명적 역병으로 사람들을 공포에 몰아넣었고, 지금도 전 세계에서 수많은 감염자가 발생하고 있다.

홍역 바이러스는 공기 감염과 접촉 감염으로 퍼지며 잠복 기간은 10일 정도다. 발병 후에는 발열과 기침 등의 증상을 보이고 온몸에 붉은 발진이 돋아난다. 어린아이가 잘 걸리며 완치되면 면역을 획득한다. 그러나 홍역 바이러스는 면역을 관장하는 림프 조직을 침식해 면역력이 저하되고 폐렴을 비롯한 합병증으로 사망에 이르는 사례도 적지 않다. 또 홍역과 흡사한 증상을 보이는 풍진(독일 홍역)은 다른 감염병이지만, 최근 홍역과 풍진을 동시에 예방할 수 있는 MR 백신이 보급되었다.

고대부터 홍역으로 추정되는 역병의 기록을 아시아와 유럽 각지에서 찾아볼 수 있다. 15세기 이후 홍역은 천연두, 결핵과 함께 남북 아메리카대륙에 입성해 수많은 선주민의 생명을 앗아갔다. 일본 에도시대에도 20~30년 주기로 홍역이 대유행해 제5대 쇼군 도쿠가와 쓰나요시(徳川綱吉, 재위 1680~1709)는 60대 나이에 뒤늦게 홍역에 걸려 사망했다. 19~20세기에는 태평양 지역 섬과 북극권 등 과거에 홍역 팬데믹의 손길이 미치지 않아 면역력이 없는 주민이 다수인 지역에서 홍역이 유행해 많은 사망자가 발생했다. 1850년대 하와이에서는 인구의 20퍼센트가 홍역으로 목숨을 잃는 참상이 벌어졌다.

일본 국내에서는 유아기 백신 접종으로 감염 예방이 정착되었다. 그러나 2007년에 20대 이상 연령층을 포함해 대유행이 발생했다. 세계보건기구에 따르면, 백신 보급이 미진한 동남아시아와 아프리카 여러 나라를 중심으로 지금도 연간 40만 명이 넘는 홍역 감염자가 발생해 5세 미만 유아 사망의 1.2퍼센트를 차지하고 있다고 한다. 홍역은 여전히 얕볼 수 없는 감염병이다.

05

感染病

백년전쟁의 판도를 바꾼

이질

dysentery

이질은 전쟁터를 비롯한 비위생적인 환경에서 굶주림에 허덕이는
수많은 사람들을 죽음과 고통으로 몰고 간 위협적인 감염병이다.
19세기 말 일본에서도 이 병이 유행하면서 많은 사람이 목숨을 잃었는데
상하수도 정비 부족 등이 중요한 원인이었다.
이러한 상황에서 온 세계가 눈에 불을 켜고 찾던 이질 병원균을
비로소 발견한 인물이 있다. 놀랍게도 그는 새파랗게 젊은 나이의
일본인 의학자였다.

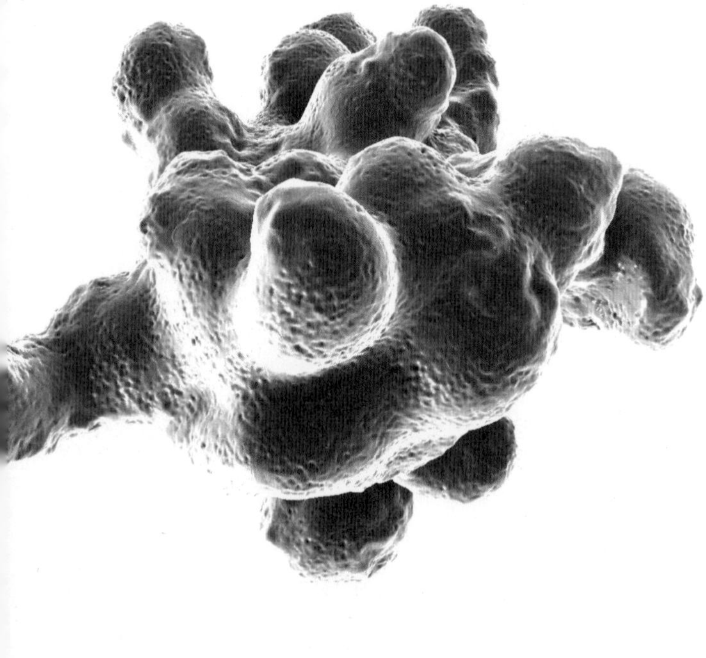

10~100마리 정도 아주 적은 균으로도 발병시킬 수 있는 감염력이 매우 강한 세균성 이질

아이가 태어나면 이름을 짓듯 신종 세균이 발견되면 당연히 그 세균에 이름을 붙인다. 예를 들어 고양이에게 물린 부위에 염증이 생기는 파스퇴렐라증(pasteurellosis)의 원인균 파스퇴렐라균(Pasteurella)은 프랑스 세균학자 루이 파스퇴르의 이름을 따서 붙여졌다. 그런데 세균 중 일본인과 관련 있는 이름이 붙은 세균도 있다. 바로 '이질균'으로 발견자인 의학자 시가 기요시(志賀潔)의 이름을 따서 지어졌다.

세균의 이름은 구체적으로 어떻게 지어질까? 우선, 세균 명명은 국제원핵생물분류위원회(International Committee on Systematics of Prokaryotes) 규약을 엄격히 지킨 이름만 인정받는데, 속명과 종명을 정한다고 규정되어 있다. 이질균의 속명은 시가(志賀)의 성을 따서 Shigella, 종명은 Shigella dysenteriae로 붙여졌다. 지금까지 일본인의 이름을 따서 지은 병원균은 이질균이 유일하다.

dysenteriae는 종별을 나타내는 말로, 영어로 이질을 의미하는 dysentery에서 왔다. dysentery의 어원은 그리스어로 '나쁜 장'을 뜻하는 단어에서 비롯되었는데, 이질과 궤양성 대장염 등 장 염증과 세포 괴사를 일으키는 질병을 통칭하는 말이다.

또한 이질이란 붉은 피가 섞인 점성 설사 증상을 보이는 질병을 이르기도 한다. 이질은 한자로 痢疾이라고 쓰는데, 痢가 설사를 뜻한다. 콜레라, 장티푸스와 마찬가지로 원인균에 오염된 식수와 음식, 감염자의 배설물 등을 구강으로 섭취함으로써 감염된다. 이 병의 증상은 발열과 오한, 복통, 체중 감소 등이다.

모두 망라해서 '이질'이라는 이름으로 부르지만 제각각 원인에 따라 전혀 다른 병으로 분류된다.

첫째, 주로 열대지방에 서식하는 단세포생물 아메바가 병원체인 '아메바이질(amebic dysentery)'이다. 아메바가 대장 등 소화기관에 기생하며 염증을 일으키고 이질 증상을 일으킨다. 최근에는 아메바이질도 독성에 따라 두 종류로 분류된다는 사실이 밝혀졌다. 그중 90퍼센트는 증상이 나타나지 않는 비병원성으로 감염되어도 자각이나 증상이 없다. 나머지 10퍼센트 정도의 병원성 아메바이질에 걸리면 일반적으로 2~4주간, 드물게는 몇 개월에서 몇 년의 긴 잠복 기간을 거쳐 비로소 증상이 나타난다.

일본 국립감염병연구소가 정리한 2002년판 〈감염병 발생 동향 조사 현황〉에 따르면, 전 세계 인구의 10퍼센트가 아메바이질에 걸리고 그중 다시 10퍼센트가 병원성 아메바이질에 걸린다고 추정된다. 2002년 당시 세계에서 5,000만 명이 병원성 아메바이질에 걸렸다고 볼 수 있다.

아메바이질 백신은 존재하지 않는다. 만약 유행 지역을 방문한다면 화장실을 사용한 뒤 손을 깨끗이 씻고, 불에 익힌 음식을 먹고, 끓이지 않은 물이나 생과일 섭취를 자제하는 등 개인위생 관리에 힘써야 한다. 아메바이질에 걸리면 치료를 위해 일반적으로 항아메바제를 사용한다.

둘째, 이질균이 원인인 '세균이질(bacillary dysentery)'이다. 10~100마리 정도 아주 적은 양의 균으로도 발병시킬 수 있을 정도로 감염력이 강하다. 감염되고 1~5일의 잠복 기간을 거쳐 장에서 염증을 일으키며 대장 상피세포를 괴사시키고 탈락시킨다. 감염자는 피가 섞인 설사와 복통 등의 증상을 호소한다.

세균이질에는 A군(Shigella dysenteriae), B군(Shigella flexneri), C군(Shigella boydii), D군(Shigella sonnei)의 네 종류가 존재한다. 이 중 중증화하기 가장 쉬운 유형은 A군이다. 영양 상태가 부실하거나 어린아이일수록 중증화하기 쉬운데, 심각한 합병증을 일으키는 사례도 있다. 나머지 세 종류 이질에 걸려도 혈변을 볼 수 있다.

대증 요법으로 유산균과 비피더스균 등의 생균 정장제를 처방한다. 발병 초기에 항균제를 투여하면 증상 지속 기간과 보균 기간을 줄일 수 있다. 치료제와 함께 설사로 빠져나간 수분을 보충하기 위해 경구수액제(ORS) 섭취를 권장한다.

일본 국립감염병연구소에 따르면, 전 세계적으로 세균이질 환자의 80퍼센트가 10세 미만 아동으로 가정 내 감염이 많은 게 특징이다. 통상 건강한 성인이라면 병원 치료를 받지 않아도 4~7일 정도면 회복세로 돌아선다.

아메바이질과 마찬가지로 백신은 존재하지 않으므로 위생 상태가 열악한 지역을 방문할 때는 식수, 음식, 화장실 사용 등에 주의해야 한다. 또 이질균은 열에 약하므로 불에 익힌 요리를 먹는 것이 좋다.

아메바이질과 세균이질

병원성 아메바이질과 세균이질 A군은 위험성이 높다.

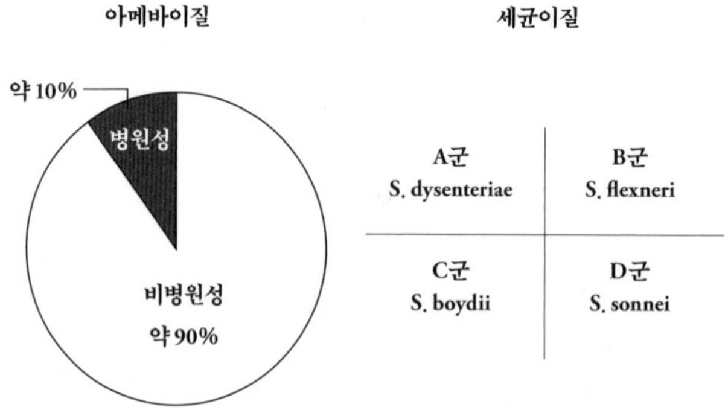

3,600년 전 고대 이집트인이 이미 이질의 정체를 알고 있었고 치료법도 있었다는데?

옛날 사람들도 이질의 존재를 알고 있었다. 기원전 16세기 중반에 집필된, 고대 이집트의 가장 오래된 의학서 『에베르스 파피루스(Ebers Papyrus)』에 이질로 의심되는 질병 치료법이 기록돼 있다.

고대 그리스 의사 히포크라테스는 이질이 유발한 설사가 다른 병을 원인으로 하는 설사와 명확히 다르다고 기록했다. 또 고대 그리스 역사가 헤로도토스(Hēródotos)는 『역사』에서 기원전 500년~기원전 450년 무렵 페르시아전쟁 당시 이질로 추정되는 병에 걸린 병사의 모습을 확인해주기도 했다.

시대가 지나 1~2세기 제정 로마시대 로마에서 활동한 의사 아르키게네스(Archigenes)는 이질 치료에 아편을 사용하자고 제안했다.

이질에 관한 최초의 상세한 기록을 남긴 사람은 아레타이오스(Aretaios)다. 그는 2세기 무렵 로마제국이 강력한 지배력을 행사하던 카파도키아 출신 의사였다. 아레타이오스는 환자의 장을 면밀히 조사하고 배설물을 자세히 관찰해 이질을 체계적으로 분류했다. 다만 당시 의학 수준의 한계로 그는 이질의 정확한 원인을 밝혀내지 못해 병의 원인이 '나쁜 공기'에 있다고 잘못 추정했다.

"십자군은 이슬람군이 아닌 이질을 비롯한 세균에 무릎을 꿇었다"

고대를 지나 중세에 들어서면서 유럽에서 군대가 장거리를 이동하는 대규모 전쟁이 빈번히 일어났다. 그에 따라 진군과 함께 위생 상태가 열악해지고 사람의 분뇨를 깔끔하게 처리하지 못함으로 인해 오염된 식수와 음식을 섭취하는 감염 경로를 통해 이질이 빠른 속도로 퍼져 나갔다.

당시를 대표하는 전쟁은 뭐니 뭐니 해도 십자군 원정이었다. 십자군 원정이란 유럽의 가톨릭 국가들이 연합해 이슬람교 세력이 지배하던 예루살렘 탈환을 시도한 역사적 사건을 말한다. 당대 유럽 가톨릭 국가 중에서도 십자군 원정에 가장 열의를 보인 나라는 단연 프랑스였다. 실제로 프랑스는 역대 국왕이 몸소 십자군을 지휘하며 참전하는 등 십자군 원정에 적극적으로 힘을 보태고 강력한 영향력을 행사했다.

프랑스 국왕 루이 8세(Louis VIII, 재위 1223~1226)는 십자군을 조직해 프랑스 남부에서 교세를 확장한 가톨릭교 이단 카타리파(Cathari)를 정벌하고 귀환하는 길에 이질로 세상을 떠났다. 1226년의 일이다. 이 원정에서 이질과 말라리아로 발생한 병사자 수는 전사자 수를 넘어서서 3개월 만에 2만 2,000여 명이 목숨을 잃었다.

아버지를 이어 프랑스 국왕 자리에 오른 루이 9세(Louis IX, 재

13세기 프랑스 국왕 루이 8세는 직접 십자군을 이끌고
프랑스 남부의 가톨릭교 이단을 정벌하러 나섰다가 돌아오는 길에
이질로 세상을 떠났다. 이 원정에서 이질과 말라리아로 인한
병사자 수는 전사자 수를 넘어섰다.

위 1226~1270)가 십자군을 이끌고 북아프리카 튀니스에 상륙했다. 1270년 7월 초의 일이다. 이슬람 군대와 교전을 준비하던 때 군대 내에 이질과 티푸스가 창궐했고 루이 9세도 이질에 걸렸다. 병약해진 루이 9세는 이질과 말라리아를 번갈아 앓으며 등뼈가 앙상하게 드러나 보일 정도로 바짝 말랐다고 전해진다. 8월 말 루이 9세가 병사했고(사인이 티푸스라는 설도 있다) 감염병 확산이 계속되어 전

13세기 십자군 원정 당시 지중해 일대 세력

유럽과 환경이 다른 지역으로 원정을 떠난 데다 비위생적인 전쟁터에서 생활하며 많은 병사가 이질에 걸렸다.

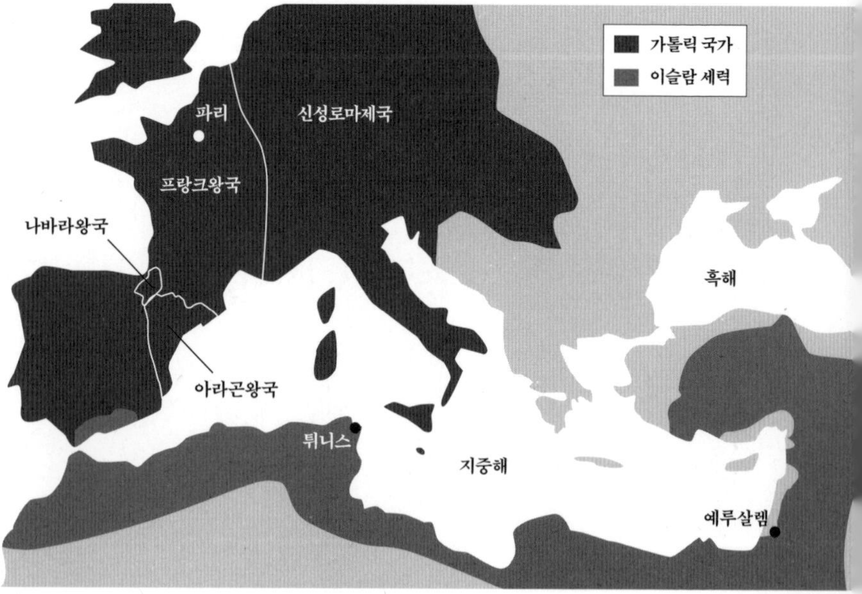

쟁을 제대로 이어갈 수 없었다. 루이 9세가 이끈 이 제8차 십자군을 마지막으로 십자군 원정은 사실상 막을 내렸다고 여겨진다.

십자군을 패배시킨 상대는 이슬람군이 아니다.

십자군은 이질을 비롯한 세균에 무릎을 꿇었다.

19세기 영국 역사가 맨덜 크레이턴(Mandell Creighton)이 십자군 원정 실패를 두고 내린 평가다.

십자군 원정이 끝난 후로도 프랑스 국왕들은 친정(親征)을 멈추지 않았다. 루이 9세의 아들 필리프 3세(Philippe III, 재위 1270~1285)는 적대 관계였던 아라곤왕국(현재 스페인 북동부 일대)을 공격했다. 1285년인 이때 아라곤왕국의 도시 헤로나를 포위한 원정군 진영에서 이질이 돌아 심각한 전력 손실이 발생하며 패배의 쓴맛을 보아야 했다. 필리프 3세도 이질과 말라리아에 걸려 영원히 돌아올 수 없는 강을 건넜다.

당시 군대에서 일반 병사의 이질 감염률과 사망률은 매우 높았으리라는 점을 짐작할 수 있다. 왜냐하면 루이 8세와 루이 9세, 그리고 필리프 3세 같은 여러 명의 왕과 왕족마저 이질에 걸려 속수무책으로 목숨을 잃은 사실을 고려할 때 영양 상태가 훨씬 좋지 않고 열악하기 짝이 없는 환경에서 일상적으로 생활하는 일반 병사의 처지는 더 말할 필요가 없을 정도였기 때문이다.

백년전쟁의 판도에도
크게 영향을 끼친 질병, 이질

좁다란 해협을 끼고 프랑스와 마주 보는 곳에 자리한 잉글랜드왕국에서도 이질이 맹위를 떨쳤다.

그때 잉글랜드는 존(John, 재위 1199~1216) 왕의 통치 아래에 있었다. 당시는 십자군이 파견되기 전인 13세기 초 무렵이었다. 존 왕은 잉글랜드가 대륙에 보유하고 있던 영지를 프랑스에게 빼앗기자 그 손실을 만회하기 위해 억 소리가 날 정도로 높은 세금을 부과해 귀족과 날카롭게 대립했다. 결국 존 왕은 왕권의 제한과 귀족의 권리를 인정하는 문서 '마그나카르타(The Magna Carta)'에 서명하는 수모를 겪어야 했다. 이는 1215년이 일이다. 존 왕은 절대 권력을 휘두르지 않겠다고 귀족들 앞에서 약속했으나 이내 약속을 손바닥처럼 뒤집었다. 그는 냉엄한 현실을 순순히 받아들이지 않고 오히려 반격에 나섰다. 이후 그는 귀족 진영과 격렬히 대립하던 중 1216년 이질에 걸려 목숨을 잃었다.

존 왕의 손자로 잉글랜드 왕위에 오른 에드워드 1세(Edward I, 재위 1272~1307)는 스코틀랜드왕국으로 친히 군대를 이끌고 달려갔다. 그의 목표는 그레이트브리튼섬 통일에 있었다. 그러나 운 나쁘게도 에드워드 1세는 과업을 달성하지 못하고 병사했다. 그의 사인 역시 이질이었고, 1307년의 일이다.

14세기 중반에 들어서자 잉글랜드와 프랑스 사이에 백년전쟁이 발발해 주기적으로 전투가 반복되었다.

1415년 잉글랜드 왕 헨리 5세(Henry V, 재위 1413~1422)가 이끄는 잉글랜드군이 아쟁쿠르 전투에서 프랑스 군에게 대승을 거두며 전황은 잉글랜드군에게 유리한 방향으로 기울었다. 그로부터 5년 뒤인 1420년, 양국은 잉글랜드 진영에 유리한 조항이 담긴 트루아 조약을 체결했다.

잉글랜드의 승리를 굳힌 이 아쟁쿠르 전투에서는 백년전쟁의 수많은 전투 중 가장 많은 전사자를 냈다. 일설에 따르면, 당시 프랑스군 전사자가 수천~1만 1,000명인 데 반해 잉글랜드군 전사자는 100명 남짓이었다고 한다. 그런데 허무하게도 잉글랜드군 진영에 이질이 돌면서 8,000명 병사 중 75퍼센트 가까이가 고향으로 돌아가지 못하고 대륙에 묻혔다.

1422년, 헨리 5세도 파리 교외 뱅센 성에서 이질에 걸려 치료를 받던 중 갑작스럽게 세상을 떠났다. 그는 트루아 조약에 따라 차기 프랑스 국왕 자리에 오를 예정이었다. 헨리 5세의 뒤를 이어 왕위에 오른 그의 아들 헨리 6세(Henry VI, 재위 1422~1461)는 당시 나이가 너무 어려서 당연히 잉글랜드의 통치 체제가 불투명해지고 불안정해졌다. 그 무렵 잔 다르크의 등장을 계기로 다시 세력을 규합한 프랑스에 밀린 잉글랜드가 대륙 영지를 대부분 내준 채 백년전쟁이 종결되었다.

칼레 해전에서 잉글랜드 해군에 대패한
스페인의 무적함대에 또다시 치명타를 입힌 감염병,
이질과 티푸스

백년전쟁이 끝난 후로도 이질의 감염 경로와 정확한 원인을 알지 못한 채 세월이 흘렀다. 그리고 그로부터 얼마 지나지 않아 전 유럽은 신항로 개척시대라는 미증유의 시대로 거침없이 빨려 들어갔다. 유럽 각 나라는 서로 앞 다투어 해외로 진출해 한 조각이라도 더 많은 땅을 차지하기 위해 그야말로 피 튀기는 식민지 쟁탈전을 벌이기 시작했다.

16세기 잉글랜드는 장차 이 나라를 최강대국의 반열에 올려놓은 위대한 여왕 엘리자베스 1세(Elizabeth I, 재위 1558~1603)가 통치하고 있었다. 그 무렵 막강한 해군력을 등에 업은 스페인 왕국이 전 세계 제해권을 장악하고 식민지 등지에서 선박을 이용해 자국으로 대량의 물자를 운송했다. 당시 물자를 가득 실은 스페인 선박을 신나게 약탈하던 해적 중 한 명이 바로 프랜시스 드레이크(Francis Drake)다. 드레이크는 잉글랜드 정부의 공인을 받아 스페인 선박을 습격하는 사략선 선장으로 종횡무진 바다를 누비고 다녔다. 드레이크의 지속적인 약탈에 격노한 스페인 국왕 펠리페 2세(Felipe II, 재위 1556~1598)는 무적함대(Armada)를 파견해 본때를 보여주어야겠다고 결심했다.

한때 세계 제해권을 장악했던 막강한 스페인 무적함대도, 그 무적함대를 격파하고 해양 강대국으로서 전 세계 주도권을 장악한 잉글랜드 해군도, 이질과 티푸스에는 이길 방법이 없었다.

1588년, 마침내 스페인과 잉글랜드 해군이 영국 해협에서 맞붙었다. 누구나 스페인의 승리를 예측했으나 그 예측은 보기 좋게 빗나갔다. 승리의 여신은 잉글랜드 편이었다. 드레이크가 지휘하는 잉글랜드 함대가 스페인 무적함대를 상대로 놀라운 승리를 거둔 것이다. 스페인 해군은 다행히 잉글랜드 해군의 추격을 따돌리는 데 성공했으나 재앙은 거기서 멈추지 않았다. 귀국길 선상에 이질과 티푸스 등의 감염병이 돌며 선원들이 쓰러져 항해가 순조롭지 못했고 해전에서보다도 더 많은 선박이 침몰하거나 좌초되는 치명적 피해를 입었다.

승리한 잉글랜드 해군도 스페인 해군과 마찬가지로 무사하지는 못했다. 곧장 항구로 돌아가지 않고 한동안 바다 위에 머물던 잉글랜드 선내에 이질과 티푸스가 발병해 수많은 병사가 목숨을 잃은 것이다. 아무튼 우여곡절을 겪기는 했으나 당대 최강대국 스페인의 무적함대와 잉글랜드 해군이 맞붙은 칼레해전 승리를 계기로 잉글랜드는 해양 강대국으로 거듭나 주도권을 장악하며 전 세계로 뻗어 나갔다.

그러나 잉글랜드 해군이 승리한 뒤로도 잉글랜드와 스페인 사이에는 많은 갈등과 반목이 있었다. 한편 스페인령이던 서인도제도에 파견된 드레이크는 이질에 걸려 1596년에 세상을 떠났는데, 평생을 바다에서 보냈던 그의 시신은 어쩌면 당연하게도 입관 후 바다에 수장되었다.

감자역병으로 인한 대기근과 함께
아일랜드를 지옥으로 만든 감염병 '기아이질'

그레이트브리튼섬 서쪽에 자리 잡은 아일랜드섬. 이곳의 농촌 지역에서는 예로부터 이질이 풍토병으로 뿌리내리고 있었다.

잉글랜드의 존 왕이 처음 아일랜드 원정을 떠난 1185년에 동행한 성직자이자 역사가인 웨일스의 제럴드(Gerald of Wales)는 아일랜드의 풍토병으로 이질을 언급하기도 했다.

17세기 잉글랜드 학자 앤서니 우드(Anthony Wood)도 이질에 관한 기록을 남겼다. 1642년에 시작된 청교도혁명으로 정권을 잡은 올리버 크롬웰(Oliver Cromwell)은 1649년 아일랜드로 원정을 떠났다. 앤서니는 크롬웰의 원정군을 따라간 자신의 형제 토머스 우드(Thomas Wood)가 아일랜드의 어느 농촌 마을에서 이질로 영원히 눈을 감았다고 기록했다.

그 밖에 17세기에 '잉글랜드의 히포크라테스'라고 불릴 정도로 명망 높던 의사 토머스 시드넘(Thomas Sydenham)도 「아일랜드의 풍토병 이질」이라는 기록을 남겼다. 시드넘은 이질 치료약으로 아편 팅크를 개발했다. 이는 1676년의 일이다. 아편 팅크는 도수 30도 알코올에 아편과 사프란, 계피 등을 혼합해서 만들었다. 오늘날에도 설사 증상 개선을 위해 사용되기도 하지만 이질에 처방하면 증상을 악화하고 자칫 치료 기간이 길어질 우려가 있어 사용을 금지했다.

1840년대 아일랜드에서는 감자역병과 흉작으로 대기근이 발생해 100만 명 넘는 사람이 목숨을 잃었다. 그중에는 영양 부족으로 체력이 떨어져 이질과 티푸스에 걸려 숨진 사람도 많아 이때의 이질은 '기아이질(Starvation Dysentery)'이라고 불렸다.

흉년과 감염병의 악재가 겹치면서 생활이 곤궁해진 수많은 아일랜드인이 신천지를 찾아 북미 대륙의 미국으로 건너갔다. 이렇게 미국으로 건너간 아일랜드의 후손 중에는 훗날 미국 제35대 대통령이 되는 존 F. 케네디(John F. Kennedy, 재임 1961~1963)와 제37대 대통령 리처드 닉슨(Richard Nixon, 재임 1969~1974), 제40대 대통령 로널드 레이건(Ronald Reagan, 재임 1981~1989)이 있다.

19세기 중반 잉글랜드에 본격 도입된 차 문화가 이질 발생률을 크게 떨어뜨렸다는데?

18세기 후반, 잉글랜드에는 인도에서 생산된 양질의 찻잎(아삼 홍차)이 수입되어 홍차를 마시는 습관이 중류계급 사람들 사이에 정착했다. 18세기 초에 6톤 남짓이던 홍차 수입량은 19세기 초 1만 1,000톤으로 폭증했다.

잉글랜드 국내 경제가 활황을 맞은 1850년대에는 노동자 계급

1840년대에 시작된 아일랜드의 대기근에
이질과 티푸스 같은 감염병마저 덮쳐 100만 명도 넘는
사망자가 발생했다. 이때 곤궁한 생활을 벗어나고자
목숨을 걸고 미국행 배에 오른 아일랜드인의 후손은 이후
거대한 나라 미국을 이끄는 중심인물로 부상하기도 했다.

에서도 홍차를 즐기는 사람들이 늘기 시작했다. 어떤 기계공이 일주일 벌이의 15퍼센트를 홍차와 설탕 구매에 썼다는 기록이 남아 있을 정도로 홍차 열풍이 대단했다.

사실 홍차에는 감염증을 이중으로 예방하는 효과가 있다. 차를 우리려면 우선 물을 끓여야 했는데, 물을 팔팔 끓이는 과정에서 세균이 죽고 운 좋게 살아남은 세균도 찻잎에서 우러난 타닌산으로 살균되었다.

18세기 후반, 잉글랜드에서 이질 발생률과 유아 사망률이 빠르게 줄어들었다는 의사들의 관찰 기록이 남아 있다. 이는 차를 마시는 습관이 대중화하며 어머니가 마신 홍차에 함유된 살균 성분이 모유를 통해 아이에게 전해졌기 때문으로 추정된다. 이질과 콜레라에 걸리지 않게 된 사람들은 노동력으로 수도 런던의 발전을 지탱했다.

발미 전투에서 프랑스 혁명군이
훨씬 우세한 프로이센군을 상대로 승리를 거둔 것이
프로이센 영내에 번진 이질 덕분이었다고?

근대에 들어서면서 전쟁의 규모가 점점 더 커지고 복잡해짐에 따라 인류는 더욱더 먼 거리를 이동할 수밖에 없게 되었다.

사람들이 밀집한 전쟁터는 필연적으로 상당히 비위생적인 환경에 놓일 수밖에 없었다. 그런 열악한 환경에서 감염병 이질이 기승을 부려 때로 전쟁의 향방을 크게 바꿔놓는 결정적 방향타 역할을 하기도 했다.

1789년 혁명으로 프랑스는 오랜 왕정에 종지부를 찍고 바야흐로 입헌군주정으로 이행했다. 당시 심상치 않게 돌아가는 프랑스 정세를 조용히 주시하던 주변 왕정 국가들은 위기감을 느끼고 프랑스 정부에 왕정 회복을 촉구하며 압력을 가하기 시작했다. 그 연장선에서 급기야 프로이센 국왕과 신성로마제국 등 프랑스 주변국이 손잡고 프랑스로 쳐들어가는 사태가 발생했다. 이른바 프랑스 혁명전쟁이 발발한 것으로, 1792년의 일이다.

혁명의 불길이 들불처럼 거세게 번져 나가며 뜨겁게 달궈진 프랑스 국내 정세는 외세의 개입으로 한층 어수선하고 소란스러워졌다. 징병 국민으로 편성된 프랑스 혁명군에 맞서 정규 군사훈련을 받은 프로이센군은 상대적으로 우세한 전력을 과시하며 프랑스의 수도 파리로 거침없이 진격해 나아갔다. 그리고 얼마 후 프로이센군은 파리 북동부 발미라는 곳에서 혁명군과 치열한 전투를 치렀다. 이는 1792년 9월의 일이다.

프랑스 혁명전쟁의 승패는 어떻게 갈렸을까? 당시 대다수 사람이 프로이센군의 승리를 점쳤으나 실제 승리는 뜻밖에도 프랑스 혁명군에게 돌아갔다. 어떻게 이런 결과가 나왔을까? 이러한 결과를 낳은 데에는 여러 원인이 있겠으나 무엇보다 비위생적인 환경에서 싸우던 프로이센 영내에 이질이 퍼진 것이 결정적이었다. 어찌 됐든 발미 전투는 일반 국민으로 구성된 군대가 강대국 왕조의 잘 훈련된 정규군을 무찌른 최초의 전투로 역사에 영원히 남게 되었다.

발미 전투의 전사자는 200여 명이었으나 프로이센으로 살아서 돌아간 군인 수는 애초 프랑스로 침공해 들어온 4만 2,000명 중 2만여 명에 지나지 않았다.

한편 나폴레옹(Napoléon Bonaparte, 재위 1804~1814)의 등장으로 주변국과의 싸움에서 우위를 점한 프랑스 혁명군도 이질로 고통과 혼란을 겪기는 마찬가지였다. 나폴레옹이 이끄는 프랑스 혁명군 3만 8,000명이 이집트 원정길에 올랐다. 1798년의 일이다. 당시 나폴레옹은 프랑스와 적대 관계이던 영국의 주요 무역 거점인 이집트를 점거함으로써 영국 경제에 심대한 타격을 가하는 것이 목적이었다.

이집트에 도착한 프랑스 혁명군은 당시 이집트를 지배하던 오스만제국군을 격파하고 카이로 일대를 장악했다. 그러나 프랑스 함대가 나일강 하구 아부키르만에서 넬슨 제독이 이끄는 영국 함대에 패배한 나일 해전 이후 나폴레옹은 비겁하게도 병사들을 이집트에 남겨둔 채 프랑스로 황급히 돌아왔다. 이 원정 중 군대 내에 이질이 발생해 2,468명이 목숨을 잃었다.

인플루엔자, 이질, 발진티푸스, 콜레라 등의 감염병 생산 기지로 둔갑한 제1차 세계대전 중 유럽 국가 군대의 참호

19세기 후반, 나폴레옹의 조카 나폴레옹 3세(Napoleon III, 재위 1852~1870) 시대에 공화정에서 제정으로 이행한 프랑스는 프로이센과 다시 한 번 맞붙었다. 1870년부터 1871년에 걸친 프로이센－프랑스 전쟁의 국지전으로 프랑스 동북부 메스에서 벌어진 포위전에서 공격에 나선 프로이센 영내에서 이질이 발생해 3만 8,652명이 감염되었고 그중 2,380명이 목숨을 잃었다.

그러나 이 전투에서 프랑스군이 패배했고 프로이센－프랑스 전쟁의 형세는 프로이센에 유리한 방향으로 기울며 프로이센이 최종 승리를 거두었다. 승리에 취한 프로이센군은 기세등등하게 진격해 베르사유궁까지 장악했다. 이에 고무된 빌헬름 1세(Wilhelm I, 재위 1871~1888)는 프로이센을 중심으로 한 독일제국 수립을 선언하고 파리를 점령했다.

프로이센－프랑스 전쟁과 비슷한 시기 북아메리카대륙에서도 이질이 맹위를 떨쳤다. 1861년부터 시작된 남북전쟁에서 남군 포로 중 23만 3,812명이 급성 이질, 2만 5,670명이 만성 이질에 걸렸다. 북군에도 이질이 퍼져 양군을 모두 합해 3만 481명이 사망했다.

제1차 세계대전 당시 좁고 비위생적인 참호는 바이러스와 병원균이 번식하기에 안성맞춤인 환경을 제공했다. 인플루엔자를 비롯해 이질, 발진티푸스, 콜레라 등이 모두 참호에서 나와 전 유럽으로 확산되었다.

제1차 세계대전 당시 최전방의 참호

1914년 제1차 세계대전이 시작되었다. 유례없는 총력전이 벌어진 이 전쟁에서 수많은 병사가 전장에 동원되었다. 주로 전투가 벌어진 유럽 전선에서는 참호전이 벌어졌다. 참호는 위가 뚫려 있어 빗물이 고였고 습도가 높은 좁은 공간에서 병사들은 온몸을 웅송그린 채 서로 부대끼며 생활했다. 이 비위생적인 참호는 바이러스와 병원균이 번식하기에 안성맞춤인 환경을 제공했다. 인플루엔자(스페인 독감)를 비롯해 이질, 발진티푸스, 콜레라에 걸린 병사들이 쏟아져 나오며 참호는 감염병 생산 기지로 둔갑했다.

메이지시대 대도시에서 하수 처리 시설 보급 문제가 시급하고도 절실한 과제로 떠오른 까닭

이동을 엄격히 제한하던 바쿠후 체제가 막을 내리고 메이지시대를 맞이한 일본에서는 교통 요지에서 세금 징수와 검문을 담당하던 관문(関所)이 철폐되어 사람들이 자유롭게 이동할 수 있게 되었다. 그러자 수도 도쿄와 상업 중심지 오사카 같은 대도시로 인구가 집중되기 시작했다. 도쿄 인구는 1872년 86만 명에서 1901년 200만 명을 넘어섰고, 1919년에는 334만 명 가까이 치솟았다.

인구가 집중되자 여러 문제가 불거졌다. 우선, 인프라 정비 부족 사태가 문제였다. 1877년 무렵 콜레라가 유행하기 시작하자 도쿄는 상하수도 정비 및 건설이 무엇보다 시급함을 깨달았다. 그런데 하수도 건설에는 막대한 비용이 필요했으므로 일단 급한 불부터 끄고 보자는 심정으로 상수도 정비에 나섰고 급증하는 분뇨는 에도시대부터 계속 사용하던 재래식 변소에서 그대로 처리하게 했다. 그 결과 땅속으로 새어 나온 분뇨가 식수를 공급하는 우물을 오염시켜 이질이 발생하고 확산되었다.

하수 처리 시설은 1887년 요코하마를 시작으로 개항한 항구도시와 대도시에 우선 설치되었다. 여과 방식을 채용한 이 하수 처리 시설은 이질과 콜레라 등 감염병 대책으로 1829년 영국에서 개발되어 유럽 전역에 보급된 이후 일본에도 도입되었다. 하수 처리 시설을 마련한 지역에서는 이질 발생이 감소했다.

그러나 전국에 걸쳐 하수 처리 시설이 보급되기까지는 많은 시간이 필요했기에 1879년에 16만 명, 1886년에 15만 6,000명이 이질에 걸렸다. 그리고 1897년에는 간토 지방을 중심으로 반년 사이에 9만 1,000여 명이 이질에 걸렸고 그중 2만여 명이 숨을 거두었다. 그 해 일본 정부는 이질을 비롯한 여러 감염병 확대 방지를 목적으로 '전염병 예방법'을 공포하고 공중위생 개선을 위해 많은 노력을 기울였다. 그러나 이질은 1920년대에 다시 대대적으로 퍼져 나갔다.

전 세계를 휩쓸며 수많은 감염자와 사망자를 낸 유럽발 이질

이질 피해가 막심하던 메이지시대에 앞서 소개한 시가 기요시가 활약했다. 시가 기요시는 1870년 오늘날의 미야기현 센다이시에서 태어났다. 그는 제국대학교 의과대학(현재 도쿄대학교 의학부)을 졸업하고 일본 전염병연구소에 들어갔다. 1896년의 일이다. 그곳에서 그는 '일본 세균학의 아버지'로 알려진 기타자토 시바사부로(北里柴三郎)를 스승으로 모시고 감염병을 연구했다. 이듬해인 1897년 일본에서 이질이 대유행했다. 그러자 시바 기요시의 스승은 그에게 이질 병원체를 연구하라고 당부했다. 그는 면밀히 관찰한 끝에 이질 환자의 배설물에 존재하는 특정 세균이 다른 이질 환자의 항체에 반응한다는 사실을 규명했다.

시가 기요시는 자신이 발견한 세균을 Bacillus dysentericus로 명명했다. 이 세균이 세균이질의 원인균인 '이질균'이다. 1898년 그는 일련의 연구 결과를 정리한 논문을 발표해 국제적으로 인정받았다. 그리하여 이질균 속명에 Shigella라는, 시가 기요시의 이름에서 따온 이름이 붙여졌다.

이질균 중에서도 중증화하기 쉬운 시가이질균(Shigella dysenteriae)은 열대지역에서 유럽으로 퍼져 나간 것으로 추정된다. 19세기 후반 유럽에서 발생한 시가이질균은 이민자를 따라 아메리카대륙으로 건너갔고, 식민지 이주자들과 함께 아프리카대륙과 아시아, 중남미로 들어간 것으로 보인다. 이는 2016년에 300종류 이상의 이질균 연구 결과를 바탕으로 한 추정이다.

빅히트 상품 배탈약 '정로환'에 짙게 서린 제국주의와 침략주의의 음습한 기운

바야흐로 일본은 제국주의 깃발을 내걸고 본격적인 해외진출을 시작했다. 시가 기요시가 막 이질 연구를 시작할 무렵의 일이다. 1894~1895년에 일본은 청나라와 전쟁을 벌였다. 그 유명한 청일전쟁이다. 『청일전쟁사』(1904~1907)에 따르면, 당시 청일전쟁에 참전한 병사 17만여 명 중 65퍼센트가 이질을 비롯해 말라리아와 콜레라에 걸려 야전병원에 입원했는데, 그중 이질 환자는 1만 1,000명이었고 사망자는 2,000명 정도였다.

1904년에 발발한 러일전쟁에서 일본군은 청일전쟁에서 얻은 교훈을 바탕으로 병영의 위생을 철저히 관리했다. 그 주요 대책 중 하나로 오늘날에도 판매되는 '정로환(正露丸)'이라는 배탈약을 이질과 티푸스 예방책으로 병사들에게 보급했는데, 이 약이 뛰어난 효과를 발휘했다. 당시에는 '러시아를 정벌하는 약'이라는 의미로 '바를 정' 대신 '정복할 정(征)'을 써서 '정로환(征露丸)'이라는 이름을 붙였다.

일본 정부 통계를 보면, 러일전쟁에 참전한 육군 23만 8,000여 명 중 전사자는 4만 7,000여 명, 병사자는 3만 7,000여 명이었는데, 병사자 가운데 2만 8,000여 명의 사인은 각기병이었다.

병사자 수가 전사자 수를 밑돌며 일본군은 전장에서 감염병에 승리한 최초의 군대라고 자부할 수 있었다. 일본군의 러일전쟁 감염병 대책이 나중에 각국 군대의 위생관리에 영향을 미쳤다는 주장도 있다.

1941년 태평양 전쟁이 터지자 전선은 남방의 인도차이나와 태평양 섬으로 확대되었다. 낯선 기후에서 물자 부족에 허덕이던 일본군은 아메바이질에 시달렸다. 보급에 실패한 남태평양 과달카날 전역에서는 굶주림과 아메바이질을 비롯한 감염병으로 수많은 일본군이 고향으로 돌아오지 못했다.

1965년 이후 일본에서 이질 환자가 급감한 비결은 대대적인 '하수도 정비'였다는데?

제2차 세계대전이 종결된 1945년 전후로 일본에서 연간 이질 환자가 10만 명을 넘었고 사망자도 2만 명 가까이 나왔다. 일본 국내 이동이 증가하며 감염 기회가 늘어난 데다 개인이 약국에서 항균제를 손쉽게 구할 수 있게 되면서 치료의 골든타임을 놓치는 사람이 많았기 때문이다. 또 당시 일본을 점령한 연합국 최고사령관 총사령부(General Headquarters, GHQ)가 경제 재정 정책인 도지 라인(Dodge Line, GHQ의 금융 고문인 은행가 조지프 도지Joseph Dodge가 당시 일본의 극심한 인플레이션을 억제하기 위해 제시한 초긴축정책. — 옮긴이)을 실시해 위생 관련 예산을 큰 폭으로 삭감한 영향도 있다.

그러나 1965년 무렵부터 이질 감염자 수가 감소하기 시작해 1974년에는 2,000명 이하로 내려갔으며, 이후 1,000명 전후에서 더 늘지 않고 있다. 이는 전적으로 상하수도가 보급되고 위생 상태가 획기적으로 개선된 덕분이다.

도쿄시는 한동안 기존의 재래식 화장실을 사용하다가 1913년 본격적인 하수도 공사를 개시해 일본 최초의 근대적 오수 처리장인 미카와 오수 처리장(아라카와구)이 문을 열고 1922년부터 가동에 들어갔다. 오수 처리 시설 건설로 도쿄에서도 수세식 화장실 이용이 가능해졌고 재래식 화장실이 감소하며 위생 상태가 개선되었다.

1961년 도쿄 23구 내의 하수도 보급률은 22퍼센트였는데, 고도 경제성장으로 공해가 발생하자 하수도 정비가 본격적으로 추진되어 1978년에는 70퍼센트, 1995년에는 보급률 100퍼센트를 달성했다.

오늘날에는 대부분 해외에서 이질에 감염되어 귀국 후 가정 내

감염, 학교와 호텔 등에서의 집단 감염 사례로 한정되며, 최근 일본의 아메바이질과 세균이질을 합한 사망 사례는 한 자리 숫자로 집계된다.

그러나 세계 각지에서 여전히 이질로 고생하는 사람이 많다. 한 해에 1억 6,000만 명이 중증화하고 100만 명 넘게 사망한다. 좀 더 구체적으로 1994년 동아프리카에서 발생한 르완다 학살 사건 당시 자이르로 피난을 떠난 난민 2만여 명이 한 달 만에 이질로 떼죽음당하기도 했다.

최근 항생제가 잘 듣지 않아 치료가 곤란한 세균이질 감염 사례가 늘고 있다는 보고가 있어 의학계에서 우려하고 있다. 르완다 난민 사이에서 유행한 이질균에는 지금까지 사용해온 항생제가 듣지 않았다. 게다가 이질균은 짧은 주기로 변이하기 쉬운 균이라 앞으로도 독성이 강해진 새로운 이질균이 나타나 인류를 향해 날카로운 이빨을 드러낼 가능성이 있다.

06

感染病

산업혁명이 퍼뜨린 '하얀 페스트'

결핵

tuberculosis

유럽에서 마치 페스트와 바통을 주고받듯 결핵이 등장했다. 19세기의 상황이다. 인간사회에 새롭게 등장한 결핵은 새로운 현상을 창조했다. 예컨대 창백한 얼굴로 울컥 피를 토하다가 젊은 나이에 세상을 떠나는 환자의 모습이 문학과 연극 등의 예술작품에서 비극적 소재로 다루어졌다. 그리고 결핵환자들이 몸을 추스를 수 있는 전문 요양시설 같은 새로운 산업이 공기가 깨끗한 지역에 생겨났다. 제2차 세계대전 종전 시점인 1945년 즈음까지 '불치병'의 대명사처럼 여겨지던 이 질병은 근대 이후 어떻게 감염병의 대표 주자가 되었을까?

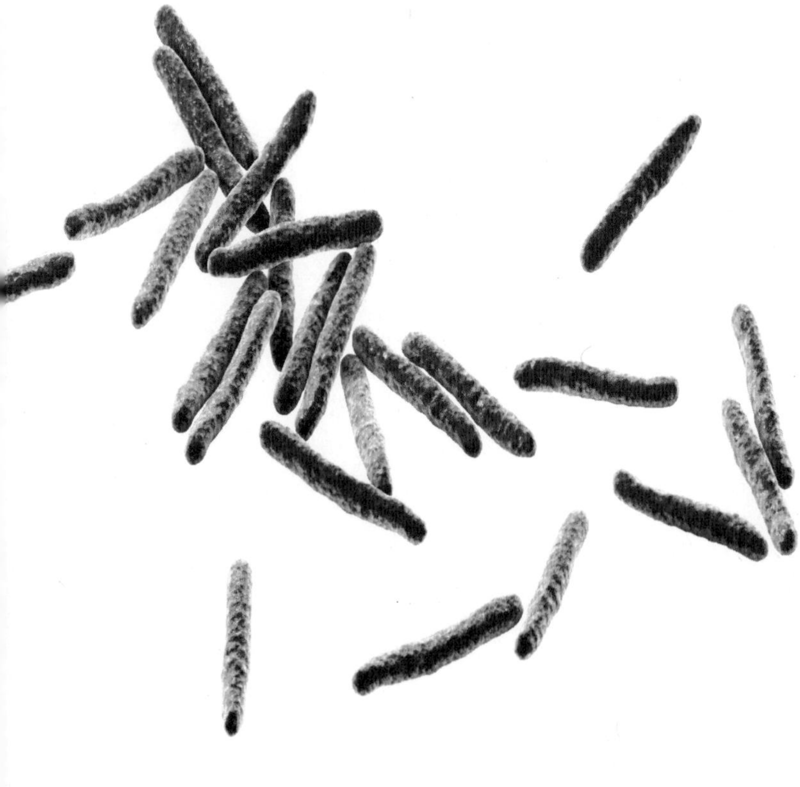

결핵에 '끔찍하고도 낭만적인 병'이라는 이미지가 따라붙게 된 까닭

역사를 되돌아보면 감염병으로 세상을 떠난 유명 인사를 쉽게 찾아볼 수 있는데, 특히 결핵은 근대 이후 많은 문학가와 예술가를 괴롭힌 질병이다.

예를 들어 폴란드 출신 피아니스트이자 작곡가로 프랑스에서 주로 활약한 음악가 쇼팽(Frédéric François Chopin), 이탈리아 화가 모딜리아니(Amedeo Modigliani), 『변신(Dir Verwandlung)』 등의 소설로 독특한 작품 세계를 펼쳐 보인 체코 작가 카프카(Franz Kafka) 등이 결핵으로 세상을 떠났다. 그리고 『지킬 박사와 하이드 씨(Strange Case of Dr Jekyll and Mr Hyde)』, 『보물섬(Treasure Island)』 등의 소설로 이름을 알린 영국 작가 로버트 스티븐슨(Robert Louis Stevenson)도 결핵에 걸려 요양하면서 위의 작품을 집필했다. (참고로 우리나라에서도 결핵으로 일찍 생을 마감한 문인들이 있다. 『봄봄』, 『동백꽃』 등으로 친숙한 김유정은

1937년 스물아홉 살에 폐결핵으로 세상을 떠났다. 재능 있는 건축기사이자 천재적 문인이던 이상도 같은 해 도쿄에서 폐결핵이 악화해 젊은 나이에 영원히 돌아올 수 없는 곳으로 떠났다. 또 『운수 좋은 날』 등으로 대표되는 소설가이자 독립 운동가로 활약한 현진건은 1943년 결핵으로 영면에 들었다. — 옮긴이)

당연한 일이지만, 결핵이 예술가들만 공격한 것은 아니었다. 이 무서운 질병은 농촌에서 도시로 휩쓸려 나온 저임금 공장노동자 등 빈곤층에도 똬리를 틀고 있었다. 1933년 일본에서는 열다섯 살에서 서른네 살 사이 사망자의 60퍼센트를 결핵 환자가 차지할 정도로 사회를 공포로 몰아넣었다. 당시 결핵은 사망률이 높은 불치병이자 주로 젊은 사람이 걸리는 '청년병'으로 알려졌다.

바야흐로 왕과 귀족만이 아니라 일반 민중이 사회를 움직이는 중요한 축으로 부상하는 시대가 열렸다. 산업혁명과 시민혁명의 거대한 물결이 사회를 뒤덮은 18~19세기 이후의 일이다. 과거 가업에 종사하던 농민과 장인의 자식은 열 살만 넘으면 제몫의 일을 해내야 했으나 학교 교육제도가 본격적으로 보급되며 교육의 혜택을 받을 수 있게 되었다. 그에 따라 어린아이가 어른이 되어 사회에 진출하기까지 그 중간 시기인 '청년'이라는 과도기적 개념이 생겨났다.

이러한 시대 배경을 등에 업고 상류계급부터 빈곤층까지 다양한 계급의 사람들이 결핵에 걸려 아직 창창한 시절에 아깝게 목숨을 잃었다. 아이러니하게도 결핵에는 '끔찍하고도 낭만적인 병'이라는 이미지가 따라붙게 되었다. 이는 사랑하는 사람과 안타깝게 헤어지는 비극을 겪으며 그 아픔이 수많은 문학작품을 비롯한 예술로 승화된 탓이다.

감기 증상과 비슷한 결핵의 초기 증상

창백하게 여윈 얼굴에 가냘픈 몸매로 격하게 기침을 쏟아내고 때로 울컥 피를 토하는 모습. 문학작품과 영화에서 묘사된 결핵환자의 전형적 이미지다.

결핵은 공기 중에 떠도는 결핵균을 들이마심으로써 감염되는데, 이미 감염된 사람이 기침을 하거나 재채기할 때 튀어나온 침방울로 감염되는 사례가 많다. 사람의 호흡기에서 밖으로 나온 결핵균은 바로 바닥에 떨어지지 않고 30분 남짓 공중에 떠다닌다. 이 균이 폐 속 기관지까지 들어오지 않으면 감염되지 않는다.

결핵균은 길쭉한 막대기 모양으로 생겨 '간균(桿菌)'이라고 부르며, 건조한 환경에 강해 침방울이 말라도 여간해서 죽지 않는다. 그나마 자외선에 약해 일광욕으로 증상과 감염을 억제할 수 있다. 더구나 사람뿐 아니라 소, 돼지, 새, 쥐 등이 걸리는 유형의 결핵균이 있어 소에게서 사람에게로 감염된 사례도 있다.

감염된 후 4~6주 안에 증상이 나타난다. 먼저 기침을 심하게 하고 염증이 생긴다. 또 체온이 오르며 열감과 오한을 느끼고 식은땀을 흘린다. 얼핏 일반 감기와 증상이 비슷해서 구분하기가 쉽지 않은데, 그냥 두어도 일주일 정도 푹 쉬면 낫는 감기와 달리 결핵은 치료하지 않으면 증상이 악화한다. 차츰 가슴이 답답하고 뻐근한 통증이 느껴지며 체력이 떨어져 만성적인 피로감이 밀려오고 살이 빠져 눈에 띄게 수척해진다. 중증화 단계로 넘어가면 호흡기와 소화기 등 내장 기능이 약해져 호흡과 순환을 관장하는 신경계에도 문제가 나타나기 시작한다. 그러다 마침내 일상생활이 곤란해져 병상에 누워만 지내다가 점점 약해지며 사망에 이른다.

유럽에서는 결핵을 말할 때 '피로' 또는 '소모'를 의미하는 단어 phthisis를 사용했다. 이는 고대부터 있던 그리스어다. 그러다 19세기에 들어서면서 '돌기'라는 의미의 영어 단어 tuberculosis를 사용하게 되었다. 독일 출신 의사 요한 루카스 쇤라인(Johann Lukas Schönlein)이 병리학적 관찰 끝에 폐 속 등의 장기에서 결핵 결절을 발견하면서부터다.

'폐결핵'이란 결핵균이 폐를 침범해 기침과 토혈을 동반하는 결핵을 말한다. 결핵균이 장을 침범하면 '장결핵'이라고 하는데 두통과 설사, 혈변, 식욕 부진 등의 증상이 나타난다. 결핵균이 등뼈를 침범한 것은 '척추결핵'이다. 등에 찌르르한 통증이 퍼지며 등이 굽고 변형되는 증상이 나타나고 증상이 심해지면 신경이 마비되어 온몸을 자유롭게 움직일 수 없게 된다. 또 결핵균이 혈액으로 들어가 온몸으로 퍼지면 '좁쌀결핵'이라고 부르는 증상을 일으키는데, 간과 신장 등 여러 장기에 좁쌀 알갱이 같은 작은 결절이 생기고 두통과 발열, 권태감에 시달리며 급격히 증상이 진행되어 혼수상태에 빠지기도 한다.

현재는 결핵 항체를 만드는 투베르쿨린(tuberculin)을 활용한 검사(결핵 피부반응 검사)로 결핵 감염 여부를 진단할 수 있다. 2주가 지나도 기침과 염증이 낫지 않는다면 의료기관을 방문해 결핵 검사를 받아야 한다.

『삼국지연의』 속 조조의 사인이 결핵이었다고?

수천 년 전, 심지어 거의 1만 년 전의 사람 뼈에서도 결핵 흔적이 발견되었다. 독일 하이델베르크에서 발굴된 9,000여 년 전 인골에서 나온 결핵 흔적과 이스라엘, 이집트 등 지중해 연안 국가, 중국 창장(長江) 유역(상하이)의 수천 년 전 인골에서 나온 결핵 흔적이 그것이다. 결핵균은 아프리카 동부에서 최초로 농경과 집단 거주가 이루어진 중동의 메소포타미아 지방(현재 이라크)으로 전해졌고, 다시 서방의 유럽과 동방의 아시아로 퍼져 나갔다고 추정된다.

기원전 8세기에 활약한 고대 그리스 시인 호메로스(Hómēros)도 결핵을 언급했다. 기원전 5세기 그리스 의사 히포크라테스는 결핵을 전염성이 아닌 유전성으로 추정했다. 그도 그럴 것이 한집에서 살며 한솥밥을 먹는 가족 간 감염이 많았기 때문이다. 히포크라테스는 일광욕과 약 찜질로 혈액 순환을 개선하고 흉부를 바늘로 찔러 고름을 배출하는 등의 치료법을 주장했다.

로마제국이 번영을 누리던 2세기 무렵, 물 좋고 공기 좋은 곳에 가서 요양하며 치료하려는 사람이 늘어났다. 결핵이 전염성 질병이라는 인식이 자리 잡으며 생겨난 경향이었다. 그에 따라 자연스럽게 바닷바람을 맞으면 증상 개선에 도움된다는 믿음이 퍼지면서 이탈리아반도 중부의 나폴리나 지중해에 접한 이집트가 요양지로 인기를 끌었다.

중세 유럽에서는 어느 정도 비율로 사람들이 결핵에 걸렸는지에 관한 기록을 거의 찾아볼 수 없다. 페스트, 천연두와 비교하면 감염 규모는 비교적 작았으나 결핵은 여전히 사람들의 목숨을 위협하는 무서운 질병이었다. 당시에는 몸을 따뜻하게 해서 혈액 순환을 촉진하고 자연환경이 좋은 곳에서 요양하는 방법 등으로 치료했다. 그 밖에 의도적으로 출혈을 일으키는 사혈 요법과 설사를 유도해 체내 독소를 배출하는 치료법도 시도되었으나 효과는 미미했다.

또 800여 년 전 미국 선주민의 인골에서 결핵을 앓은 흔적이 발견되었다. 정확한 시기는 밝혀지지 않았으나 결핵균은 15세기 백인이 남북 아메리카대륙에 상륙하기 전 베링해협을 거쳐 북미로 진출했다고 추정된다.

한편 동아시아에서는 중국 후난성에서 기원전 2세기 전한 시대에 축조된 무덤(마왕퇴한묘馬王堆漢墓)에 묻힌 사람이 폐결핵에 걸린 흔적이 발견되었다. 『삼국지연의(三國志演義)』에 등장하는 후한 말기 유력자인 조조(曹操)의 사인이 결핵이라는 주장도 있다.

일본에서는 돗토리현 아오야카미지치(青谷上寺地)에서 발굴된 기원전 4세기에서 기원후 4세기로 추정되는 야요이 시대 인골 두 구에서 척추결핵을 앓은 흔적이 발견되었다. 이 시기에 중국 등 대륙에서 넘어온 사람들을 통해 결핵균이 들어온 것으로 추정된다. 이보다 이전인 조몬 시대(기원전 14세기부터 기원전 4세기까지) 인골에서는 결핵에 걸린 흔적이 발견되지 않았다.

헤이안 시대인 11세기 무렵의 작품으로 세이 쇼나곤(清少納言)이 지은 고대 수필 『마쿠라노소시(枕草子)』에는 '가슴을 앓았다'라는 구절이 나오는데, 전문가들은 이를 결핵으로 추정한다. 같은 시기 무라사키 시키부가 지은 『겐지모노가타리』에서도 무라사키라는 여인이 '가슴을 앓았다'라는 이야기가 나온다. 결핵이 비련을 자아내는 근대문학의 흔한 도식을 이미 그 시대에 시도한 셈이다.

산업혁명이 퍼뜨린 '하얀 페스트'

중세 이후 유럽에서는 가끔 한 번씩 나타나 유행하곤 하던 페스트가 진정 국면에 접어들었다. 18세기 후반 이후의 일이다. 대신 결핵이라는 새로운 감염병이 나타나 차츰 세력 확장을 하기 시작했다. 페스트가 환자의 피부를 거뭇거뭇한 반점이 뒤덮으며 흉측하게 만들어 '흑사병'이라 불렸다면 결핵에 걸린 사람의 피부는 눈처럼 창백해져 '하얀 페스트(White Plague)'라고 불렸다. 18세기부터 19세기 초 유럽과 북미대륙에서는 4명 중 1명이 결핵으로 목숨을 잃을 정도로 사망률이 높았다.

그 무렵 영국과 프랑스 등 서유럽 국가에서는 남북아메리카 대륙, 아시아, 아프리카 같은 해외 영토에서 유입된 부를 토대로 상공업이 발전하며 도시로 많은 사람이 몰려들면서 도시 인구 밀도가 높아졌다. 런던, 파리로 대표되는 대도시에서는 인근 농촌에서 유입된 주민이 공장 노동자, 상점 점원으로 일했다. 이러한 노동자 계층은 환기가 잘 이루어지지 않고 상하수도도 제대로 갖추어지지 않은 지역에 밀집해서 생활했다.

특히 산업혁명의 중심지 영국은 결핵이 활개 치기 좋은 조건을 갖추었다. 증기기관의 보급으로 공업생산이 향상되어 런던을 비롯한 영국 각지에 대규모 방적 공장이 속속 건설되었다. 공장 노동자들은 환기 시설도 없는 공장의 빽빽하게 밀집한 공간에서 고된 노동에 시달렸다. 증기기관 연료인 석탄을 채굴하는 광산에서는 바람도 통하지 않는 갱도에서 수많은 광산 노동자가 분진을 들이마시며 서로 어깨가 맞닿을 정도로 비좁은 공간에서 일했다. 공장과 광산은 폐결핵에 걸린 노동자의 증상을 더욱 악화시키는 환경이었다.

게다가 당시 공장과 탄광의 노동자는 하루 12시간 이상, 때로 16시간씩 장시간 노동에 시달리는 날도 드물지 않았다. 이런 환경에서 만성 피로는 노동자의 직업병이나 다름없었다. 피로가 쌓이면 체력이 떨어지고 감염병에 대한 저항력도 낮아진다. 일꾼들이 병으로 골골거리다 풀썩풀썩 쓰러지자 조바심이 난 고용주들이 들고일어나서 국회를 압박했다. 여론을 의식한 정계와 재계는 부랴부랴 노동자의 건강을 돌보겠다고 나섰다. 1802년, 영국 정부는 공장법을 제정하고 단계적으로 노동 시간을 줄여나갔는데, 8시간 노동제가 정착된 것은 20세기에 들어선 뒤의 일이다.

1800년 무렵, 런던에서는 인구 10만 명당 결핵 사망자가 900여 명에 달했다. 그러나 경제 활성화로 노동자 계급의 수입이 늘어나며 영양 상태가 점차 좋아졌다. 또 상하수도 정비로 위생과 환경이 개선되고 의료도 비약적으로 발전했다. 영국 결핵 사망자 수는 1838년부터 서서히 감소하기 시작해 1900년 무렵에는 10만 명당 200명까지 줄어들었다.

영국과 프랑스의 뒤를 이어 산업혁명에 나서 근대 공업 육성을 추진한 독일의 경우를 잠깐 살펴보자. 독일은 결핵 등의 감염병과 산업 재해가 끊이지 않으며 국력을 훼손해 정부와 기업가들의 불만이 고조되는 상황을 개선하기 위해 1880년대에 질병보건법과 재해보건법 등의 사회보험제도를 도입했다. 노동자의 건강 유지를 목적으로 한 이러한 제도는 20세기에 들어 노동운동이 활발해지며 노동자들이 목소리를 내기 시작하면서 각국에 도입되었다.

"나는 폐병에 걸려 죽고 싶다"라고 공공연히 얘기한 영국 시인 바이런

서구 유럽에서는 19세기 내내 결핵이 활개를 치면서 이 병을 비극적 모티브로 그린 문학과 예술작품이 대거 탄생했다. 당대 대표적 '결핵 문학'으로는 1848년 프랑스 작가 알렉상드르 뒤마 피스(Alexandre Dumas fils)가 쓴 소설 『춘희(La Dame aux camélias)』를 꼽을 수 있다. 극 중에서 화려한 삶을 살아가는 고급 창부 마르그리트는 순수한 청년 아르망을 만나 사랑에 빠지지만 아르망 가족의 반대로 헤어진 뒤 결핵으로 짧은 생을 마감한다. 이 이야기는 1853년 이탈리아 작곡가 주세페 베르디(Giuseppe Verdi)의 오페라 〈라 트라비아타(La traviata)〉로 재탄생해 유럽 각국 대중에게 많은

19세기 유럽에서는 결핵이 확산되며 이 병을 비극적 모티브로 그린 문학과 예술작품이 대거 탄생했다. 대표적인 작품으로 알렉상드르 뒤마 피스의 『춘희』를 꼽을 수 있다. 알렉상드르 뒤마 피스는 실제로 풍채가 좋고 활동적인 인물이었으나 폐병을 앓는 사람처럼 보이고 싶어 애를 썼다고 알려져 있다.

사랑을 받았다.

중병이 빚어내는 비극은 고대부터 존재했다. 그런데 특히 결핵은 사랑으로 가슴앓이를 하면 생기는 병이라는 인식이 널리 퍼졌다. 또 결핵이 미모와 뛰어난 재능을 겸비한 사람이 걸리는 병으로 해석되면서 때로 과도하게 미화되기도 했다. 페스트나 천연두 환자는 온몸에 수포가 돋아나고 반점이 생기며 기괴한 몰골로 변하는 데 반해 결핵 환자는 가냘프게 여위며 안색은 투명할 정도로 창백해졌다. 새하얀 낯빛과 대조적으로 발그레한 뺨과 입술, 그렁그렁 반짝이는 물기 어린 눈빛이 신비로운 분위기를 자아내면서 결핵 환자 특유의 아름다움으로 인식되어 결핵을 미화하는 그릇된 풍조가 생겨난 것이다.

서구인은 회화와 조각 등으로 표현된 십자가에 매달린 예수 수난상을 자주 접해왔다. 그런 터라 야윈 모습으로 고통 받는 비장한 모습에서 신성함을 찾아내는 가치관이 형성되어 있었다.

18세기 말에서 19세기 중반까지 서구 문학과 예술에서는 기존의 보수적 도덕관에서 탈피해 개인의 자유로운 감정을 묘사하려는 '낭만주의'가 선풍적 인기를 끌었다. 1789년에 일어난 프랑스 혁명을 계기로 왕과 귀족이나 교회의 권위에 저항하는 민중 사이에서 자유와 평등을 갈구하는 목소리가 퍼졌다는 점도 낭만주의 탄생에 영향을 미쳤다. 낭만주의는 인간의 정신과 관념을 중시했다. 그러나 이러한 가치관이 극단으로 치우치면서 정신과 상반되는 육체를 속된 것으로서 혐오하며 병들어 육체가 시들어도 정신은 명징하게 살아 있는 상태가 아름답다는 사고방식으로 이어졌다.

또 고대부터 상류계급의 자식과 서민 가정의 자식은 천양지차로 다른 환경에서 생활했다. 상류계급의 자식은 온실 속 화초처럼 살뜰한 보살핌을 받으며 수준 높은 교육을 받은 반면 허름한 농가에서 태어나 어린 나이부터 당연하다는 듯 가업을 도우며 일손을 보탠 서민 가정의 자식은 일찍 철이 들어 어른처럼 일했다. 오랫동안 사람들은 나이가 아닌 신분과 직업에 따라 구분되었지만, 19세기에 근대적 학교 교육제도가 보급되면서 대규모 공장과 징병제로 운영되는 군대 등 신분과 지역의 틀을 벗어나 10대, 20대 청년이 집단으로 모여 생활하는 공간이 늘어났다.

이러한 상황에서 아이와 사회에 참여해 제 역할을 하는 성인 사이 중간 과정으로서의 '청년' 개념이 모든 계급에 자리 잡았다. 그리고 아직 성장이 끝나지 않은 청년의 때 이른 죽음을 특히 비극적으로, 심지어 때론 고귀하게 바라보는 인식이 확산되었다.

결핵에 걸려 야윈 모습에 의미를 부여하고 비극과 낭만, 죽음과 대조되는 빛나는 생의 순간을 발견하는 미의식은 문학과 예술 관련 지식인 사이에서 의도적으로 병약한 모습을 연출하는 역설을 만들어냈다. 19세기 초에 활약한 영국 시인 바이런(George Gordon Byron)은 "나는 폐병에 걸려 죽고 싶다"라고 공공연히 얘기했고

『춘희』를 쓴 알렉상드르 뒤마 피스는 풍채가 좋고 활동적인 인물이었음에도 폐병을 앓는 사람처럼 보이고 싶어 애를 썼다고 알려져 있다.

이렇게 굴절된 가치관은 산업혁명을 거치며 병치레와 맞바꾸어 경제적 번영을 이룬 빛 좋은 개살구 같은 근대를 상징한다고 볼 수 있다. 결핵을 과도하게 미화하는 이런 풍조는 20세기 중반부터 백신 요법과 항생제 보급으로 점차 사라졌다.

결핵에 대한 인식 변화에 영향을 미친 19세기 유럽 낭만주의

백신과 항생제가 보급되기 전 결핵 증상을 개선하는 방법으로는 '요양 요법'이 보편적이었다. 고대부터 결핵 환자는 바닷바람을 쐬는 게 좋다는 인식이 퍼져 있었는데, 독일 의사 헤르만 브레머(Hermann Brehmer)는 산악지대 공기가 결핵 치료에 긍정적인 결과를 가져온다고 주장하며 폴란드 남서부 실롱스크에 최초로 결핵 전문 근대적 요양시설(sanatorium)을 개설했다. 1854년의 일이다.

이후 유럽 각지에 그와 비슷한 요양시설이 세워졌다. 특히 프랑스, 스위스, 이탈리아, 독일, 오스트리아 등 여러 국가에 걸친 알프스 지방이 인기였다. 상류계급 결핵 환자에게 요양시설은 복잡한 도시를 벗어나 한적한 곳에 자리한 사교의 장이었다. 독일 작가 토마스 만(Thomas Mann)이 1924년에 출간한 소설 『마의 산(Der Zauberberg)』은 스위스 서부 다보스의 요양시설이 무대로, 유럽 각지에서 모인 환자들의 다양한 인생관과 인간 군상을 묘사했다.

결핵 환자들은 요양시설에서 안정을 취하며 맑은 공기를 마시고 영양이 풍부한 식사로 체력을 보충했다. 독일 남부 바덴바덴처럼 온천지대에 자리 잡은 요양시설에서는 몸에 좋은 성분이 함유된 광천수를 마실 수 있었다. 산악지대뿐 아니라 지중해 연안 같은 온난한 바닷가에 터를 잡은 요양시설도 인기가 높았는데 결핵 치료를 위해 일광욕도 권장되었기 때문이다. 브레머가 요양시설에서 실시한 치료법으로 환자의 3분의 1이 건강을 되찾거나 상태가 나아졌다.

그러나 요양시설은 원한다고 아무나 들어갈 수 있는 곳이 아니었다. 상당히 높은 비용으로 인해 빈곤층에게 요양시설은 그야말로 그림의 떡이나 다름없었다. 여러 나라가 사회보험을 적용한 합리적인 가격으로 이용할 수 있는 소박한 요양시설을 짓고자 한 것도 그래서다. 근대 요양시설의 발달은 철도와 증기선의 보급으로 교통망이 정비, 확충되어 관광 산업이 발전하면서 도심을 벗어나 자연에서 아름다움과 평안을 추구하는 가치관이 확산한 풍조와도 무관하지 않다.

중세 이후 대다수 유럽인에게 알프스의 고산지대처럼 험준한

19세기 유럽에서 맑은 공기를 마실 수 있는 산악지대나
따스한 햇빛이 풍부한 지중해 연안에 세워진
결핵 전문 근대적 요양시설은 상류계급 전용 사교의 장이었다.

스위스 서부 뇌샤텔 푸르탈레 요양시설에서 일광욕 치료를 하는 결핵환자들

자연환경은 통행에 지장을 주는 걸림돌로 여겨졌다. 사냥이나 군대 행군처럼 특수한 목적을 가진 사람이 아니면 굳이 산에 발을 들이지 않으려 했다. 그러나 18세기 프랑스 계몽사상가 장 자크 루소(Jean-Jacques Rousseau)가 인위적인 도시 문화를 비판하고 알프스의 대자연을 예찬함에 따라 지식인층의 자연관이 변화하기 시작했다. 19세기 초에 이르러 산에 오르는 행위 자체를 즐기는 등산 문화가 형성되었는데, 이 배경에는 결핵이 문학과 예술의 소재로 사용되었을 때처럼 감정과 자연의 일체감을 존중하는 낭만주의의 영향이 자리하고 있다.

에이즈, 말라리아와 함께 '3대 감염병' 자리에 오르다

세균학자 로베르트 코흐가 오랜 연구와 실험 끝에 결핵의 원인인 '결핵균'을 특정했다. 1882년의 일이다. 이후 1890년에는 결핵의 항원이 되는 투베르쿨린을 발견했다. 이로써 투베르쿨린 검사가 의료 현장에 도입되어 결핵 진단이 한결 간편해졌다. 1921년에는 프랑스 파스퇴르 연구소가 결핵 면역을 높여주는 BCG 백신 실용화에 성공했다. BCG 백신이 결핵 예방 수단으로 효과를 발휘했으나 이미 결핵에 걸린 환자를 치료할 수 있는 결정적 방법은 여전히 찾지 못했다.

그러던 중 제2차 세계대전이 한창이던 1944년, 미국 세균학자 셀먼 에이브러햄 왁스먼(Selman A. Waksman)이 결핵균의 활동을 저해하는 항생제 스트렙토마이신을 발견했다.

스트렙토마이신의 효과는 강력했다. 1900년에 40퍼센트에 달하던 결핵성 흉막염 사망률이 1947년에 0.6퍼센트까지 내려갔다. 왁스먼은 스트렙토마이신을 발견한 공을 인정받아 노벨 생리학·의학상을 받았다. 1952년의 일이다.

또한 이 해에는 1912년에 실용화되어 저렴한 가격으로 합성할 수 있는 약제인 이소니아지드(Isoniazid)가 결핵 치료에 매우 효과적이라는 사실이 판명되었다. 영국을 비롯해 산업혁명이 진행된 몇몇 나라는 19세기부터 거주 환경 위생 개선, 식료품 공급 개선 등의 정책을 시행해 감염자의 저항력을 높임으로써 결핵 환자를 줄여나갔다. 여기에 더해 각종 항생제가 보급되어 선진국에서는 빠른 속도로 결핵을 극복할 수 있었다.

그러나 위생 상태가 열악한 신흥국에서는 감염 확대가 여전히 보고되고 있으며, 치료약이나 항생 물질에 내성을 지닌 결핵균까지 등장해 새로운 위협으로 떠올랐다. 1990년대 이후 세계보건기구는 과거에 감염 확대 추세를 억제하지 못했는데 다시 감염자가 증가하는 '재출현 감염병'으로 결핵을 선정했다. 세계보건기구는 결핵 예방의 필요성을 국제적으로 호소하기 위해 로베르트 코흐가 결핵균 발견을 발표한 3월 24일을 '세계 결핵의 날'로 지정했다. 1997년의 일이다. 결핵은 에이즈, 말라리아와 더불어 세계 '3대 감염병' 자리를 차지하고 있다.

2016년 기준으로 전 세계에서 연간 1,040만 명이 신규 결핵 환자 명단에 이름을 올렸다. 그리고 그중 140만 명이 목숨을 잃었다. 감염자의 46퍼센트는 인도와 아라비아반도의 서남아시아, 26퍼센트는 아메리카대륙의 신흥국이 차지하고 있다. 특히 일반 결핵 감염자의 사망률은 45퍼센트인데 만일 HIV 양성자가 결핵에 걸리면 사망률은 100퍼센트에 육박한다. 결핵과 에이즈 합병증이 얼마나 심각한 사태를 초래할 수 있는지 짐작이 간다.

근대 역사와 함께 걸어온 결핵은 21세기인 지금도 여전히 우리 곁에서 살아가는 질병이다.

07

感染病

스페인의 남북 아메리카대륙 정복의 첨병

천연두

smallpox

21세기 현재 시점에 인류가 거의 극복한 감염병이 있다.
바로 천연두(天然痘)다. 그러나 인류가 천연두라는 질병을 극복하기까지의 여정은 결코 녹록치 않았다. 아니, 무척이나 길고 험난한 여정이있다.
천연두는 원래 '두창(痘瘡)', '포창(疱瘡)' '마마(媽媽)'라고 불렸다.
이 질병은 고대부터 아시아와 유럽의 많은 사람의 생명을 앗아갔다.
한편 수천 년 동안 천연두와 무관하게 살면서 면역이 생기지 않은 지역이 존재했다. 그리고 아무도 밟지 않은 눈밭처럼 천연두의 손길이 전혀 미치지 않은 이 지역에 천연두가 포악한 짐승처럼 상륙하면서 세계사에 엄청난 파장을 불러일으켰다.

백인의 총칼과 함께 남북 아메리카대륙을 휩쓸며 선주민을 사냥하다

감염병의 역사적 확대에는 분명한 지역 차가 존재한다. 그리고 극단적 사례가 바로 천연두다. 유라시아대륙 각지에서는 고대부터 천연두가 맹위를 떨쳤지만 남북 아메리카대륙에서는 근대에 이르기까지 발병 사례를 거의 찾아볼 수 없었다. 그런 상황에서 천연두가 세계사의 판도를 크게 바꾸어놓았다.

수천 년 전 인류사의 초기 문명은 모두 큰 강 유역에서 태동했다. 구체적으로 그 문명은 메소포타미아 지역의 티그리스강과 유프라테스강 유역, 북아프리카 이집트의 나일강 유역, 남아시아 인도의 인더스강과 갠지스강 유역, 동아시아 중국의 황허와 창장 유역 등에서 발생했다. 유럽은 신항로 개척시대를 맞이해 다른 지역을 차례차례 정복하고 자기 나라 국기를 꽂기 시작했다. 대략 1600년대 이후의 일이다.

한 가지 질문을 던져보자. 17세기에 이르러 갑자기 유럽이 전 세계에서 가장 선진적인 지역이 되고 다른 지역을 식민지로 삼을 만큼 막강한 힘을 얻게 된 비결은 뭘까? 우선, 17세기 서유럽에서는 '가격혁명'이라고도 부르는 경제혁명이 일어났다. 통화 유통량이 급격히 증가하며 인플레이션이 진행되고 농산물을 비롯한 온갖 상품 가격이 다섯 배 가까이 폭등했다. 상업이 발달한 네덜란드와 잉글랜드에서는 이런 변화야말로 본격적으로 돈을 벌 수 있는 절호의 기회라고 여기는 사람들이 나타났다. 그들은 공동 출자 형태로 자본을 마련해 주식회사를 설립했는데, 이것이 근대 자본주의의 초석이자 기틀이 되었다.

가격혁명의 요인은 복합적이다. 그 무렵 유럽에서는 중세 페스트 팬데믹으로 급감했던 인구가 증가세로 돌아서며 식료품과 일용품 수요가 증가했고 새로 발견된 남북 아메리카대륙에서 부가 흘러들어오며 가격혁명이 발생했다. 남북 아메리카대륙 광산에서 채굴된 은 산출량은 1501~1550년 동안 연평균 5.3톤이었는데 1551~1600년 기간에는 143.5톤으로 급증했다. 그러던 것이 이후 더욱 늘어 17세기에는 최대 연간 450톤에 달했다.

신대륙에서 대량의 금과 은을 확보한 서유럽국가들은 그렇게 축적한 부로 국방력을 강화하고 아시아와 아프리카 각지로 군인과 무역 선단을 파견해 은을 내밀며 무역을 요구했다.

남북 아메리카대륙의 광산 노동은 유럽인이 선주민을 정복하고 노예처럼 부리는 일방적인 착취와 수탈 관계에서 이루어졌다. 중남미 굴지의 은 산지였던 멕시코의 아스테카제국, 현재의 페루에서 볼리비아에 걸친 잉카제국 등 선주민이 세운 강대국은 눈 뜨고 코 베이는 수준으로 단기간에 백인 정복자 앞에 허무하게 무너져버렸다. 그리고 그 배경에 백인 국가의 무력에 더해 천연두의 위협이 있었다.

가축 감염병이 변이를 일으켜 사람에게 전염된 질병 천연두

천연두는 영어로 smallpox로 '작은 반점'이라는 의미다. 한자 문화권에서는 '두창', '마마' 등으로 불렸다. 두창의 창(瘡)은 '부스럼', '종기'라는 뜻이다. 글자 그대로 감염자의 피부 표면에 수많은 물집이 생기고, 운 좋게 완치되어도 얽은 자국 또는 '곰보'라고 놀리던 흉터를 남기는 게 이 병의 특징이다. 치료법이 제대로 확립되지 않았던 시대에 천연두가 유행한 지역 사람의 얼굴에는 얽은 자국이 있어서 천연두에 걸렸던 사람을 한눈에 알아볼 수 있었다.

천연두를 일으키는 천연두 바이러스는 저온과 건조한 환경에 강한 반면 알코올, 포르말린, 자외선에 노출되면 감염력이 크게 줄어드는 경향을 보인다.

일단 감염되면 7~15일 정도의 잠복기를 거쳐 최대 40도의 고열과 두통, 요통이 나타난다. 증상이 나타나고 나흘째 무렵부터 얼굴과 온몸에 울긋불긋한 반점 같은 발진이 돋는다. 그런 다음 마침내 피부가 볼록하게 솟아나는 구진(丘疹)이 되었다가 점점 커지며 물집이 잡힌다. 그리고 그 안에 차츰 고름이 차며 가려움과 통증이 온몸으로 퍼져 나간다. 환자가 사망하는 사례는 감염 1주차에서 2주차에 걸친 시기에 집중되는데, 사망률은 독성이 강한 종일 때 20~50퍼센트다. 증상이 개선되면 목숨을 건지지만 이후 딱지가 떨어지고 얽은 자국이 남는다. 중증자는 초기부터 증상이 심하며 비강 안쪽과 내장에서 출혈이 발생해서 혈변을 보기도 한다. 폐렴과 패혈증 등의 합병증으로 사망에 이른다.

천연두와 비슷한 질병에는 소가 주로 감염되는 우두(牛痘), 양과 염소가 감염되는 양두(羊痘), 돼지가 감염되는 돈두(豚痘) 등이 있다. 이들 질병은 사람이 걸리는 천연두와 같은 계통의 바이러스가 원인이다. 애초 사람이 주로 걸리는 천연두는 위에 언급한 가축 감염병이 변이를 일으켜 사람에게 전염되었다고 추정된다. 서아시아에서는 1만여 년 전 양을 가축으로 기르기 시작했고 8,000여 년 전 소를 가축화했다. 천연두로 의심되는 질병으로 가장 오래된 기록은 3,000년보다 훨씬 전 인도 문헌에서 찾아볼 수 있다. 천연두는 고대 인도에서 사육되던 소나 중동에서 사육되던 낙타에게서 사람으로 전염되었다고 추정한다.

고대 아테네의 영웅 페리클레스를 쓰러뜨린 것은 스파르타도 테베도 아닌 천연두였다는데?

역사상 천연두에 걸린 인물 중 가장 오래된 이는 기원전 1100년대 중기 이집트 제20왕조의 파라오 람세스 5세(Ramses V, 재위 1149~1145 BC)다. 그는 즉위 4년 만에 세상을 떠났는데 학자들이 람세스 5세의 미라에서 천연두 감염 흔적을 찾아냈다.

고대 그리스에서는 '아테네 페스트(Plague of Athens)'라는 이름으로 불린 역병이 창궐했다. 기원전 431년 무렵의 일이다. 한데 최근 학자들 사이에서는 이 병이 페스트가 아니라 천연두였을 것으로 보는 견해가 지배적이다. 아테네는 이 역병으로 유력 정치가 페리클레스(Perikles)를 비롯해 인구의 3분의 1을 잃었고, 적대 관계였던 스파르타를 중심으로 한 델로스 동맹과의 전쟁(펠로폰네소스 전쟁)에서 패배해 그리스 도시국가 간 주도권을 빼앗겼다.

로마제국에서도 두 차례 감염병이 대유행했다. 그중 하나는 '안토니우스 역병(Antonine Plague)'으로 165년의 일이다. 또 하나는 '키프리아누스 역병(Plague of Cyprian)'으로 251년의 일이다. 이 두 감염병 모두 천연두로 추정된다. 반복되는 역병의 창궐로 로마의 토착신 신앙을 주관하는 신관의 권위가 실추되고 기독교 세례를 받는 민중이 급증하기도 했다.

6세기 동로마제국(비잔틴제국)의 주교 마리우스(Marius Aventicensis)가 이 병을 variola라고 불렀는데 라틴어로 '반점'을 의미한다. 이 단어는 오늘날까지 천연두를 의미하는 의학용어로 자리매김하고 있다.

유럽에서 동아시아로 천연두가 퍼져 나간 것은 기원전 2세기에서 기원후 4세기에 이르는 기간으로 본다. 고대 중국에서는 신선 사상을 신봉하는 도교의 도사가 의학자를 겸하는 경우가 드물지 않았는데, 4세기 동진의 도사 갈홍(葛洪)의 의학서 『주후비급방(肘後備急方)』에는 당시 중국에서 포창이 유행했다는 기록이 나온다.

역사적으로 천연두에 걸려 목숨을 잃은 인물이 많았다. 중세 유럽에서 987년에 카페왕조 시대를 활짝 연 위그 카페(Hugues Capet, 재위 987~996)는 물집이 잡히는 역병으로 사망했는데, 오늘날 학자들은 그의 사인을 천연두로 추정한다. 그 밖에도 17세기 네덜란드 총감인 오라녜공 빌럼 2세(Willem II van Oranje, 재위 1647~1650), 18세기 러시아 황제 표트르 2세(Pyotr II, 재위 1727~1730), 청나라 3대 황제 순치제(順治帝, 재위 1643~1661) 등이 천연두로 세상을 떠났다. 미국 초대 대통령 조지 워싱턴(George Washington, 재임 1789~1797)은 청년기에 천연두를 앓고 완치되었으나 얼굴에 얽은 자국이 남아 외모 콤플렉스가 있었다. 그러나 초상화에는 얽은 자국을 그려 넣지 않아 그림을 통해 그 사실을 확인할 수는 없다.

대문호 나쓰메 소세키도 피해가지 못한 천연두의 위협

일본에서는 대륙과 교류가 활발해진 6세기 후반부터 천연두로 의심되는 발진을 동반한 역병에 관한 기술을 찾아볼 수 있으며, 나라(奈良)가 수도이던 8세기에는 천연두가 주기적으로 유행했다. 당시 일본 인구는 450만 명 정도로 추정되는데, 나라의 대규모 사찰 도다이지(東大寺)의 조세 대장을 참고하면 100만~150만 명, 즉 당시 인구의 4분의 1에서 3분의 1이 조세 대장에서 사라졌다.

천연두가 일본 열도에서 빠른 속도로 퍼져 나가며 활개 칠 수 있었던 배경에는 여러 가지 요인이 있다. 그중에서도 농업생산 확대로 인한 인구 증가, 견당사(遣唐使) 왕래로 대외관계 활성화, 수도 헤이조쿄(平城京, 현재 나라시 서쪽 교외에 위치)의 건설로 인한 도시 인구 집중 등을 주된 원인으로 꼽을 수 있다. 유라시아대륙 각지에서 천연두가 퍼진 이후로도 섬나라 일본에는 한동안 들어오지 않았다. 그러므로 면역을 가진 사람이 적어 감염이 들불처럼 번져 나갔다. 궁중 유력자이던 후지와라노 후히토(藤原不比等)의 네 아들이 737년 천연두로 부모보다 먼저 세상을 떠났는데 후지와라 가문과 대립하다 죽음에 몰린 나가야 왕(長屋王)의 저주라는 소문이 돌았다.

역병의 유행과 정쟁이 계속되자 쇼무천황(聖武天皇, 재위 701~756)은 헤이조쿄 생활에 불안을 느껴 단기간에 몇 번이나 천도를 반복하다 745년 헤이조쿄로 돌아왔다. 의료 기술이 발달하지 않은 당시에는 종교에 의지하는 수밖에 없었기에 천황은 각지에 정부 관장 사찰(国分寺)을 세워 부처의 힘으로 역병을 극복하려 했다.

헤이안 시대(헤이안쿄平安京, 즉 현재의 교토를 수도로 정한 794년부터 1185년 가마쿠라 바쿠후가 들어서기 전까지의 시대. — 옮긴이)에도 천연두는 이따금 마수를 드러내며 많은 사람의 목숨을 위협했고 13세기 무렵 일본에서 천연두는 매년 감염자가 발생하는 풍토병으로 자리 잡았다. 16세기 말, 센고쿠(戰國) 시대가 끝나갈 무렵 현재의 도호쿠 지방 남부를 다스린 다테 마사무네(伊達政宗)는 '독안룡(独眼竜)'이라는 별명으로 알려졌다. 유아기에 앓은 천연두로 각막이 손상되어 오른쪽 눈이 실명되었기 때문이다. 이렇듯 예전에는 천연두 후유증으로 실명하는 사람이 많았다. 메이지시대 문호 나쓰메 소세키(夏目漱石)도 세 살 무렵 천연두를 앓아 후세에 남은 사진을 자세히 살펴보면 얼굴에 얽은 자국이 있다.

남미 아스테카제국과 잉카제국을 일격에 쓰러뜨린 감염병, 천연두

15세기에 들어와 페스트 대유행이 진정 국면에 접어든 유럽에서는 식육 소비가 증가해 아시아가 원산지인 향신료 수요가 폭증했다. 여기에 대형 범선 건조 기술 발전이 뒷받침되며 신항로 개척시대의 막이 올랐다.

크리스토퍼 콜럼버스(Christopher Columbus)는 서쪽으로 도는 항로를 따라 인도에 도착한다는 목표를 가지고 대서양 횡단에 나섰다. 이탈리아 제노바 출신 콜럼버스의 항해는 스페인 왕실의 후원을 등에 업은 경제적 목적의 탐험이었는데, 그가 1492년에 도착한 곳은 중앙아메리카 산살바도르섬(현재 바하마)이었다. 뒤이어 탐험에 나선 이탈리아 피렌체 출신 상인이자 지리학자인 아메리고 베스푸치(Amerigo Vespucci)는 콜럼버스가 도착한 곳이 인도가 아닌 미지의 대륙이라고 주장했다. 어쨌든 유럽인의 남북 아메리카대륙 식민지화는 이렇게 추진되기 시작했다.

남북 아메리카 대륙의 선주민은 맨 처음 어떻게 그 대륙에 발을 디딜 수 있었을까? 2만 년~1만 5,000년 전, 현재의 러시아와 미국 알래스카주 사이 베링해협이 얼어서 육로로 통행할 수 있던 시기에 일어난 일로 추정된다.

대다수 아메리카 선주민은 문자를 가지지 않아서 문화가 고르게 전파될 수 없었다. 그들은 농경과 목축이 확산된 지역에서만 소규모 부족 집단으로 나뉘어 생활했다. 그러나 오늘날의 멕시코 중부에서는 아스테카제국, 남미 안데스산맥 일대에서는 잉카제국 등 강대한 국가가 탄생했다.

스페인 군인 에르난 코르테스(Hernán Cortés)는 500여 명의 병사를 이끌고 중미로 건너가 멕시코 동부에 상륙하고 식민도시 베라크루스를 건설했다. 1519년의 일이다. 그는 이 도시를 거점으로 아스테카제국의 수도 테노치티틀란으로 진격했다. 코르테스는 소수의 인원으로 아스테카를 손쉽게 제압할 수 있었다. 잘 알려진 대로 아스테카의 황제 몬테수마 2세(Montezuma II, 재위 c. 1502~1520)와 그의 신하들은 난생 처음 본 백인을 자신들이 믿는 케찰코아틀 신(날개 달린 뱀)의 화신으로 오해해 저항하지 않았기에 가능한 일이었다.

이어서 스페인 군인 프란시스코 피사로(Francisco Pizarro)가 이번에는 병사 185명을 이끌고 오늘날의 에콰도르에 상륙해 잉카제국으로 침입해 들어갔다. 이는 1532년의 일이다.

피사로는 잉카제국 황제 아타우알파(Atahualpa, 재위 1532~1533)에게 기독교로 개종할 것을 강요했으나 거부당했다. 그러자 그는 황제를 포로로 잡고 몸값으로 대량의 금은보화를 요구했다. 몸값을 받아 챙긴 피사로는 이듬해에 황제를 처형하고 잉카제국을 정복했다.

유럽인의 중남미 침략

유럽인이 들여온 천연두를 비롯한 각종 감염병이 중남미에서 대유행해 두 제국이 멸망했다.

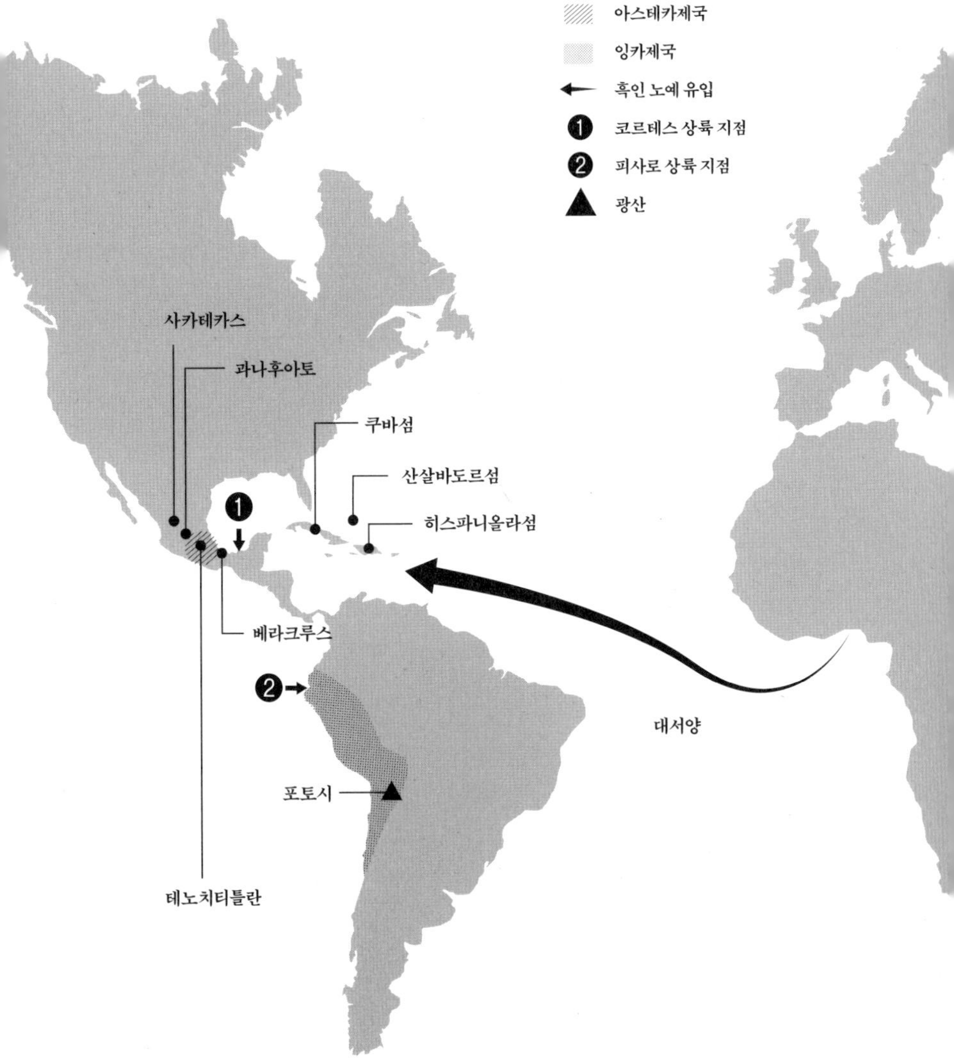

스페인은 아스테카제국과 잉카제국에는 없는 총기와 말을 가지고 있었다. 신대륙 주민은 압도적인 스페인의 화력에 굴복할 수밖에 없었다. 그러나 이때 잉카제국 사람들에게 총기류보다 훨씬 더 큰 타격을 입힌 비밀병기가 있었다. 그것은 바로 백인이 유럽에서 들여온 감염병이었다. 홍역, 결핵, 인플루엔자, 백일해 등 온갖 감염병이 유럽인을 따라 신대륙으로 들어왔다. 그중에서도 특히 천연두가 신대륙을 휩쓸며 엄청난 세력을 과시했다.

코르테스가 훑고 지나간 곳에 살던 아스테카 사람들이 천연두에 걸렸다. 온몸에 종기가 생기고 거동이 힘들 정도로 심하게 앓는 사람이 많았다. 군인과 민중이 차례로 쓰러지며 스페인군에 저항할 기력도 없어졌다. 스페인인을 불러들인 아스테카제국의 몬테수마 2세가 왕좌에서 밀려났고 그를 대신해 왕좌에 오른 쿠이틀라우악(Cuitláhuac, 재위 1520~1520)은 천연두에 걸려 직위한 지 며칠 만에 사망했다. 그 뒤를 이은 왕 쿠아우테목(Cuauhtémoc, 재위 1520~1521)이 스페인인에게 살해당하면서 아스테카제국은 멸망했다. 1521년의 일이다.

잉카제국도 거의 같은 시기에 아스테카제국과 비슷한 운명의 길을 걸었다. 아타우알파가 죽은 뒤 피사로가 형식적으로 차기 황제로 추대한 허수아비 황제 투팍 우알파(Túpac Huallpa, 재위 1533~1533)는 천연두에 걸려 목숨을 잃었다. 스페인의 지배를 받는 동안 잉카제국 황제 일족은 소소하게 저항을 이어나갔으나

1572년 신잉카제국의 마지막 황제 투팍 아마루(Túpac Amaru, 재위 1571~1572)가 스페인군의 손에 죽임을 당하며 멸망했다.

남북 아메리카 선주민이
천연두에 속수무책일 수밖에 없었던 숨은 이유

천연두는 원래 낙타나 소의 감염병에서 변이되어 인간에게로 전염되었다고 추정된다. 전문가들은 홍역과 결핵은 소, 인플루엔자는 돼지와 가금류, 백일해는 돼지와 개의 전염병에서 왔다고 본다. 유라시아대륙의 아시아인과 유럽인은 수천 년 전부터 이들 가축과 접촉하면서 몇 차례 감염병 대유행을 겪으며 천연두 같은 감염병에 대한 면역력을 어느 정도 획득한 상태였다.

반면 남북 아메리카대륙의 선주민은 그런 동물과 접촉할 기회가 많지 않았다. 그도 그럴 것이 이 대륙에는 아메리카들소 같은 포유동물과 코요테 등의 개과 동물이 서식하고 있었으나 선주민이 그런 동물을 가축으로 길들여 기르지 않았기 때문이다. 잉카제국에서는 라마, 알파카 등을 가축으로 사육했으나 주로 짐을 나르는 목적으로 사용했다. 소젖을 짤 때처럼 사람과 접할 기회가 많지 않았던 것이다. 남북 아메리카대륙 선주민이 동물에게서 온 감염병에 면역력이 거의 없었던 것은 그런 연유에서다.

코르테스가 훑고 지나간 곳에 살던 아스테카 사람들이 천연두에 걸렸다. 온몸에 종기가 생기고 거동이 힘들 정도로 심하게 앓는 사람이 많았다. 군인과 민중이 차례로 쓰러지며 스페인군에 저항다운 저항조차 할 수 없었다.
아스테카제국이 멸망하는 데는 2년도 채 걸리지 않았다.

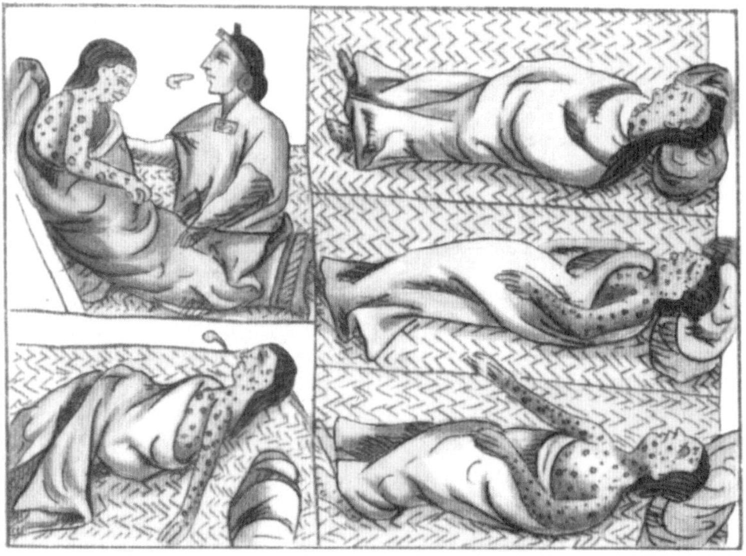

스페인의 뒤를 이어 포르투갈, 프랑스, 영국 등이 남북 아메리카대륙으로 진출해 식민지 경쟁을 벌였다. 유럽인은 선주민을 노예로 삼아 금과 은을 채굴하고 사탕수수와 커피 재배 농장에서 강제 노동에 동원해 착취하며 학대했다. 광산과 대규모 농장에서는 수많은 노동자가 짐승 우리나 다름없는 좁고 열악한 숙소에서 합숙하며 지냈다.

유럽인은 이교도인 남북 아메리카 선주민을 자신들과 같은 인간으로 보지 않았기에 그다지 죄책감 없이 잔인한 행위를 일삼았다. 게다가 그들에게 제공하는 식단도 부실하기 짝이 없어 많은 선주민이 영양실조에 걸렸고, 아파도 약을 주거나 의사의 치료를 받게 해주지 않아 병치레를 달고 살았다.

맨 처음 유럽의 백인이 남미에 들어왔을 때 아스테카제국의 인구는 1,000만~1,500만 명 이상으로 추정되었는데, 17세기까지 그중 90퍼센트 가까이 목숨을 잃었다.

유럽인이 첫 발을 디디며 상륙한 카리브해 섬도 상황은 마찬가지였다. 쿠바섬과 히스파니올라섬 등에서는 선주민이 씨가 말랐다. 강제 노동에 시달리다 사망하거나 감염병에 걸려 목숨을 잃은 주민의 빈자리를 채우기 위해 백인은 아프리카대륙에서 흑인 노예를 데려왔다. 오늘날의 자메이카, 아이티 등 카리브해 일부 국가 주민의 상당수가 아프리카대륙 출신으로 서아프리카의 전통적 민간신앙과 음악, 무용 등을 접목한 독자적 문화를 발전시켰다.

중남미에서 약탈해온 은을 가지고 전 유럽을 상대로 전쟁을 벌이는 스페인

천연두로 인해 남북 아메리카대륙의 선주민이 유럽에서 건너온 무시무시한 '적'에 제대로 저항다운 저항도 못 해본 채 무너진 아스테카제국과 잉카제국. 이 두 제국을 정복한 스페인은 금과 은 등 온갖 보물을 차지하고 배에 실어 본국으로 보냈다. 좀 더 구체적으로, 1533년부터 이듬해인 1534년까지 1년 동안 스페인은 3톤의 황금을 본국으로 실어 보냈는데, 2020년 화폐 가치로 환산하면 2,000억 원도 넘는 엄청난 액수의 가치였다.

오늘날 볼리비아 남서부에 속하는 포토시에서 대규모 은 광맥이 발견되었다. 1545년의 일이다. 그에 따라 부나방처럼 일확천금을 노리고 흘러들어온 스페인인과 광산 노동자로 인구가 급증하며 스페인인의 도시가 세워졌다. 초기 포토시 은광에서는 채굴도 정제도 모두 선주민이 수작업으로 해냈다. 그러다 1572년 아말감법이 도입되어 은 생산 효율이 획기적으로 개선되었다. 아말감법은 채굴된 광석에 수은을 섞어 은과 수은 합금(아말감)을 만든 다음 수은을 증발시켜 순도 높은 은만 추출하는 방법이다. 이 과정에서 치명적인 증기가 발생해 아무런 보호 장비도 없이 맨손 맨발로 일하던 많은 주민이 수은 중독으로 목숨을 잃기도 했다.

스페인은 대규모 노동자를 강제로 동원해 18세기까지 120만

톤의 은을 생산했다. 이때 스페인인은 선주민 성인 남성을 7년 단위로 1년 동안 동원하는 잉카제국의 강제노동 부역제도인 '미타(Mita) 제도'를 활용했다.

스페인은 포토시 이외에도 오늘날의 멕시코 사카테카스, 과나후아토 등지에서도 은광을 개발했다. 중남미에서는 은광 개발로 커다란 부를 얻은 식민지 이주자들이 네덜란드와 영국에서 생산된 모직물 같은 유럽의 상품을 부지런히 사들였기에 대서양을 오가는 무역로가 발달하게 되었다.

중남미에서 채굴한 대량의 은이 스페인으로 흘러 들어갔다. 그러나 당시 스페인 국왕 카를로스 1세(Carlos I de España, 재위 1516~1556)는 가톨릭 국가를 규합한 신성로마제국 황제 카를 5세로 유럽 각지의 프로테스탄트 세력과 종교전쟁을 벌이느라 그 어마어마한 양의 은을 모두 탕진했다. 또 네덜란드, 영국, 프랑스 등 신대륙으로 진출한 국가들과 잦은 충돌이 빚어졌다.

1588년 칼레해전에서 스페인의 무적함대는 영국과 네덜란드 연합군을 상대로 싸운 전투에서 대패했다. 함대를 잃은 스페인 왕은 대서양 무역 주도권을 상실했다. 스페인의 지배층은 전쟁과 사치스러운 생활에 빠져 국내 산업을 육성하는 일에 투자하지 않았다. 그래서 중남미에서 약탈한 부의 대부분이 농산물과 공업제품 구매비, 전쟁 배상금 명목으로 다른 나라로 빠져나가 부의 유출이 심했다.

1700년, 청나라의 GDP가 전 세계 GDP의 22퍼센트였다는데…… 그렇다면 영국과 프랑스는?

17세기에 들어서며 급속히 유통망을 확장한 은은 대부분 청나라로 유입되었다. 청은 전 세계에서 생산된 은을 블랙홀처럼 빨아들였다. 당시 유럽의 왕족과 귀족, 상업 발달로 자산을 불린 시민계급 사이에 청에서 생산된 차와 향료, 견직물, 도자기 등 진귀한 물건의 수요가 폭증했기 때문이다. '메이드 인 차이나' 상품은 유럽에 들여오기 무섭게 날개 돋친 듯 팔려나갔다. 영국 경제학자 앵거스 매디슨(Angus Maddison)의 연구에 따르면, 1700년에 영국은 전 세계 GDP의 3퍼센트, 프랑스는 6퍼센트, 오스만제국은 8퍼센트 정도를 차지했다. 이에 비해 청나라는 전 세계 GDP의 무려 22퍼센트를 차지하는 압도적인 수치를 보였다. 그럼에도 청은 외국 문화 유입으로 사회가 혼란스러워지는 것을 방지하기 위해 무역을 제한했고 해외 진출에 소극적이었기에 상업 자본주의 발달이 지지부진했다.

중세부터 유럽 지중해 상인들 사이에 장거리 무역의 위험을 분산시키고 이익을 공유하는 차원에서 항해할 때마다 공동 출자하는 관행이 있었다. 네덜란드는 국책으로 중소 규모 무역 상점을 통합한 동인도회사를 설립했다. 1602년의 일이다. 네덜란드 동인도회사는 출자자의 주식 매매가 자유로웠고, 1회 항해로 해산하지 않고 지속해서 활동한 세계 최초의 주식회사였다.

은 유통이 확대되고 유럽과 남북 아메리카대륙, 아시아를 연결하는 원거리 상업 거래가 증가함에 따라 서유럽에서는 주식회사 설립이 활발히 이루어지며 투기 열풍이 불었다. 17세기의 상황이다. 당시 엄청난 번영을 누린 네덜란드에서는 오스만제국에서 들여와 상류계급에게 큰 사랑을 받기 시작한 튤립 투기 과열 풍조가 발생해 튤립 가격이 천정부지로 치솟았다. 결국 1637년 튤립 가격이 대폭락하며 경제 공황으로 이어졌다.

잉글랜드와 스코틀랜드가 병합해 성립된 그레이트브리튼 왕국에서는 18세기 스페인령 아메리카와 무역 독점권을 지닌 남해회사(The South Sea Company)의 주가가 폭등했다. 그리고 그 반동으로 1720년 주가가 대폭락해 남해회사 주식이 휴지조각으로 변하는 '남해 거품 사건'이 발생했다. 튤립 파동과 남해 거품 사건은 초기 거품경제의 대표적 사례로 기록되었다.

이렇게 자본주의의 밑그림을 완성한 유럽 각국의 지배층이 차례차례 천연두로 목숨을 잃었다. 17~18세기에는 북아메리카 식민지 건설에 열을 올리던 잉글랜드의 메리 2세(Mary II, 재위 1689~1694) 여왕, 중남미 대부분을 지배하던 스페인의 루이스 1세(Luis I de España, 재위 1724), 카리브해와 캐나다 일부 영토를 차지한 프랑스의 루이 15세(Louis XV, 재위 1715~1774) 등이 천연두로 세상을 떠났다. 남북 아메리카대륙의 부를 약탈하고 호사스러운 생활을 누리던 유럽 왕족도 감염병의 위협에서 벗어날 수 없었던 것이다.

당시 천연두 대책은 다른 감염병과 마찬가지로 환자를 격리하거나 환자가 발생한 지역을 봉쇄하는 게 다였다. 치료도 원시적인 수준에 머물렀다. 환자의 몸에서 오염된 피를 뽑아내는 사혈요법과 매일 12병의 맥주를 마셔서 신진대사를 자극하는 황당한 치료법이 난무했다. 또 환자를 아주 뜨겁거나 차가운 방에 격리하기도 했다. 중세부터 전해 내려온 전통적 치료법도 사라지지 않았다. 빨간색이 천연두를 물리친다고 믿은 유럽인은 천연두 환자를 빨간색 옷가지나 침구로 감싸거나 침대 머리맡에 빨간색 공을 두기도 했다. 실제로 천연두에 걸린 영국의 왕세자를 치료하기 위해 침실을 온통 빨간색으로 꾸미고 빨간색 물건으로 채웠다는 기록도 있다.

'바이러스를 이용한 생물 병기'의 선두 주자, 제프리 애머스트

16세기 이후 중남미 영토는 대부분 스페인령 혹은 포르투갈령이 되었다. 반면 북아메리카는 영국과 프랑스가 사이좋게 나누어 먹으며 본격적으로 식민지 개발을 추진했다. 18세기 중엽

북아메리카 동부에 훗날 미국이 독립할 때 최초의 13개주에 해당하는 지역이 영국령이 되었다. 반면 내륙의 미시시피강 유역에서 오대호 주변, 오늘날의 캐나다 동부에 해당하는 광범위한 지역은 프랑스령이었다.

북아메리카 세력 확대에 몰두하던 영국과 프랑스가 이 지역의 패권을 놓고 정면충돌했다. 1754년의 일이다. 그 연장선에서 현지 선주민(아메리칸 인디언) 부족까지 휘말린 프렌치—인디언 전쟁(French and Indian War)이 발발했다. 오늘날의 캐나다와 미국에 걸쳐 있는 온타리오 호수 남쪽 지역에 살던 이로쿼이 연맹은 영국 편을 들었고, 이와 가까운 지역에 사는 모호크족, 미쿠마쿠족 등은 프랑스에 힘을 실어주었다.

전투는 1763년까지 이어졌다. 비슷한 시기에 유럽에서는 7년 전쟁(1756~1763년)이 일어나 프로이센 측에 가담한 영국과 오스트리아 편을 든 프랑스가 각각 해외 식민지에서 얻어온 병력과 물자를 대대적으로 투입했다. 프렌치—인디언 전쟁은 영국의 승리로 끝났고, 프랑스는 북아메리카 식민지 대부분을 영국에 빼앗겼다. 이후 영국은 인도에서 확실한 우선권을 확보해 영국의 세계 패권이 확립되었다.

프랑스는 당시 지출한 전쟁 비용과 1780년대에 발생한 국내 기아 문제로 재정 압박이 심해져 증세를 진행해야 했다. 한데 이 증세가 결정적으로 민심이 정권에 등을 돌리게 하면서 프랑스혁

명에 불을 붙이는 도화선 역할을 했다.

영국과 프랑스의 운명을 가른 프렌치—인디언 전쟁에서도 천연두는 톡톡히 제몫을 했다. 전쟁 중 선주민 여러 부족 사이에 천연두가 창궐해 영국의 세력 확대에 영향을 미쳤다. 영국과 프랑스가 전투를 끝낸 뒤에도 오타와 일대 선주민은 추장 폰티액을 중심으로 똘똘 뭉쳐 침략자 영국군에 저항했다. 이 폰티액 전쟁에서 영국군 지휘관이던 제프리 애머스트(Jeffery Amherst)는 의도적으로 선주민에게 천연두 바이러스로 오염된 담요와 손수건을 나눠주었다고 전해진다. 애머스트는 시대를 앞서간, '바이러스를 이용한 생물 병기'의 선두 주자였다고 할 수 있다.

식민지를 향한 영국의 탐욕이 오세아니아대륙과 태평양의 섬도 '천연두 지옥'으로 만들다

유럽인이 들여온 천연두가 막대한 피해를 초래한 지역은 남북 아메리카대륙만이 아니었다. 오늘날의 통가와 키리바시 등에 해당하는 태평양 위에 점점이 흩어진 폴리네시아 섬과 오세아니아대륙에도 큰 피해를 입혔다. 남반구에 자리 잡은 오세아니아대륙은 수만 년 동안 다른 대륙과 교류가 거의 없었고 야생동물의 가축화도 진행되지 않았다. 그러므로 이 대륙의 원주민

(aborigine)은 유럽과 아시아에서 볼 수 있는 각종 전염병에 대한 면역력이 거의 없었다.

그런데 서구 유럽의 배가 포경과 무역 과정에서 폴리네시아 섬에 잠시 머무르는 동안 선원을 따라 들어온 감염병이 퍼져 나가면서 선주민이 거의 전멸하는 수준으로 인구가 급감했다.

오세아니아대륙의 영유권을 맨 처음 선언한 이는 영국 해군 대령 제임스 쿡(James Cook)이다. 1770년의 일로, 그는 1640년대에 네덜란드 탐험가 아벨 얀손 타스만(Abel Janszoon Tasman)이 상륙한 후 본격적인 조사를 벌여 영국 국기를 꽂고 영유권을 주장했다. 이후 1776년에 북아메리카 대륙에서 미국이 독립하고 나자 영국은 대신 오세아니아 대륙 식민지 개척을 추진했다.

백인 이주자들이 오세아니아대륙 개척을 시작한 이후 선주민 사이에 세 차례 천연두가 대유행했다. 1789년, 1829년, 1861년의 일이다. 18세기말 기준으로 오세아니아대륙 각지에 흩어져 살던 본토 선주민 인구는 30만~100만 명으로 추정되는데, 초기 개척이 진행된 남부에서는 백인의 토지 수탈과 의도적 학살 외에도 각종 감염병이 창궐하며 선주민의 절반 정도가 사라졌다.

19세기에 접어들어 백인들은 오스트레일리아에 대규모 도시 건설을 추진했다. 양모 수출, 석탄 채굴, 그리고 훗날 금광 발견 덕분에 오스트레일리아는 '대영제국'의 태평양 군사와 경제 거점으로 자리매김했기 때문이다.

백인 이주자들이 오세아니아대륙 개척을 시작한 이후
선주민 사이에 세 차례 천연두가 대유행했다.
초기 개척이 진행된 남부에서는 백인의 토지 수탈과
의도적 학살 외에도 천연두를 비롯한 각종 감염병이 창궐하며
선주민의 절반 정도가 사라졌다.

오세아니아대륙의 영유권을 맨 처음 선언한 영국 해군 대령 제임스 쿡

이렇게 아시아·태평양 지역에서도 세력권을 크게 확장한 영국은 국내에서 차 소비량이 급증함께 따라 차를 수입하는 대청 무역의 적자 규모가 눈덩이처럼 불어났다. 영국은 인도에서 생산한 마약인 아편을 청에 내다 팔아 무역 수지 적자를 개선하는 야비한 수법을 동원해 무역 적자를 메우려고 안간힘을 썼다. 청이 이에 강력히 반발하면서 갈등이 불거졌고, 1840년 마침내 아편전쟁이 발발했으며 영국군의 압승으로 끝났다. 아편전쟁 이후 청은 그때까지 쌓아둔 은을 영국을 비롯한 서구열강에게 야금야금 빼앗기며 과거의 영광도 모두 잃어버렸다.

우두를 접종해 천연두 감염을 예방하는 '종두법'을 개발한 영국 의사 에드워드 제너

오세아니아대륙 식민지화에 한창 물이 오를 무렵 영국에서 획기적인 천연두 대응책이 나왔다. 사람이 걸리는 천연두와 계통이 같은 바이러스로 발생하는 감염병 중 소가 걸리는 '우두'가 있다. 우두는 사람에게도 전염되지만 손에 작은 종기가 생기는 정도로 가볍게 앓고 지나간다. 영국 남부 글로스터셔에서는 옛날부터 "우유 짜는 아낙네 중 얼굴이 얽은 여자는 없다"라는 말이 전해질 정도로 우두와 천연두의 상관관계를 경험적으로 터득하고 있었다. 결국 영국 의사 에드워드 제너(Edward Jenner)가 우두를 앓은 적 있는 낙농 관계자는 천연두에 걸리지 않는다는 사실을 알게 되었다.

제너는 장장 18년 동안 연구에 연구를 거듭한 끝에 '우두로 천연두 면역을 유도할 수 있다'는 확신을 가지고 우두에 감염된 여성의 팔에 생긴 물집에서 고름을 짜내 여덟 살 사내아이에게 접종했다. 1796년의 일이다. 소년은 미열 증상을 보였으나 금세 회복했다. 6주 정도 지나 제너는 아이에게 천연두 고름을 접종했지만 발병하지 않았다.

이 실험으로 제너는 면역이론을 확립했다. 우두를 접종해 천연두 감염을 예방하는 '종두법'이 탄생한 것이다. 제너는 이 치료법을 라틴어로 '암소'를 뜻하는 vacca에서 따와 vaccination이라고 이름 붙였다. 오늘날 천연두뿐 아니라 수많은 감염병 치료에 사용하는 '백신'이라는 용어가 이렇게 세상에 나왔다.

사실 '면역' 개념은 제너가 단독으로 발견한 게 아니라 오랜 세월 축적된 지식과 눈에 보이지 않는 자산이 있었기에 완성될 수 있었다. 천연두에 한 번이라도 걸렸다가 회복한 사람은 다시는 걸리지 않는다는 사실이 고대부터 이미 알려져 있었다.

17세기 오스만제국에서는 경증 천연두 환자의 물집에서 채취한 고름과 혈액을 건강한 사람에게 접종하는 '인두 접종법'이 시행되었다. 접종을 받은 사람은 증상이 나타나도 자연적으로 감염

'면역' 개념은 에드워드 제너가 단독으로 발견한 게 아니다. 오랜 세월 축적된 지식과 눈에 보이지 않는 자산이 있었기에 완성될 수 있었다. 천연두에 한 번이라도 걸렸다가 회복한 사람은 다시는 걸리지 않는다는 사실이 고대부터 이미 알려져 있었다.

영국 의사 에드워드 제너는 우두를 접종해 천연두 면역을 유도할 수 있음을 증명했다.

되었을 때보다 가볍게 앓고 지나가는 경우가 많았고 얽은 자국도 남지 않았다. 다만 피접종자의 2~3퍼센트가 사망해 완벽하게 안전한 치료법은 아니었다.

중국에서도 18세기 청나라 시대에 편찬된 의학서 『의종금감(醫宗金鑑)』, 『두진정론(痘疹定論)』 등에 인두 접종법에 관한 기술이 있다. 인두 접종법이 시작된 시기는 확실히 밝혀지지 않았으나 늦어도 17세기 명나라 시대에 이미 인두 접종법이 시행된 것으로 추정된다.

1710년대 오스만제국에 부임한 영국 대사의 아내 메리 워틀리 몬터규(Mary Wortley Montagu)는 인두 접종법을 영국에 들여와 보급했다. 그는 오스만 황제 후궁에게 인두 접종으로 감염을 피한 여성이 많다는 얘기를 전해 듣고 용기를 내어 실행에 옮긴 것이었다. 몬터규 부인은 우선 자신의 두 자녀에게 인두 접종을 받게 해 면역력을 얻는 데 성공했다. 이후 런던 뉴게이트 감옥(Newgate Prison)에서 죄수 여섯 명에게 인두 접종법을 실험해 여섯 명 모두 면역이 생겼다. 실험에 성공한 후 죄수들은 위대한 실험에 참여한 대가로 전원 석방되었다. 1721년의 일이다.

18세기 후반에 이르러서는 유럽 각지에 인두 접종법 기술이 알려졌다. 그러나 천연두에 대한 공포와 거부감이 워낙 뿌리 깊게 자리하고 있어 널리 보급되지는 못했다. 그럼에도 의학자들 사이에서는 면역 개념이 널리 퍼지고 깊이 인식되는 계기가 마련되었다. 제너는 이런 시대를 배경으로 우두로 면역력을 획득할 수 있다는 가설을 세우고 검증하는 일에 팔을 걷어붙이고 나섰다.

제너가 검증한 종두법 효과는 차츰 확실히 인정받아 19세기 초 무렵 유럽 각국으로 퍼져 나갔다. 스페인 국왕 카를로스 4세(Carlos IV de España, 재위 1788~1808)는 자신의 아이들에게 접종해 그 탁월한 효과를 직접 목격하고 감탄해마지 않았다. 그래서 1803년에 의사 프란시스코 하비에르 데 발미스(Francisco Javier de Balmis)를 중남미 식민지로 파견해 많은 주민이 접종받게 했다. 종두법으로 천연두 면역이 생겼다는 소식이 입소문을 타고 퍼지면서 유럽 각국은 국민을 대상으로 대대적인 종두 접종을 추진했다.

효과적인 국제협력으로 인류 역사상 최초로 사실상 완벽하게 퇴치한 감염병, 천연두

20세기에 들어서면서 서구 유럽의 여러 나라에서는 종두법의 보급으로 천연두 감염이 빠르게 줄어들었다. 그러나 동남아시아와 아프리카대륙, 남아메리카 등의 33개국에서는 여전히 천연두가 창궐해 환자 수 2,000만 명, 사망자 수 400만 명에 달했다. 그들 나라가 제2차 세계대전 이후에도 근대적 의료 혜택을 충분히 누리지 못한 탓이 컸다.

전후에 발족한 세계보건기구는 1958년 총회에서 '세계 천연두 근절 계획'을 가결했다. 총 1억 달러 규모의 막대한 자금이 투입되어 백신 증산과 관리가 추진되었으며, 대상 국가마다 종두를 접종했다. 접종률 향상뿐 아니라 지속적 감염 감시와 분석에 힘써 적극적으로 '환자를 찾아내어 환자 주변에 종두를 접종하는 방식'을 채택했다.

이러한 노력으로 1977년 아프리카 동부 소말리아에서 발생한 환자를 마지막으로 세계 어디에서도 천연두 환자를 찾아볼 수 없게 되었다. 그로부터 2년여 감시 기간을 거친 후 1980년 5월에 세계보건기구는 천연두의 '세계 퇴치 선언'을 발표했다. 천연두는 인류 역사상 최초로 사실상 완전히 퇴치한 감염병이 되었다.

그 후 각국이 보유한 천연두 백신은 대부분 폐기되었는데, 미국과 소련은 생물 병기 대책을 위해 계속 보관했다. 그런데 그중 일부가 1990년대 소련 붕괴 후 혼란을 틈타 해외로 반출되었다고 알려졌다.

오늘날에도 종두 접종으로 10만~50만 명 중 한 명 비율로 접종 후 폐렴이 발병할 위험성이 있다. 또 소수지만 섭씨 37도 이상의 발열, 발작, 전신 발진과 수포 등의 부작용이 나타날 수 있다. 이러한 부작용을 의식해 의학계 일부에서는 종두를 비롯한 각종 백신 접종에 강하게 반발하는 목소리도 있으나 현재 시점에서는 백신 이상으로 효과적인 감염병 대책은 없다.

개, 라쿤 등 여러 동물이 매개체인 '광견병'의 무시무시한 증상과 치사율

갖가지 감염병 중에서도 발병 후 사망률이 거의 100퍼센트로, 아직 이렇다 할 치료법이 없는 광견병(狂犬病)은 가장 무서운 감염병의 하나로 꼽힌다.

광견병이라는 병명은 개에게 물려 마치 미친 개처럼 날뛰는 증상을 보인다고 해서 붙여진 이름이다. 그런데 광견병 바이러스는 개뿐 아니라 고양이와 돼지, 여우, 라쿤, 몽구스 등 각종 포유류를 숙주로 삼는다. 개 이외의 가축이나 야생동물과 접촉했다가 물리는 사고를 당해서 감염되는 사례도 적지 않다.

광견병에 걸린 동물은 바이러스가 뇌와 척수 중추신경을 침범해 극도로 흥분해 날뛰거나 몸이 마비되어 움직임이 둔해진다. 인간이 광견병에 걸리면 개 등 동물과 마찬가지로 미친 듯 흥분하거나 신체 마비, 고열, 혼수상태, 정신착란 등의 증상을 보이다가 사흘에서 닷새 정도 지나면 사망한다. 발병 후 목 근육이 마비되어 물조차 삼키기 어려워지고 물을 극단적으로 두려워하는 환자의 사례가 다수 보고되어 '공수병(恐水病)'이라는 이름으로 불리기도 했다.

인류는 2만~4만 년 전 개를 가축으로 길들였는데, 개를 비롯한 각종 가축과 야생동물이 매개체인 광견병은 고대부터 불치병으로 두려움의 대상이 되어왔다. 다만 광견병 바이러스는 잠복 기간이 20~90일로 꽤 긴 것이 특징이다. 광견병 바이러스를 가진 동물에게 물려도 물린 직후부터 주기적으로 백신을 접종하면 발병 방지에 도움이 될 수 있다.

정기적으로 광견병 예방 접종을 실시하는 등 노력을 기울이고 있지만, 영국, 스웨덴, 오스트레일리아 등 일부 국가를 제외하고는 광견병이 근절되지 않았다. 세계보건기구에 따르면 여전히 전 세계에서 매년 5만 명 이상이 광견병으로 목숨을 잃는다고 한다.

08

感染病

파나마 운하 개통 사업을 끈질기게 방해했으나

결국 빛나게 해준

황열병

yellow fever

고대부터 전해온 기록에서는 거의 찾아볼 수 없고 근대 이후에
퍼진 감염병도 여럿 있다. 황열병(黃熱病)이 대표적 사례인데,
이 병은 백인이 남북아메리카대륙 개척에 나선 이후 본격적으로
세력을 확장하기 시작한 감염병이다.
19세기에 세워진 신흥국 미합중국은 황열병과 징글징글하게
질긴 인연을 가진 나라다. 광활한 영토를 확보하고 인접한 중미 지역에
우선권을 주어 안전한 무역로를 확보한 채 순조롭게 출발한
미국이라는 새내기 나라는 그 시작점부터 황열병과 동고동락해왔다.

황열병 연구사에 뚜렷이 이름을 남긴 인물, 노구치 히데요

2006년 일본 정부는 오늘날 가나 공화국에서 황열병 연구 중 병사한 노구치 히데요(野口英世)의 업적을 기념해 '노구치 히데요 아프리카상'을 제정했다. 이 상은 아프리카 등의 감염병 대책과 의학 연구에 큰 업적을 남긴 인물의 공을 기리는 상이다.

사실 황열병은 온대지방 사람들에게는 그다지 익숙하지 않은 질병이다. 그러나 노구치 히데요의 일생을 아는 사람이라면 그가 황열병 연구에 평생을 바쳤다가 뜻을 이루지 못하고 눈을 감았다는 이야기를 한 번쯤 들어보았을 것이다.

기타자토 시바사부로가 소장으로 취임한 일본 전염병 연구소에서 세균학을 공부한 노구치 히데요는 요코하마항 검역소에서 공중보건의 보조로 근무한 뒤 미국으로 건너갔다. 1900년의 일이다. 미국에서 그는 '석유왕'이라는 별명으로 널리 알려진 억만

장자 실업가 록펠러(John D. Rockefeller)가 창설한 록펠러 의학연구소(Rockefeller Institute for Medical Research, 현재 Rockefeller University)에서 매독 병원체(Spirochaeta) 연구에 매진해 나름의 성과를 냈다.

그 후 록펠러 의학연구소를 비롯해 미국 의학계에 투신하다가 중남미에서 맹위를 떨치는 열대성 감염병인 황열병과 말라리아로 눈을 돌렸다. 당시 많은 미국 기업이 중남미의 대규모 농장과 광산에 출자해 현지 노동자의 건강 유지가 미국의 국익으로 곧장 연결된다고 해서 열대성 감염병에 활발한 투자와 연구 지원이 이루어지고 있었다.

1918년, 노구치 히데요는 남미 에콰도르로 건너가 현지 조사와 연구에 착수했다. 이후 그는 나선상균인 렙토스피라(Leptospira)가 황열병의 원인이라고 발표하고 백신을 개발해 효과를 증명했다. 그런데 묘하게도 노구치 히데요가 개발한 백신이 미국의 황열병 환자에게는 전혀 효과가 없었다. 그래서 서구 의학계에서는 노구치 히데요의 연구 성과에 다분히 회의적이었다. 노구치 히데요는 아프리카 서부의 영국령이던 가나로 건너가 연구를 계속하다가 황열병에 걸려 세상을 떠났다. 1928년의 일이다.

노구치 히데요가 에콰도르에서 발견한 렙토스피라는 황열병과 비슷한 증상을 일으키는 바이러스(렙토스피라증) 병원체로 추정된다. 노구치 히데요 생전부터 남아공화국 출신 의학자 막스 타일러(Max Theiler)는 황열병의 원인이 세균이 아닌 바이러스라고

2006년 일본 정부는 아프리카에서 황열병 연구에 매진하다 병사한 노구치 히데요의 업적을 기념해 '노구치 히데요 아프리카상'을 제정했다. 이 상은 아프리카 등의 감염병 대책과 의학 연구에 큰 업적을 남긴 인물의 공을 기리는 상이다.

일본 1,000엔 지폐에 새겨진 세균학자 노구치 히데요

주장했다. 질병의 원인 규명이 늦어진 데는 바이러스의 크기가 너무 작은 탓도 있었다. 바이러스는 당시 광학 현미경으로는 관찰할 수 없을 정도로 크기가 작았다.

노구치 히데요의 연구는 비록 미완으로 끝났지만, 노구치 히데요가 황열병 연구에 바친 노력에는 대기업이 막대한 연구비와 자원을 투입해 의료 수준 발전을 주도한 것, 선진국이 개발도상국을 지원해 위생 상태를 획기적으로 개선한 것, 세균에서 바이러스로 주목의 대상이 달라진 것 같은 시대 변화의 움직임이 함께했다.

감염 지구의 상징이 된 '노란 깃발'

황열병은 라틴어로는 '노란색'을 의미하는 flavus, 영어로는 yellow fever로 표기한다. 왜 이런 이름이 붙었을까? 황열병에 걸리면 담즙에 포함된 색소 때문에 피부가 누렇게 뜨는 황달 증상이 나타나기 때문이다. 또 '옐로 재킷(Yellow Jacket)'이라고도 불렸는데 환자가 누런 옷을 입은 것처럼 보인다는 이유에서였다. 그런 맥락에서 예전에는 격리 지구에 '옐로 잭(yellow jack)'이라는 노란 깃발을 세우기도 했다.

황열바이러스는 지카바이러스 감염증과 뎅기열, 일본뇌염 등의 바이러스와 친척 관계로 플라비바이러스과(Flaviviridae)에 속하는데 사람뿐 아니라 야생원숭이가 감염된 사례도 있다.

인체 감염은 어떻게 발생할까? 인체 감염은 황열바이러스를 보유한 모기에 물려 모기의 체액이 인체로 주입되어 발생한다. 황열병은 기본적으로 사람에게서 사람에게로 전염되지 않는다. 다만 황열병 감염의 구체적인 원리는 아직 해명되지 않았다. 참고로, 19세기의 어떤 모험심 강한 의사가 황열병 환자의 토사물을 마시는 엽기적이고 비위 상하는 실험에 도전했다. 그 의사는 어떻게 됐을까? 다행스럽게도 그는 황열병에 걸리지 않았다.

이렇듯 설령 황열바이러스에 감염되어도 발병하지 않고 경증으로 이어져 치료가 가능한 사례도 적지 않다. 황열병 매개체인 모기는 각다귀속으로 분류되는 이집트숲모기다. 기온 27~30도, 습도 70~90퍼센트인 열대성 기후에 적응한 모기로, 동남아시아와 중남미 등 세계 각지 열대지방에 주로 서식한다.

감염 후 잠복기는 사흘에서 엿새 정도인데, 발병 후 바이러스가 주로 간과 신장에 침투해 발열과 두통, 근육통, 구토, 토혈 등의 증상을 일으킨다. 중증으로 발전하면 위산으로 위 내용물이 검어지며 피가 섞인 검은 토사물을 토해내 '흑토병(黑吐病)'으로 부르기도 했다. 증상이 진행되면 심부전과 간성 혼수 등의 증상을 일으키는데 발병자의 15퍼센트가 중증화한다. 또한 중증 환자의 20~50퍼센트가 발병 후 닷새에서 열흘 사이에 사망한다.

한 번 걸렸다가 살아남은 사람은 면역력을 획득하며 어지간해서는 다시 걸리지 않는다.

1793년, 당시 미국의 수도 필라델피아를 초토화시키고 정부 기능마저 마비시킨 황열병

황열병은 아메리카대륙의 풍토병으로 추정된다. 다만 신항로 개척시대까지 서구 유럽에 알려지지 않아 16세기 이전의 기록은 거의 없다.

기록상으로 사상 최초 유행은 카리브해 바베이도스섬에서 발생했다. 1647년의 일이다. 이듬해인 1648년에는 오늘날의 쿠바와 멕시코에서도 유행했다. 이 초기 유행으로 한때 황열병이 카리브해의 풍토병이라는 주장이 나오기도 했다. 그러다가 훗날 아프리카대륙에서도 발병 사례가 확인되면서, 흑인 노예들이 남북아메리카대륙으로 들여와 대서양 무역이 활발해짐에 따라 감염 고리가 자연스럽게 확대된 것으로 보고 있다.

아프리카대륙에서 끌려온 흑인은 황열병에 면역력이 있어서 운 나쁘게 걸려도 경증에 그치는 경우가 많았다. 그러나 백인과 남북아메리카 선주민은 면역력이 없었기에 중증 환자가 속출했으며 그중 일부는 목숨을 잃기도 했다.

이윽고 유럽 국가로 세력을 확장한 황열병은 스페인에서도 유행했다. 1730년의 일이다. 1741년에는 남미 콜롬비아에서 스페인군과 교전한 영국군에게도 다수의 감염자가 발생했다.

1793년, 당시 미국의 수도였던 필라델피아에서 황열병이 대유행했다. 1776년 미국의 독립 선언 후 얼마 지나지 않은 시점이었다. 4개월 정도 만에 40만 명이던 필라델피아 시민의 10퍼센트 이상이 황열병으로 사망했고 전체 인구의 3분의 1이 다른 지역으로 피난을 떠나면서 정부 기능이 일부 마비되었다.

당시에는 모기가 바이러스를 옮긴다는 사실을 알지 못했다. 그런 터라 부패한 커피와 음식물 쓰레기에서 발생하는 나쁜 공기가 병의 원인이라는 설이 돌면서 항구에서는 서인도제도에서 들여온 대량의 멀쩡한 상품이 폐기되기도 했다. 1793년의 대유행은 큰비가 내린 후 모기가 대량 발생한 것이 직접적 원인이라는 설이 오늘날 학계에서 거의 정설로 받아들여지고 있다.

19세기 미국에서 '황열병 감염 경험'이 취업과 주택 마련, 결혼 등에서 오히려 특혜의 조건이 된 까닭은?

프랑스는 지금도 카리브해의 마르티니크, 과들루프 등을 해외 영토로 영유하고 있다. 또 19세기 초까지 현재 미국 중부 루이지애나, 히스파니올라섬 아이티 등도 프랑스의 해외 영토였다.

흑인 노예가 주민의 대다수를 차지하는 아이티에서는 1789년 프랑스 혁명에 자극 받아 1791년부터 노예의 자유와 권리 보장을 요구하기 시작했다. 이후 흑인 지도자 투생 루베르튀르(Toussaint Louverture)를 중심으로 대규모 독립운동인 '아이티 혁명'으로 발전하자 1801년 프랑스 황제 나폴레옹 1세는 매제인 샤를 르클레르(Charles Leclerc) 장군을 지휘관으로 앉혀 진압 부대를 파견했다.

그런데 진압 부대 장병은 현지에 도착하기 무섭게 황열병에 걸려 쓰러졌고 지휘관 르클레르도 황열병으로 목숨을 잃었다. 아이티 흑인 노예들은 저항을 멈추지 않았고 마침내 프랑스의 압제에서 벗어나 독립을 쟁취했다. 1804년의 일이다.

그동안 프랑스는 유럽에서 영국과 전쟁을 치르느라 천문학적인 액수의 경비를 탕진하는 바람에 북미 대륙의 식민지를 유지할 여력이 없다고 판단했다. 이에 나폴레옹은 자국 소유이던 루이지애나를 미국에 매각했다. 이로써 프랑스가 남북 아메리카대륙에서 식민지 경영을 축소하고 미국이 중서부로 영토를 크게 확장했는데, 여기에 황열병 창궐이라는 숨은 요인이 있었던 것이다.

프랑스령 루이지애나는 13개 주에 걸쳐 있었다. 이 광활한 지역을 획득한 미국은 대대적인 개척 사업을 추진해 대규모 농장을 건설했다. 이 지역에서 흑인 노예를 동원해 재배한 목화는 남부의 주요 수출 산업으로 자리매김했다. 그러나 차츰 각지에 조용히 똬리를 틀고 있던 황열병이 스멀스멀 고개를 들기 시작했다.

특히 미시시피강 하구에 자리 잡은 도시 뉴올리언스에서는 황열병 팬데믹으로 9,000명 가까이 사망했다. 이는 1853년의 일이었는데, 그 이후로도 몇 차례나 유행을 반복했다. 뉴올리언스는 남부에서 생산되는 목화를 출하하는 물류 요충지로서 상대적으로 일자리가 넉넉해 이민이 급증했다.

흥미롭게도 당시 '황열병 감염 경험'은 취업과 주택 마련, 결혼 등 인생의 주요 이벤트를 좌우하는 지역 공동체 '회원권' 같은 역할을 했다. 어떻게 이런 일이 가능했을까? 이미 '한번 황열병에 걸린 사람은 다시 걸리지 않는다(면역력 획득)'라는 사실이 널리 알려져 있었기에 생긴 일이었다. 그런 터라 뉴올리언스로 오는 이민자 중에는 의도적으로 황열병에 걸리려고 환자와 포옹하는 사람이 있을 정도였다. 그러나 이는 다 부질없는 행위였다. 왜냐하면 단순 인체 접촉으로는 황열병에 걸리지 않기 때문이다.

미시시피강에 접한 도시 멤피스도 뉴올리언스와 마찬가지로 남부 물류의 요충지로 발전했다. 한데 이 도시도 황열병 직격탄을 맞았다. 1878년의 일이다. 당시 사망자가 넘쳐나자 도시에서 빠져나가려는 피난민 행렬이 줄을 이어 4만 8,000명이던 인구가 절반 이하로 뚝 떨어졌다. 같은 시기에 중서부와 남부 도시에서 황열병이 유행하며 인구가 급감해 물류망에 차질이 생기면서 경제 활동에 막대한 피해를 초래했다.

쿠바를 둘러싼 미국과 스페인의 이권 다툼

북아메리카에서는 주기적으로 황열병이 유행했고, 카리브해 연안 국가인 쿠바와 바하마, 중미의 멕시코와 과테말라, 남미의 콜롬비아와 에콰도르 등 열대와 아열대에 자리 잡은 중남미 국가에서는 황열병이 아예 풍토병으로 뿌리 내리고 정착했다.

아메리카 대륙의 황열병 유행지

미국이 새롭게 획득한 영토를 흐르는 미시시피강 유역에서 황열병이 유행했다.

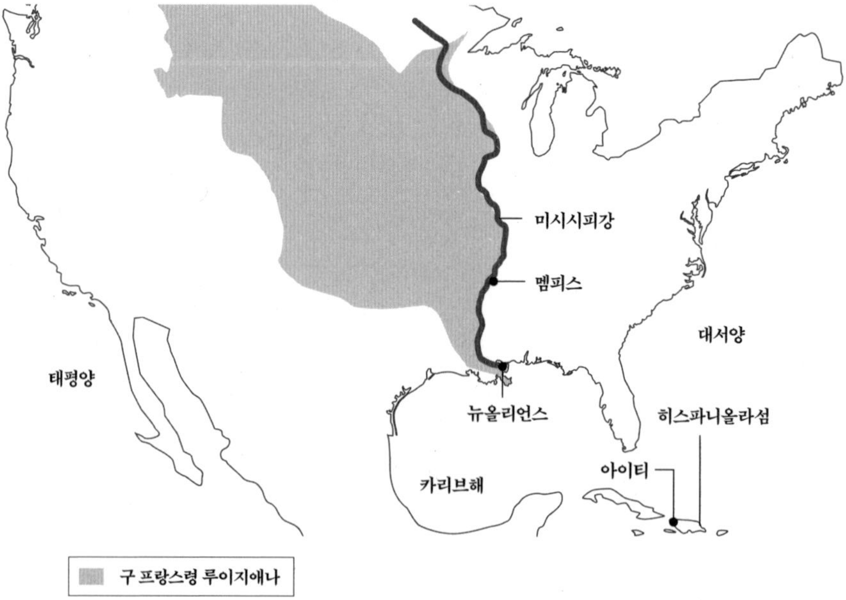

미국에서 상공업이 발전하자 중남미 지역으로 진출하는 기업이 급증했다. 19세기 후반의 상황이다. 중남미로 보내는 의류와 일용품, 농기계 등의 공업제품 수출액은 1870년대에 5,000만 달러 수준이던 것이 1900년대에는 1억 2,000만 달러, 1914년에는 3억 달러를 가뿐히 뛰어넘을 정도로 폭발적으로 증가했다.

또 중남미 지역에서 사탕수수와 커피 등을 생산하는 대규모 플랜테이션과 광산, 철도, 공업 시설 등이 미국 기업에 매각되었다.

미국은 중남미에 진출한 자국 기업을 발판으로 삼아 이 지역을 경제적으로 지배하기 위한 절차를 차근차근 밟아 나갔다. 미국의 중남미 경제 지배를 상징하는 기업이 바로 유나이티드 프루트 컴퍼니(United Fruit Company, 현재 치키타 브랜드 인터내셔널Chiquita Brands International)였다. 이 회사는 보스턴 프루트 컴퍼니와 몇몇 기업이 합병해 1899년에 세워진 것으로, 쿠바와 콜롬비아, 에콰도르 등의 나라에서 중소 농민에게 농지를 헐값에 사들여 대규모 플랜테이션을 경영했다. 동남아시아산 바나나를 들여와 품종 개량해서 대량으로 재배하고 판매하는 일이 주력 사업이었다.

유나이티드 프루트 컴퍼니는 농장 경영과 상품 판매로 만족하지 못하고 관련 분야로 사업을 확장했다. 농산물 가공 공장을 세우고 상품 운반을 위한 철도를 부설하며 폭넓은 분야에서 현지 산업 개발을 주도했다. 농장 인부와 공장 노동자들이 황열병과 말라리아를 비롯한 열대성 감염병으로 쓰러지는 사태는 사업 유지에 치명적인 약점으로 작용했기에 위생 인프라 확충과 병원 경영도 병행해 추진했다.

19세기 말에는 유나이티드 프루트 컴퍼니를 필두로 여러 미국 기업이 쿠바의 대규모 농장과 제당 공장 등에 출자했다.

이런 상황에서 1895년 쿠바는 스페인으로부터 독립을 선언했고, 스페인은 독립을 주장하는 진영을 탄압했다. 쿠바 독립 투쟁 과정을 지켜보던 미국에서는 '신문왕'이라는 별명으로 알려진 실업가 윌리엄 랜돌프 허스트(William Randolph Hearst)가 발행하는《뉴욕 모닝 저널(New York Morning Journal)》등이 앞장서서 총대를 메고 여론몰이에 나섰다. 그들은 스페인을 비판하는 기사를 대대적으로 게재했다. 윌리엄 랜돌프 허스트는 일명 '행동 저널리즘'이라는 개념을 고안해 언론매체가 뉴스를 스스로 생산하고 기사화하는 방법을 완성했다. 그가 행동 저널리즘을 적용해 게재한 기사가 여론을 교묘하게 부추겨서 미국이 스페인을 상대로 전쟁을 벌이는 게 당연하다는 분위기가 팽배해지게 만들었다. 결국, 국민 여론에 떠밀리는 모양새가 된 미국 정부는 스페인에 선전 포고했고, 미국—스페인 전쟁이 발발했다. 1898년의 일이다. 이 전쟁에서 승리를 거둔 미국은 스페인령이던 필리핀과 괌섬을 차지했다. 쿠바는 그토록 원하던 독립을 쟁취했으나 실질적으로는 미국의 지배를 받는 딱한 처지가 되었다.

이 전쟁 중에 쿠바의 수도 아바나에 주둔하던 미군 병사들 사

19세기 말 쿠바가 스페인으로부터 독립을 선언했다.
쿠바의 독립을 지지하던 미국이 스페인에 선전 포고하면서
쿠바 독립 투쟁은 미국—스페인 전쟁으로 발전했다.
이 전쟁에서 미국이 승리함으로써 쿠바는 독립을 쟁취했으나
실질적으로는 미국의 지배를 받는 처지에 놓이고 말았다.

1898년 미국—스페인 전쟁 때 미국에서 조직된 의용 기병대 러프 라이더스(Rough Riders)

이에 황열병이 돌며 병원 침상이 부족할 정도로 한꺼번에 환자가 쏟아져 나왔다. 당시 미군 위생 담당관이던 윌리엄 크로퍼드 고거스(William Crawford Gorgas)는 아바나 시내를 철저하게 청소하도록 지시했지만 사태는 개선되지 않았다. 고거스는 좀처럼 나아질 기미를 보이지 않는 황열병 유행을 진정시키기 위해 자체 조사에 착수했다. 관련 전문가를 수소문하는 과정에서 쿠바 의사 카를로스 핀라이(Carlos Finlay)를 만났고 모기가 황열병의 매개체라는 주장을 듣게 되었다.

황열병의 매개체가 '모기'라는 사실을 밝혀낸 미군 군의관 월터 리드

카를로스 핀라이는 독자적인 연구를 통해 1881년에 모기가 황열병 매개체라는 가설을 내놓았다. 그러나 당시 의학계에서는 부패물에서 발생하는 나쁜 공기가 모든 병의 원인이라는 미아즈마설과 감염 환자와의 직접적 신체 접촉이 원인이라는 주장이 팽팽하게 맞섰다. 그래서 핀라이의 가설은 거의 무시되었다.

그러던 중 황열병도 모기가 매개체라는 가설이 다시 등장했다. 1898년의 일로, 영국 의학자 로널드 로스가 황열병과 마찬가지로 열대성 감염병인 말라리아가 체내에 말라리아원충을 보유한 학질모기에 물려 걸린다는 사실을 입증하며 나온 가설이다.

1900년, 미국 육군 군의관 월터 리드(Walter Reed)가 이끄는 연구팀이 핀라이의 가설을 검증하기 위해 쿠바 현지를 방문했다. 그곳에서 연구팀은 군인과 스페인계 이민 노동자 중 지원자를 모집해 집단 실험을 진행했다. 실험 내용은 단순했다. 황열병 감염자를 문 모기가 있는 방에 실험 참가자가 들어가 모기에 물렸을 때 황열병에 걸리는지를 확인하는 절차로 이루어졌다.

연구팀은 실험 참가자에게 100달러를 지급했고, 발병하면 추가로 100달러를 지급한다는 계약서를 썼다. 참고로 거의 같은 시기 미국 의학연구소에서 근무하던 노구치 히데요의 월급이 150달러였다. 의사로 구성된 연구팀은 자칫 목숨이 위태로워질 수 있다는 점을 사전에 충분히 설명하고 황열병이 발병하면 제대로 된 치료를 받을 수 있게 해주겠다는 것을 계약서에 명시하겠다는 조건도 제시했다.

그때까지 유럽과 미국에서는 의사가 스스로 피험자가 되거나 교도소에 수감 중인 사형수를 대상으로 인체 실험을 하는 방식으로 진행되었다. 그런 시대에 월터 리드 연구팀의 황열병 감염 실험은 기록상으로는 자유의지로 참가한 사람들과 정식 계약을 맺고 실시한 최초의 인체 실험 사례였다.

오늘날의 윤리관으로 보면 물론 문제가 있으나 어쨌든 신약 개발의 필수 과정인 임상 실험의 선구자 격이었다고 할 수 있다.

실험 초기에 똑같이 모기에 물려도 황열병에 걸리는 사람과 걸리지 않는 사람이 있다는 사실을 관찰로 발견했다. 이후 끈질긴 연구 끝에 황열병이라는 감염병에 잠복 기간이 있다는 사실을 알아냈다. 환자의 피를 빤 직후의 모기에게 물리면 황열병에 걸리지 않았지만 발병 사흘 이내인 환자를 문 모기가 다시 열흘이 지난 뒤 건강한 사람을 물면 황열병에 걸렸다.

팀원들도 직접 실험에 참여했는데, 그중 제시 러지어(Jesse Lazear)라는 미국 세균학자는 실험에 자원했다가 황열병에 걸려 사망했다. 그는 사망하기 직전까지 황열병 증상에 관한 상세한 기록을 남겼다. 연구자들의 그야말로 목숨을 건 연구가 성과를 낸 덕분에 모기를 박멸해 황열병을 예방할 수 있는 길이 열렸다.

한편 연구팀은 감염자의 옷가지와 침구를 실험 참가자가 착용했을 때 황열병에 걸리는지 걸리지 않는지를 확인하는 실험도 진행했다. 이 실험을 통해 매개물로는 접촉 감염이 일어나지 않는다는 결론을 얻을 수 있었다.

모기와의 전쟁에서 승리하지 못했다면 파나마 운하 공사 성공도 없었다?!

월터 리드가 이끄는 미국 연구팀의 연구 성과가 곧바로 세상에 널리 알려진 것은 아니었다. 그러다 20세기 초에 이르러 본격적으로 추진된 파나마 운하 개통 사업이 연구의 진가를 확인하는 시험장이 되었다.

1881년, 중미 파나마 지협에서 프랑스 외교관 출신 기술자 페르디낭 마리 드 레셉스(Ferdinand Marie de Lesseps)가 태평양과 대서양을 잇는 운하 개통에 착수했다. 레셉스는 이집트에서 지중해와 홍해를 연결하는 수에즈 운하 개통에 성공한 실적이 있었기에 성공을 자신했다. 그런데 파나마 주변은 험준한 산악지대였던 데다가 황열병과 말라리아가 들끓는 감염병의 소굴이라 작업 인부들이 줄줄이 쓰러지며 공사를 중단할 수밖에 없었다.

중단되었던 파나마 운하 공사는 1903년 미국 정부가 사업권을 이어받아 재개했다. 또 과거 쿠바에 파견되었던 미군 소속 군의관 윌리엄 크로퍼드 고거스가 황열병과 말라리아 대책을 펼치는 최전방에서 지휘봉을 잡고 진두지휘했다. 그러나 고거스와 미군 상층부는 황열병이 나쁜 공기로 인해 발생하고 사람 간 접촉으로 감염된다는 오래된 편견을 버리지 못해 모기 박멸에 소극적이었다. 월터 리드의 연구팀이 모기가 황열병의 매개체라는 사실을 이미 입증했음에도 말이다.

그도 그럴 것이 영국의 로널드 로스가 모기가 말라리아 매개체라는 사실을 입증한 후 로스가 추진한 모기 박멸법은 말라리아 퇴치에 나름대로 효과를 거두었으나 황열병에는 좀처럼 효과를 보지 못하고 있었기 때문이다.

나중에 판명된 사실이지만, 말라리아 매개체인 학질모기는 야행성으로 낮에는 휴식을 취하고 유충이 소규모 늪지에 서식하는 반면 황열병 매개체인 이집트숲모기는 벌건 대낮부터 활동하고 유충이 인가 근처에 있는 하수구나 물웅덩이 등지에 서식하는 생태적인 차이가 있다.

고거스의 염려대로 파나마 운하 건설지 주변에서는 날마다 황열병 환자가 발생했다. 1905년, 새로 부임한 기술 책임자 존 프랭크 스티븐스(John Frank Stevens)는 고거스의 방침을 이해하고 전면적으로 협조했다. 고거스는 모기 서식지가 될 만한 덤불을 모두 찾아내어 소각하고 물웅덩이에 기름을 뿌려 장구벌레 서식을 방지하며 장구벌레 알을 모아 폐기처분하는 등 모기 씨까지 말린다는 각오로 철저하게 박멸했다.

이러한 조치로 작업 인부의 감염 수가 눈에 띄게 줄어들면서 건설 작업이 순조롭게 진행되었다. 그리고 마침내 파나마 운하가 완공되었다. 그때까지 미국 서부 해안 도시 뉴욕에서 동부 해안 도시 샌프란시스코로 향하는 선박은 적도를 넘어 남미대륙과 남극대륙 사이의 드레이크 해협을 지나야 했는데, 파나마 운하의 개통으로 항로가 바뀌어 기존의 항로와 비교하면 총 거리는 8,400킬로미터나 단축되었고 항행에 필요한 일수와 비용 모두 큰 폭으로 줄일 수 있었다.

파나마 운하 개통

파나마 운하의 개통으로 대서양에서 태평양으로 가는 항로가 크게 단축되었다.

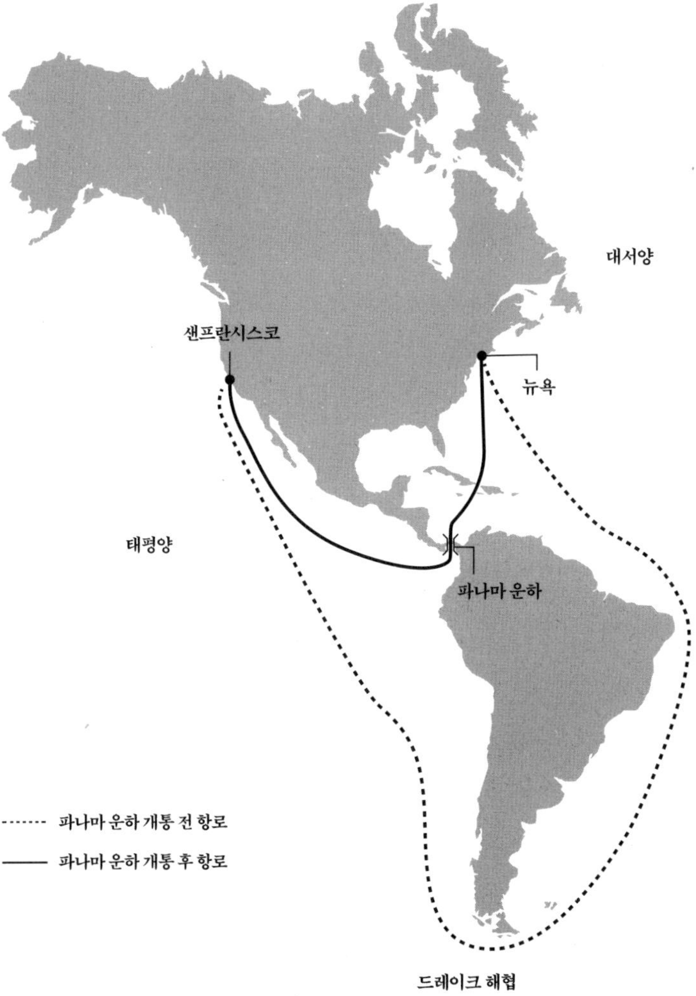

인간이 열대성 감염병과 맞대결하여 거둔 승리가
대서양과 태평양을 잇는 항로로 무역망을 발전시켰다.
파나마 운하 개통으로 자신감을 얻은 인류는 모기를 박멸하면
황열병을 예방할 수 있다는 사실을 뼈저리게 이해했다.

인간이 열대성 감염병과 맞대결하여 거둔 승리가 대서양과 태평양을 잇는 항로로 무역망을 발전시킨 것이다. 파나마 운하 개통으로 자신감을 얻은 인류는 모기를 박멸하면 황열병을 예방할 수 있다는 사실을 뼈저리게 이해했다.

파나마 운하를 성공적으로 개통한 후 중남미에서 활동하는 미국 기업 관계자와 의료 종사자는 각지에 살충제를 살포하고 건물에 방충망을 달고 모기 유충인 장구벌레가 발생할 법한 웅덩이에서 물을 빼는 등의 다양한 예방 조치에 힘쓰게 되었다.

철강 산업뿐 아니라 말라리아, 황열병 등 열대성 감염병 예방과 퇴치에도 크게 기여한 록펠러

1901년, 미국에서 록펠러 의학연구소가 문을 열었다. 쿠바에서 월터 리드가 이끄는 연구팀이 진행한 감염 실험과 파나마 운하 개통을 전후한 시점이었다. 창설자 존 록펠러는 1870년 석유 회사 스탠더드 오일(Standard Oil)을 설립하고 미국 각지의 수많은 석유 회사를 산하에 거느리는 거대 기업으로 성장시켰다. 이 기업은 광산 개발과 화학, 금융 등의 다양한 분야에서 막대한 부를 일구었다.

록펠러의 저돌적인 기업 매수 방식과 이익 독점에 비난의 목소리가 쏟아졌다. 또 한편으로는 세금 대책을 겸해 부를 사회에 환원한다는 사고방식으로 자선사업에 아낌없이 돈을 쓰는 모습에 존경과 찬사가 쏟아지기도 했다.

1913년에 설립된 록펠러 재단(Rockefeller Foundation)은 의학연구소뿐 아니라 공중위생 향상과 농업 개발이라는 폭넓은 자선활동을 벌였다. 같은 시기 미국에서는 실업가를 대표하는 엄청난 부호로 '철강왕' 앤드루 카네기(Andrew Carnegie)와 '자동차왕'으로 불린 헨리 포드(Henry Ford)도 록펠러와 마찬가지로 빈곤 대책과 교육 보급 등 자선사업을 위한 재단을 설립했다.

'세계 인류의 복지 증진'을 목표로 내건 록펠러 재단은 특히 의료 분야에 온힘을 쏟았다. 그리고 조직 내 국제 보건부(International Health Division, IHD)는 중남미와 동남아시아에서 황열병과 말라리아 등 열대성 감염병 극복을 우선 과제로 삼았다. 재단은 감염병 예방과 치료 사업은 현지에서 경제 분야에 종사하는 미국인의 건강과 안전 유지, 미국 자본의 경제 지배에 대한 현지 주민의 불만과 반감 완화로도 이어져 미국과의 무역이 활발한 항구 도시에서는 특히 중점적으로 감염병 대책 방안을 계획하고 추진했다.

황열병의 원인이 바이러스라는 사실을 밝혀낸 막스 타일러는 1930년 록펠러 연구소로 이직했고, 휴 스미스(Hugh Hollingsworth Smith)와 함께 황열병 백신을 개발하는 데 성공했다. 이는 1937년의 일이다. 1951년, 그는 그 업적을 인정받아 노벨 생리학 · 의학상을 받았다.

황열병 백신 완성과 함께 미국이 중남미 각국에 강력한 살충제인 DDT를 대대적으로 살포해 모기 개체 수가 획기적으로 줄어들며 황열병 감염자도 크게 감소했다. 이는 1940년대 이후의 일이다.

아프리카대륙을 비롯한 일부 지역에서 여전히 황열병이 맹위를 떨치는 이유

황열병 백신을 접종하면 접종자의 95퍼센트가 면역력을 획득하고 그 효과는 10~30년 동안 유지된다고 알려져 있다. 그러나 의료 환경이 열악한 아프리카대륙과 중남미, 동남아시아 등지에서는 많은 주민이 백신 접종은 꿈도 꾸지 못하는 환경에서 살고 있다. 그들에게 모두 백신을 접종하려면 상당한 시간과 자원을 투자해야 한다. 또 현재 황열병이 발병한 환자에게 사용할 수 있는 특효약은 없다.

제2차 세계대전 이후 선진국에서는 백신 보급과 효과적인 모기 박멸로 황열병을 어느 정도 억제하는 데 성공했다. 그러나 1960년대에 들어서서 에티오피아를 비롯한 아프리카대륙의 여러 나라에서 황열병이 대유행했다. 이렇듯 황열병은 열대지역에서 여전히 맹위를 떨치고 있다.

황열병에는 사람이 많은 지역에서 발생하는 '도시형'과 열대 정글 내부에서 주로 발생하는 '삼림형'이 있다. 도시형은 사람—이집트숲모기—사람의 경로로 전염되고 삼림형은 야생원숭이—이집트숲모기—사람으로 이어지는 감염 경로를 확인할 수 있다.

도시에서 감염을 억제하려면 백신 접종이 효과적이다. 그러나 열대 정글 지대에서는 야생원숭이를 통해 모기에게 황열바이러스가 옮기 때문에 황열병을 근절하기 어렵다. 그래서 숲 가까이에서 생활하는 주민과 임업 종사자, 수렵 종사자 등 숲에서 일하는 사람들을 통해 황열바이러스가 숲 밖으로 빠져나와 도시로 퍼질 위험성이 있다.

전 세계 황열병 감염자 수는 연간 20만 명, 사망자는 3만 명 정도로 추정되며, 2000년 무렵부터 증가 추세를 보였다. 전문가들은 지구 온난화 영향으로 이집트숲모기 서식 범위와 활동 기간이 길어지며 황열병이 다시 세력을 확장할 조짐을 보이기 시작했다고 지적한다. 게다가 아프리카대륙과 중남미에서는 각국 정부가 파악하는 통계 이외에도 미확인 감염자가 많아 통제 범위 밖의 감염자가 적지 않다는 추정을 내놓았다.

지구촌의 여러 나라에서 검역법으로 황열병 백신 접종을 의무화했으며, 서아프리카에서는 2016년까지 모두 1억 500만 명이 황열병 백신을 접종받았다. 그런데도 2016년 한 해에만 아프리카 남서부 앙골라 공화국에서 4,000명이 넘는 환자가 발생했으며 공식 통계로 알려진 사망자만 121명이나 나왔다.

왜 이런 사태가 벌어졌을까? 예방 접종이 충분히 이루어지지 못한 게 화근이었다. 앙골라 현지인 외에도 앙골라에서 일하다가 귀국한 중국인 노동자 11명이 황열병에 걸렸다는 사실도 드러났다.

아프리카대륙에서 기승을 부리는 황열병은 산업 개발 지원을 위해 방문한 사람들까지 괴롭히며 아프리카 여러 나라의 경제 발전을 가로막는 요인으로 작용하고 있다. 100년 전 시작된 인류와 황열병과의 피 말리는 싸움은 여전히 계속되고 있다.

09

感染病

나폴레옹의 러시아 원정을 패배와 몰락의 길로 이끈

티푸스

typhus

프랑스 황제 나폴레옹 1세는 전 유럽 패권 장악의 가슴 벅찬 순간을
눈앞에 두고 있었다. 결승선을 얼마 남겨두지 않은 시점에
그가 주도적으로 벌인 가장 큰 군사 행동은 '러시아 원정'이었는데,
불행하게도 그 원정이 실패로 끝나고 말았다. 그리고 그 실패는
나폴레옹의 모든 성공과 영광을 무위로 돌리고 그를
몰락의 구렁텅이로 몰아넣기 시작했다.
나폴레옹의 러시아 원정 실패를 두고 일반적으로 혹한과 러시아 측의
교묘한 군사 작전이 운 좋게 성공을 거두었기 때문으로 알고 있다.
그러나 사실 여기에는 그보다 더 큰 원인이 숨어 있었다. 그게 뭘까?
그것은 바로 감염병 '티푸스(발진티푸스)'였다. 티푸스가
엄청난 위력을 발휘하며 전쟁의 향방을 송두리째 바꿔놓은 것이었다.
티푸스가 승패를 뒤바꾸는 심술궂은(운 좋게 승리한 측에게는 천만다행스러운)
캐스팅보트 역할을 한 것은 나폴레옹의 러시아 원정만이 아니었다.

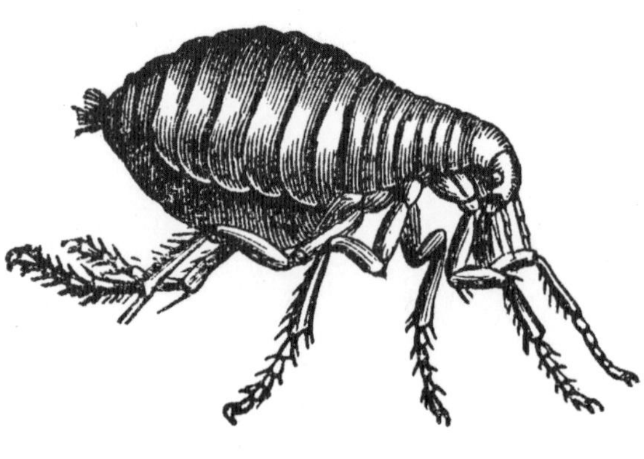

19세기 초 뉴욕을 발칵 뒤집어놓은 티푸스 슈퍼 전파자 메리 맬런

감염병 유행에서 문제가 되는 요소에는 여러 가지가 있다. 그중 하나만 꼽는다면? '슈퍼 전파자(super-spreader)' 문제를 들 수 있지 않을까. 슈퍼 전파자란 한 명의 감염자가 여러 명을 감염시키는 것을 말한다. 특히 자각 증상이 없는 무증상 감염자는 슈퍼 전파자가 되기 쉽다.

20세기 초까지만 해도 전문가들조차 감염병 보균자는 반드시 증상이 나타난다고 여겼다. 그랬기에 보균자이면서 증상이 전혀 없는 건강한 보균자(무증상 병원체 보유자)의 존재는 알려지지 않았다. 그러다가 최초로 건강한 보균자로 보고된 사례가 나왔다. 아일랜드계 미국 여성 메리 맬런(Mary Mallon)이다. 그는 티푸스균 보균자였다.

메리는 뉴욕 근교 몇몇 가정에서 요리사로 일했다. 1900~

1907년의 일이다. 그런데 그가 일하던 가정에서 하나같이 장티푸스가 발생했다. 감염자는 모두 22명이고 그중 한 명이 사망했다. 이에 메리를 수상히 여긴 한 가족이 위생공학자 조지 소퍼(George Soper) 박사에게 의뢰해 메리가 보균자라는 사실을 알아냈다. 메리는 병원에 강제로 격리되었는데 시간이 지나도 메리에게는 아무런 증상이 나타나지 않았고 계속 건강을 유지했다. 이 사실이 언론에 대서특필되면서 메리는 '장티푸스 메리(Typhoid Mary)'라는 별명을 가진, 하루아침에 미국에서 가장 위험한 여자, 마녀로 묘사되었다.

여전히 별다른 증상이 없었던 메리는 얼마 뒤 요식업에 종사하지 않겠다는 조건으로 병원에서 나와 자유의 몸이 되었다. 그리고 1915년에 그는 뉴욕의 한 병원 산부인과에서 조리사로 일하다가 발각되었다. 이 병원에서는 25명의 장티푸스 환자가 발생했고 그중 두 사람이 사망했다.

메리 맬런은 다시 격리된 이후 밖에 나와보지 못한 채 23년의 세월을 갇혀 지내다 사망했다. 사후 부검을 통해 그의 담낭이 티푸스균에 감염되었음이 밝혀졌다. 담낭이 티푸스균에 감염되면 발병하지 않고 평생 균을 배출한다.

메리 맬런의 불행한 삶은 설령 증상이 나타나지 않더라도 검역 등의 적절한 조치를 통해 감염을 예방할 수 있다는, 위생 의식을 크게 전환하는 계기가 되었다.

장티푸스와 발진티푸스가 완전히 다른 병이라는 점을 밝혀낸 영국 의사 윌리엄 제너

고열과 발진을 동반하는 질병을 통틀어 '티푸스'라고 부르며 '장티푸스', '파라티푸스', '발진티푸스', 이렇게 세 종류가 알려져 있다. 티푸스라는 이름은 '혼란스러운'이라는 뜻의 그리스어 typhos(thphus)에서 따왔는데 환자가 고열로 몽롱해진 상태를 나타낸다.

장티푸스는 '티푸스균', 파라티푸스는 '파라티푸스균'이 병원체로 둘 다 살모넬라균의 일종이 일으키는 감염병이다.

티푸스에 걸리면 통상 1~2주 정도 잠복 기간을 거친다. 이후 발열 증상이 나타나고 가슴과 등, 배에 붉은 발진, 설사와 변비, 장시간 이어지는 고열로 인한 우울감, 티푸스 환자 특유의 무기력한 표정 등이 나타난다. 중증화 단계로 넘어가면 의식 장애와 난청 증상도 나타날 수 있다. 티푸스는 종류와 무관하게 증상과 중증화 정도가 비슷하고 보균자의 배설물로 오염된 식품과 물로 인해 감염이 확대된다. 치료에는 항균제를 사용한다.

발진티푸스 병원체는 사람 피를 빤 이가 매개체로 발진티푸스 리케치아(Rickettsia prowazekii) 균이 원인이다. 이의 배설물에 병원체가 존재하며 이에 물린 상처와 긁어서 생긴 생채기에 이 사체와 배설물이 으깨어지고 그것이 묻어서 감염된다. 주로 '사람 → 이

→사람'의 감염 고리를 타고 병이 퍼져 나간다.

잠복기는 6~15일로 팔다리 근육통을 동반하는 갑작스러운 발열이 나타난다. 발열 증상을 보인 후 이틀에서 닷새 사이에 발진이 나타나기 시작하며, 닷새가 넘어가면 발진이 온몸으로 퍼져 나간다. 환자가 발열 증상을 보인 후 2주 정도 지나면 급속히 열이 내려간다. 중증화 단계로 넘어가면 절반의 환자가 환각, 착각 등의 착란 증상을 보이고, 치료를 받지 않을 경우 사망률은 10~40퍼센트에 이른다. 그러나 발병 후 회복하면 장기적인 면역이 가능하다. 치료에는 마찬가지로 항균제를 사용하는데, 의복을 소독하고 이 발생을 예방하는 철저한 개인위생 관리가 가장 효과적인 예방책이다.

세 종류 티푸스

원인은 다른데 증상이 비슷해 뒤늦게 각각 다른 병으로 분류되었다.

병명	장티푸스	파라티푸스	발진티푸스
병원체	티푸스균	파라티푸스균	발진티푸스 리케치아
증상	발열 후 배와 등, 복부에 붉은 발진이 나타난다. 설사 또는 변비, 장기간 이어지는 고열로 인한 허탈감, 무기력한 표정 등이 특징이다.		팔다리 근육통 동반 발열 증상이 나타난 후 온몸에 발진. 발열 증상이 시작되고 2주쯤 후에 열이 급격히 내려간다.
치료	항균제 접종		

이처럼 원인과 증상이 다른데도 장티푸스와 발진티푸스가 완전히 다른 병이라는 사실이 알려지기까지는 오랜 시간이 걸렸다. 1850년 전후, 영국 의사 윌리엄 제너의 연구로 발진티푸스와 장티푸스를 구분할 수 있게 되었다. 1869년에는 티푸스균과 파라티푸스균이 서로 다른 종이라는 사실도 밝혀졌다.

기원전 430년, 역사 기록에 남은 최초의 감염병이자 고대 그리스에서 발병한 '아테네 역병'이 티푸스였다고?

티푸스는 오랫동안 '유럽의 풍토병'으로 여겨졌다. 역사 기록에 남은 최초의 감염병 유행이 티푸스로 추정되는데, 좀 더 구체적으로 고대 그리스에서 발생한 '아테네 역병'을 전문가들은 티푸스로 추정한다. 이는 기원전 430년의 일이다. 또한 당시 환자들이 고열에 시달렸다는 증상으로 보아 발진티푸스 혹은 장티푸스라는 주장이 제기되었다.

발진티푸스는 다양한 별명으로 불렸다. 감옥에 갇힌 죄수들이 주로 걸린다고 해서 '감옥열', 군대에 간 병사들 사이에 도는 열병이라고 해서 '병사열', 이와 진드기가 옮긴다고 해서 '이 전염 열병', 전쟁터에서 옮는 열병이라고 해서 '전쟁열' 등 시대와 상황에 따라 다른 이름이 붙었다. 주로 전쟁과 기아가 한창일 때 자주 발생하는 돌림병이었다.

1492년, 수천 명의 스페인 병사가 발진티푸스로 목숨을 잃었다. 스페인의 이사벨 여왕(Isabel I de Castilla, 재위 1474~1504)이 이베리아반도에서 이슬람 세력을 몰아내려고 안간힘을 쓸 때의 일이다. 또 1618~1648년 삼십년전쟁, 1642~1651년 잉글랜드 내전 기간에 발진티푸스가 기승을 부렸다.

그 이후로도 발진티푸스의 위세는 꺾이지 않았는데, 19세기 초 유럽을 제패한 프랑스의 나폴레옹 1세가 러시아 원정에 나섰을 때 역시 티푸스가 창궐해 프랑스군을 궁지에 몰아넣었다.

나폴레옹은 당시 적대 관계이던 연합왕국(영국)을 경제적으로 압박하기 위해 대륙 봉쇄령을 발동했다. 그런데도 영국과 태연히 무역을 계속하는 러시아제국의 오만한 태도에 부아가 치밀어 나폴레옹은 40만 대군(수행 인력을 포함하면 67만 명이 넘었다)을 몸소 이끌고 러시아 영내로 침공했다. 1812년 5월의 일이다.

나폴레옹 군대는 러시아로 가는 길목에서 발진티푸스와 이질이라는 복병을 만나 제대로 발목이 잡혔다. 그들이 천신만고 끝에 모스크바에 입성했을 때는 40만 대군이 10만 명으로 줄어 있었다. 광활한 러시아 영토에 매복한 러시아군의 작전도 한몫해 보급이 끊기며 수세에 몰린 나폴레옹은 눈물을 머금고 철수 명령을 내릴 수밖에 없었다. 이는 같은 해 10월의 일이다.

프랑스군의 귀국길도 녹록하지 않기는 마찬가지였다. 귀국길

19세기 초 유럽을 제패한 프랑스 나폴레옹 1세의 권력이
내리막길로 들어서는 변곡점으로 러시아 원정 실패를 들곤 한다.
40만 대군이 의기양양하게 출발했다 2만 명만 돌아올 수 있었던
러시아 후퇴에는 티푸스 창궐이 큰 영향을 미쳤다.

1812년 겨울, 러시아에서 후퇴하는 나폴레옹 군대

에서는 러시아의 혹한이 프랑스군을 시험에 들게 했다. 병사들은 살을 에는 추위를 이기려고 서로 몸을 맞대고 온기를 나누었고, 그 과정에 감염자를 문 이가 건강한 병사에게 쉽게 옮아갔다. 보급이 충분하지 않아 병사들의 영양 상태가 좋지 못했기에 발진티푸스가 창궐했다. 12월에 프랑스로 귀국했을 때는 출발했을 때의 40만 대군이 2만까지 줄어 있었다.

러시아 원정이 하나의 변곡점이 되어 나폴레옹의 권력은 본격적으로 내리막길에 들어섰고 그로부터 2년 후 나폴레옹은 황제 자리에서 내려올 수밖에 없었다.

"이가 이기느냐, 사회주의가 이기느냐, 그것이 문제로다"

발진티푸스는 나폴레옹의 프랑스군만 괴롭힌 것은 아니었다. 이 악랄한 감염병은 러시아에서도 어느새 풍토병으로 자리 잡았는지 1917년 러시아혁명 전후로도 한 차례 대유행의 광풍이 몰아쳐 러시아 국내적으로도 큰 문제가 되었다.

그 무렵 혁명 지도자 레닌(Lenin, 본명은 블라디미르 일리치 울리야노프Vladimir Il'ich Ul'yanov)이 "이가 이기느냐, 사회주의가 이기느냐, 그것이 문제로다"라는 말까지 남겼을 정도로 지도층의 골머리를 앓게 했던 지독한 병이었다.

튀니스 파스퇴르 연구소 소장이던 프랑스 세균학자 샤를 니콜(Charles Jules Henry Nicolle) 박사는 끈질긴 연구와 실험을 통해 이가 발진티푸스의 매개체라는 사실을 밝혀냈다. 1909년의 일이다. 그는 그 공로를 인정받아 1928년에 노벨 생리학·의학상을 받았다. 이 발견은 1914년부터 시작된 제1차 세계대전 당시 서부전선에서 발진티푸스 예방에 유용하게 활용되었다. 이후 제2차 세계대전에서는 이를 박멸하기 위해 개발된 살충제 DDT가 군대 내에 대대적으로 살포되었다.

제2차 세계대전 중 나치스는 수많은 유대인을 강제수용소로 끌고 갔다. 강제수용소의 위생 상태와 환경은 끔찍한 수준이라 발진티푸스를 비롯한 온갖 감염병이 창궐해 셀 수 없이 많은 유대인이 희생되었다. 그중 한 사람이 『안네의 일기』를 쓴 유대인 소녀 안네 프랑크였다.

파리의 상하수도 시스템을 송두리째 바꿔놓은 장티푸스

티푸스는 최신 유행을 선도하는 도시 파리에서도 창궐했다. 19세기 초반을 지나면서 제국의 수도 파리의 인구는 급속도로 늘어났다. 문제는 중세의 거리가 고스란히 남아 있는 파리에 그 정도 인구가 쾌적하게 생활할 수 있는 충분한 시설과 설비가 제대로 갖춰져 있지 않았다는 점이었다.

수용 가능한 인구보다 훨씬 많은 사람이 모여들어 언제나 북적대던 파리에서 콜레라가 대유행했다. 1832년의 일이다. 19세기에 들어서면서 분뇨를 퍼내는 방식의 재래식 화장실이 집 안에 설치되기 시작했으나 관리가 제대로 이루어지지 않아 콜레라가 창궐하기 쉬운 열악한 환경이었다.

인구 급증과 불결한 환경이 아찔한 이중주를 연주하며 언제든 대규모 감염병이 발생할 수 있는 위험천만한 상황이었다. 나폴레옹의 조카이자 외손자이기도 한 나폴레옹 3세(Napoleon III, 재위 1852~1870)는 조르주외젠 오스만(Georges-Eugène Haussmann) 남작에게 파리를 근대적 도시로 탈바꿈시키라는 명령을 내렸다. 좁아터진 도로를 확장하고 공중위생 수준을 한 차원 끌어올리기 위한 대대적인 상하수도 정비가 포함된 파리 개조 사업이 본격적으로 시작되었다. 당대의 야심만만한 파리 개조 사업은 1850년대부터 1860년대까지 이루어졌다.

파리의 하수도는 이미 도시 개선을 마친 영국 런던의 사례를 벤치마킹했다. 그런데 어찌 된 일인지 화장실은 여전히 수세식이 아니었다. 파리에서는 물 유입량 문제로 재래식 화장실이 평균적인 화장실 풍경이었다. 파리의 화장실에서는 빗물과 생활오수 외에 대소변에서 큼직한 건더기를 걸러낸 액체만 하수도로 흘려보냈다.

위생 상태가 이런 수준이다 보니 파리에서 대규모 악취 소동이 벌어졌다. 1880년 무렵의 상황이다. 그로부터 한 해 전에 내린 큰 눈이 녹아 하수도로 흘러들었고, 하수도의 흐름을 막아 분뇨와 하수에 섞여 들어간 부패한 쓰레기 냄새가 도시를 가득 채운 것이다. 파리의 하수도 배관은 완만하게 설계되어 쓰레기가 쓸려 내려가지 않고 하수관을 막는 구조적 결함도 있었다.

그 무렵 파리에서 장티푸스가 창궐했다. 그때까지 장티푸스로 매년 100명 정도 사망했는데, 1880년과 1881년에는 2,000여 명, 1883년에는 3,000명을 넘는 많은 사망자가 나올 정도로 기세가 꺾이지 않고 계속 확산했다.

당시에는 여전히 독성을 머금은 나쁜 공기가 병을 퍼뜨린다는 믿음이 뿌리 깊어 악취와 장티푸스 유행에 인과관계가 있다는 믿음이 일반적이었으며, 악취를 퍼뜨리는 원흉인 하수도 문제에 초점이 맞춰져 있었다.

프랑스에 티푸스균의 존재가 알려지며 인식이 개선되기 시작한 것은 1885년 이후의 일이다. 아무튼 상하수도 정비와 보급이 사망률 감소로 이어진다는 사실이 확인되어 하수도 정비에 온힘을 쏟았다. 1885년에 833킬로미터였던 하수도 길이가 1900년에는 1,113킬로미터로 연장되었다.

1890년대에 이르러 마침내 파리 상하수도 보급과 하수도망 구축이 완성되었다. 그리고 1894년에는 법률을 정비해 수세식 화장실 설치와 액체, 고체 상태 분뇨 전체를 하수도로 흘려보낼 수 있게 되었다. 파리라는 대도시를 새로운 모습으로 건설하는 대대적인 도시계획 사업으로 장티푸스 유행이 드디어 수습 국면에 들어서기 시작했다.

제2차 세계대전 이후
전 세계적 발진티푸스 유행이 사라진 이유

일본에서는 구체적으로 언제부터 티푸스가 유행했는지 알려지지 않았다. 다만 바쿠후시대 나가사키에서 장티푸스가, 메이지시대(1868~1912년)에 발진티푸스가 지방에서 유행했다는 사실 정도만 알려져 있다.

후생성 기록에 따르면, 발진티푸스 환자는 1884년 무렵부터 큰 폭으로 증가했다. 그러던 것이 1886년에는 8,000명을 넘어섰고, 이 해를 정점으로 진정세로 돌아섰다. 이후 1897년에 제정된 '전염병 예방법'에 티푸스(장티푸스·발진티푸스) 예방에 관한 규정이 추가되었다.

발진티푸스는 제1차 세계대전이 시작된 해에 다시 유행했다. 1914년의 일이다. 동일본을 중심으로 7,309명의 감염자가 발생해 1,234명이 사망했다. 이 유행 후 도쿄 당국은 소독과 구충 사업에 온 힘을 쏟았다. 발병이 의심되는 장소에 많은 인력을 파견해 대대적인 역학조사를 벌이고 사람들의 건강을 조사하고 침구와 의복의 일광소독 캠페인을 벌였다.

제2차 세계대전과 태평양전쟁이 끝난 1946년 무렵에도 티푸스가 대유행해 3만 명 넘는 많은 감염자가 발생했다. 전쟁 중 서서히 감염자가 늘어날 조짐을 보였는데, 전쟁으로 영양 부족과 위생 상태가 악화하며 도처에서 병을 키웠기 때문이다. 전후 DDT를 대대적으로 살포하는 동시에 복구 사업이 진행되고 사람들의 영양 상태가 꾸준히 개선되어 감염자 수가 크게 줄어들었다.

DDT는 발진티푸스 예방에 눈부신 효과를 보였다. 그 공로를 인정받아 DDT를 개발한 스위스의 화학자 파울 헤르만 뮐러(Paul Hermann Müller)는 1948년 노벨 생리학·의학상을 받았다. 그러나 훗날 DDT는 먹이사슬을 타고 생물의 체내에 농축될 경우 인체에 해로울 수 있다는 사실이 과학적으로 규명되면서 선진국을 중심으로 사용이 엄격히 제한되었다.

전 세계적으로 발진티푸스 유행이 사라진 시점은 제2차 세계대전 이후다. 이는 박멸이라는 적극적인 조치가 대성공을 거둔 결과였다. 그러나 발진티푸스라는 감염병 자체는 끝내 사라지지 않아 중남미와 아시아 산악지대, 아프리카대륙 중부에서 동부에 이르기까지 여전히 감염 환자가 종종 확인된다. 또한 동아프리카 부룬디 공화국에서는 1995년에 응고지 교도소에서, 1997년에는 내전 중 난민 캠프에서 2만 명이 넘는 발진티푸스 감염자가 나왔다.

2018년 세계보건기구에 따르면, 매년 1,100만~2,000만 명의 감염자가 발생하고 그중 12만 8,000~16만 1,000명 정도가 사망한다고 추정된다.

장티푸스는 여전히 전 세계적으로 유행하고 있으며, 주로 아프리카와 남북 아메리카, 동남아시아, 서대서양 지역에서 감염이 보고된다. 선진국에서는 항생제 보급과 환경 및 위생 상태 개선으로 환자 수가 크게 줄어들었지만 인프라 정비가 불충분한 지역 사람들은 여전히 감염 위험에 노출되어 있다.

10

感染病

'가짜 특효약'으로 푸거 가문을 유럽 최대 부호로 만든

매독

syphilis

매독은 전 세계로 뻗어 나가며 폭발적으로 유행했다. 이 병은 사람 간 접촉인 성관계로 감염되는 대표적인 질병이다. 일본도 예외는 아니었는데, 희한하게도 일본인은 매독을 낙관적인 시선으로 바라보는 경향이 있었다. 그런 터라 일본을 찾는 외국인의 눈에는 매독에 대한 일본인의 관점이 상당히 특이하게 비친 모양이다. 그들 나라에서는 매독을 나라를 망하게 할 정도로 공포스럽고 위협적인 질병으로 여기고 있었는데 말이다.

어쨌든 매독은 확실하게 생명을 갉아먹는 불치병이었기에 매독에 걸려 고통스럽게 임종을 맞이한 사람이 한둘이 아니었다.

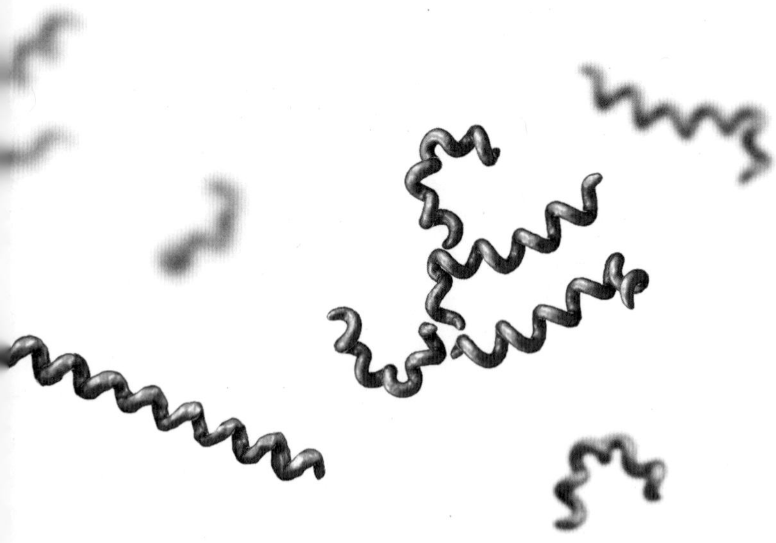

매독이 일상생활 깊숙이 파고들어 있었던 에도시대의 일본

에도 야나카 지역의 가사노모리이나리(笠森稲荷) 신사로 향하는 길은 언제나 참배객으로 북적였다. 에도시대 중기를 지난 1765년경의 일이다. 참배객 중에는 참배 길 옆으로 줄지어 늘어선 찻집 아가씨를 보러 온 구경꾼도 섞여 있었다. 그러나 대개는 종기와 부스럼 등 온갖 피부병을 신통하게 낫게 해준다는 이 신사에 기도를 드려 병을 치료할 목적으로 온 환자와 가족들이었다. 예전에는 매독의 두드러진 증상이 부스럼이라고 해서 '부스럼 창(瘡)' 자를 써서 '창독(瘡毒)'이라 부르며 피부병으로 여겼다. 그러나 오늘날 매독은 성병의 일종으로 널리 알려져 있다.

당시 일본에서는 매독 치료제로 산키라이(山帰来)라는 한약을 주로 사용했다. 이 약재는 중국산 청미래덩굴과 백합목의 덩굴식물로 한방에서는 토복령(土茯苓)이라는 약재로 뿌리 부분을 주로 이용한다. 일본어 산키라이는 '산에서 돌아왔다'라는 뜻인데, 매독을 심하게 앓아 산에 버려진 사람이 이 식물을 복용했더니 멀쩡하게 살아서 돌아왔다고 해서 이런 독특한 이름이 붙었다고 전해진다.

에도시대 일본은 청에서 한약을 수입했다. 그중 가장 많은 양을 차지한 게 바로 산키라이였다. 구체적으로 1754년에는 중국에서 들여오는 수입 약재 중 46퍼센트, 400톤 가까이가 이 약재였다. 이는 환자 90만 명이 한 달간 복용할 수 있는 어마어마한 양이었다.

또 난학을 공부한 의사 스기타 겐파쿠(杉田玄白)는 자신이 담당한 환자의 70~80퍼센트가 매독 환자였다고 회상록에 쓴 바 있다. 이런 사실로 미루어 볼 때 과거 일본에서는 매독이 일상생활 깊숙이 파고들어 있었다는 걸 알 수 있다.

여러 가지 무시무시한 증상을 일으키다가 끝내 죽음에 이르는 병

매독은 스피로헤타과(Spirochaetaceae)에 속하는 트레포네마 팔리덤(Treponema pallidum)균이 일으키는 병으로 입맞춤과 성관계 같은 육체적 접촉이나 태반을 통한 모자감염으로 발병한다.

매독에 걸리면 잠복기를 거쳐서 단계적으로 증상이 악화하는 특징이 있다. 감염 초기인 제1기 증상은 멍울과 궤양이 환부에 나타나는데 통증은 거의 없고 한 달 정도 지나면 증상이 개선된다. 다만 어디까지나 잠복기라 이 시기에도 균이 체내에서 번식하는 중이라는 점을 염두에 두어야 한다.

이후 몇 개월 지나면 온몸에 붉은 발진이 나타나고 머리가 빠지는 탈모 증상, 구내염과 함께 내장에 염증이 발생한다. 이런 증상이 나타나면 제2기에 해당한다. 이 발진도 몇 주 지나면 나으면서 다시 잠복기에 들어간다.

매독에 걸리고 3년쯤 지나 제3기에 접어들면 피부와 내장, 뼈 등에 고무처럼 물컹물컹한 종양이 생기면서 조직이 괴사하기 시작한다. 특히 코뼈가 망가지기 쉬워 콧대가 푹 꺼지거나 코 주변이 무너진다. 증상이 더 진행되면 뇌와 신경으로 매독균이 침범해 실명과 치매, 환각과 망상을 일으키고 이윽고 사망에 이른다.

제1기에서 제2기에 걸쳐 다른 사람에게 병을 옮기는 전염성이 매우 높다고 알려져 있다. 또한 모자감염에서는 유산과 사산, 신생아 사망률과 선천성 이상 등의 비율이 높아질 수 있다.

오늘날 사산 원인 중 2위를 차지하는 감염병이지만, 의학의 발달로 성인이 매독으로 사망한 사례는 드물어졌다. 페니실린(Penicillin) 등의 항생제로 치료할 수 있고, 조기에 약물을 복용하면 1~2개월이면 완치될 수 있기 때문이다.

매독의 '아메리카대륙 기원설'이 맞을까? '고대 존재설'이 맞을까?

스페인 국왕이 파견한 크리스토퍼 콜럼버스가 오늘날의 서인도제도에 도달했다. 신항로 개척시대가 막을 올린 1492년의 일이다. 매독이 스페인에 전파된 시점은 콜럼버스 일행이 아메리카대륙에서 귀국했을 때로 추정된다. 그도 그럴 것이 콜럼버스가 귀국하고 얼마 지나지 않아 스페인 국내에서 매독이 유행하기 시작했기 때문이다. 매독의 기원이 아메리카대륙이라는 주장이 유력한 설로 받아들여지는 것은 그래서다. 그러나 이 '아메리카대륙 기원설'과는 별개로 콜럼버스의 아메리카대륙 도달 이전부터 유럽에 존재해왔다는 '고대 존재설'도 있다. 유라시아대륙에서 원래 존재하던 비성병형 피부 감염병인 요스(Yaws, 딸기종)가 매독으로 변이를 일으켜 1494년 무렵 대유행을 초래했다는 주장이다. 이 주장에 따르면 오히려 유럽에서 아메리카대륙으로 전파되었다는 의미가 된다.

'고대 존재설'은 매독 모자감염 흔적이 확인된 14세기 인골이 최근 오스트리아에서 발견되며 제기되었다. 아직 정설로 받아들여지지는 않고 있지만 앞으로 좀 더 결정적인 증거가 나오면 정설이 될 가능성이 크다.

프랑스 국왕 샤를 8세(Charles VIII, 재위 1483~1498)가 이탈리아반

매독의 기원과 감염 경로

서인도제도가 기원인지 유라시아대륙이 기원인지 아직 확실히 판명되지 않았다.

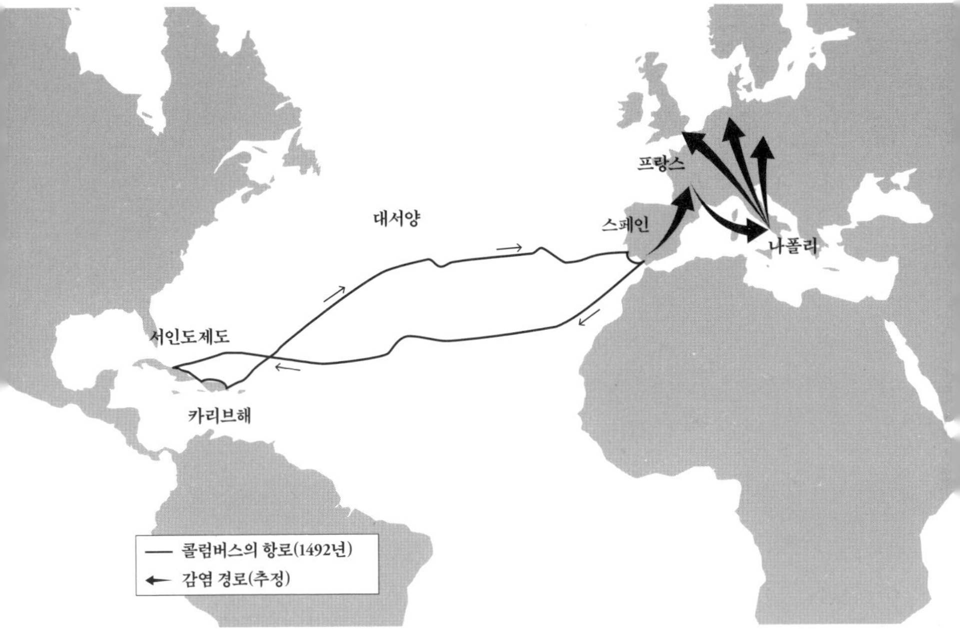

도 남부를 침공했을 때 나폴리왕국에서 매독이 창궐했다. 1494년의 일이다. 스페인인을 용병으로 고용한 게 주된 원인으로 추정된다. 당시 군대는 주로 혼성군으로, 프랑스군에는 스페인 출신 병사 외에도 잉글랜드, 스위스, 네덜란드, 헝가리, 폴란드 등 여러 나라의 용병이 참여했다. 또 군대를 따라다니며 성을 파는 윤락여성도 감염 확대에 일조했다. 게다가 프랑스군이 나폴리의 수도원을 습격해 만행을 저지른 사건을 계기로 나폴리 일반 시민 사이에 매독이 급속도로 퍼져 나갔다.

당시만 해도 아직 정확한 병명이 없었기에 나폴리인은 매독을 프랑스인이 들여왔다고 해서 '프랑스병'이라 불렀고, 프랑스인은 나폴리에서 걸렸다고 해서 '나폴리병'이라고 부르며 서로에게 책임을 떠넘겼다.

이렇듯 매독을 꺼림칙하게 여긴 당대 사람들은 매독에 다른 나라 이름을 붙여 그 나라야말로 몹쓸 병의 원흉이라고 여기는 안 좋은 풍조가 있었다. 예를 들어 독일인은 매독을 '폴란드병', 영국인은 '프랑스 천연두' 혹은 '스페인병'으로 부르는 식이었다. 일본에서는 오키나와의 옛 이름인 류큐를 붙여 '류큐창' 또는 중국에서 왔다고 해서 '당창(唐瘡)' 등으로 불렀다. 반면 류큐왕국에서는 서양인이 옮기는 병이라고 해서 '남만창'이라고 했다.

현재 매독의 영어명 syphilis는 르네상스 시기 이탈리아 베로나 출신 의사 지롤라모 프라카스토로(Girolamo Fracastoro)의 책에 등장하는 주인공 이름에서 따왔다. 책 속에서 주인공은 신을 화나게 해 매독에 걸리고 만다. 또 한자로 매독은 제2기에 온몸에 나타나는 붉은 발진이 소귀나무의 열매인 양매와 닮았다고 해서 '양매창(楊梅瘡)'으로 불리다가 차츰 변화해 매독으로 자리 잡았다.

한편 프랑스와 한창 교전 중이던 나폴리군에 지원군이 합류하자 수세에 몰린 프랑스군은 퇴각할 수밖에 없었다. 프랑스군은 뿔뿔이 흩어졌고 매독에 걸린 각국 용병이 고국으로 돌아감으로써 매독이 고루 퍼져 유럽 전역에서 매독이 대유행했다. 프랑스 국왕 샤를 8세도 예외 없이 매독에 걸리고 말았다.

전 유럽인을 상대로 '가짜 매독 특효약'을 만들어 팔아 막대한 부를 챙긴 푸거 가문

세균 감염이 원인인 매독 치료법으로는 20세기 초 항생제가 등장할 때까지 이렇다 할 특효약이 없었다. 항생제를 개발하기 전에는 주로 생약으로 만든 대증 요법이나 기도에 의존했다.

근대 이전 매독 치료법으로는 수은이 널리 이용되었다. 이 수은 요법은 증기를 피워 체내에 흡입하거나 수은 성분으로 연고를 만들어 환부에 바르는 위험천만한 방법이었다. 수은은 독성이 강해 일단 중독되면 치료는커녕 환자를 더욱 괴롭게 할 뿐이었다.

이 외에 16세기 유럽에서는 아메리카대륙에서 수입한 유창목(癒瘡木)이라는 남가샛과 나무 진액으로 약을 만들어 사용했다. 유창목 수입으로 한 재산을 일군 가문이 바로 그 유명한 남부 독일 아우크스부르크의 대상인 푸거(Fugger) 가문이었다. 유창목 원산지가 매독의 기원으로 여겨지던 아메리카대륙과 겹치는 데서 착안해 '약효가 뛰어나다'라는 솔깃한 문구를 달았더니 날개 돋친

아메리카대륙에서 수입한 유창목 진액으로 만든 약이 매독에 잘 듣는다는 소문이 퍼져 나갔다. 수은 요법의 부작용으로 고생하던 매독 환자들은 지갑을 활짝 열고 이 약을 경쟁하듯 사들였지만, 유창목 진액은 매독에 아무런 효과가 없었다. 유창목을 수입한 푸거가만 떼돈을 벌었다.

유창목 진액으로 만든 매독약으로 치료하는 장면

듯 팔려나갔다.

수은 요법의 부작용으로 고생하던 매독 환자들은 지갑을 활짝 열고 이 약을 경쟁하듯 사들였다.

본래 무역과 금융업으로 막대한 부를 일군 푸거가는 유창목 수입으로 얻은 이익으로 나날이 재산을 기하급수적으로 불려갔다. 푸거가는 당시 로마 교황과 신성로마제국 황제를 배출한 합스부르크가에 돈을 빌려주는 대신 은 광산 경영권을 챙겨 당대 유럽 최고 부자 가문으로 자리매김했다. 푸거가는 야코프 푸거(Jakob Fugger der Reiche) 시대에 전성기를 맞이해 그 시대(15세기 말~16세기 초)를 '푸거 시대'라고 부를 정도였다. 합스부르크가가 전성기일 때 유럽 최대 권력자이던 신성로마제국 황제 카를 5세(스페인의 카를로스 1세)를 후원한 푸거가는 매독약을 팔아 번 돈으로 부와 권력을 동시에 거머쥐고 전 유럽을 호령했다.

그러나 유창목 진액은 매독에 아무런 효과가 없었다. 그런데도 푸거가가 사실상 가짜 약을 팔아대기 위해 광고 문구를 교묘히 써먹음으로써 매독이 아메리카대륙에서 왔음이 정설로 자리 잡게 되었다. 말하자면 푸거가의 교활한 상술이 빛을 발해 대중의 뇌리에 매독 신대륙 기원설이 더욱 또렷이 각인된 셈이다.

16세기 프랑스 내과 의사 자크 드 베탕쿠르(Jacques de Béthencourt)는 성행위로 다른 사람에게 옮는 감염병을 '성병(Venereal disease)'으로 부르자고 제안했다. 또 일설에 따르면, 매독을 예방할 목적으로 최초로 남성용 피임 기구인 콘돔이 제작되었다. 이 또한 16세기의 일이다. 제작자는 이탈리아 가톨릭 신부이자 해부학자인 가브리엘레 팔로피오(Gabriele Falloppio)로 알려졌는데, 그는 자신의 책에서 천으로 만든 기구(콘돔)를 묘사했다.

매독에 걸리면 '좀 놀아본 남자'라며 오히려 훈장처럼 여긴 무로마치시대 이상한 일본

전 세계적으로 무역이 활발해지자 매독은 아시아로 세력을 넓혀 나갔다. 포르투갈 왕국에서 파견한 항해자 바스쿠 다가마(Vasco da Gama)가 인도 서남부 항구 도시 캘리컷(현재 코지코드)에 도달해 인도 항로를 개척하며 무역이 크게 활기를 띠었다.

새롭게 열린 이 뱃길을 따라 매독은 유럽에서 인도로, 동남아시아로, 중국으로 무역로를 통해 퍼져 나갔고, 마침내 무로마치시대(室町時代, 1336~1573년) 일본에도 상륙했다. 중국 연안부 등지를 떠돌던 해적 집단인 왜구가 매독을 들여왔거나 하카타와 사카이(현재 오사카)의 상인, 류큐 왕국을 거쳐 명나라에서 매독이 들어왔을 수도 있다.

에도시대(1603~1867년)에는 매독이 대유행했다. 특히 불특정 다수를 상대하며 육체관계를 맺을 기회가 많은 유곽은 매독의 온상이 되었다.

제2기 매독에 걸린 성매매 종사 여성은 일정 기간 자숙해야 했는데, 이 상태를 유곽에서는 '새장에서 쉬고 있다'라는 식으로 에둘러 표현했다. 매독에 걸리면 마치 여름이 가고 겨울이 올 때 털갈이하는 새처럼 머리카락이 듬성듬성 빠져 흉한 몰골이 되어 손님을 받을 수 없었기에 방에서 쉬며 손님을 받지 않았던 것이다.

그러다 제2기가 끝나고 슬슬 잠복기로 접어들면 포주는 "매독에 걸려 임신이 힘든 체질이 되었다"라며 새장에서 나와 손님을 받게 하고 더욱더 높은 화대를 매겼다. 그러나 매독은 당연히 완치되지 않았고 면역력도 없었다.

에도에서 가장 유명한 공창 요시와라에서 고급 유녀인 오이란 자리까지 올라가는 일부 여성은 스물일곱 살에서 스물여덟 살에 이르면 비로소 몸값을 치르고 자유의 몸이 될 수 있었다. 하지만 대다수 몸 파는 여성은 성병과 낙태 등 육체적 부담과 고통에 시달리며 힘들게 살다 젊은 나이에 생을 마감했다. 매독이 한창 진행된 여성은 유곽에서 방출되어 좁은 방에서 헐값에 손님을 받고 몸을 팔았다.

그러다 사망하면 시신을 거두어줄 사람이 없는 여성의 유해는 화장되어 조칸지라는 사찰에 무연고자로 위패가 보내졌다. 요시와라에서 몸을 팔던 여성의 평균수명은 스물한두 살로 그야말로 꽃다운 나이에 세상을 떴다.

이 남자 저 남자 가리지 않고 몸을 섞던 유녀의 삶에서 매독은 저승사자와 같은 불길하고 꺼림칙한 존재였다. 그런데 앞서 언급한 것처럼 당시 일본에서는 매독을 대수롭지 않게 여기는 풍조가 일반인 사이에 퍼져 있었다.

> 일본에서는 남녀 모두 매독을 예사롭게 여길 뿐 아니라 전혀 부끄러워하지도 않는다.

이는 무로마치시대 말기에 선교 목적으로 일본을 찾은 포르투갈 출신 예수회 사제 루이스 프로이스(Luís Fróis)가 남긴 기록이다. 또 1823년에 일본을 찾은 독일 의사 필리프 프란츠 폰 지볼트(Philipp Franz Balthasar von Siebold)는 "매독은 일본에 깊숙이 뿌리 내린 질병"이라고 평하기도 했다.

그 시대에 남자는 "피부병의 일종인 옴과 매독에 걸려야 비로소 한 사람의 성인으로 인정받을 수 있다"라는 말이 회자될 정도로 매독의 심각성을 제대로 인식하지 못하고 가볍게 여겼다. 매독에 걸려도 수치스럽게 생각하지 않았기에 굳이 숨기려 하지 않았다. 오히려 '좀 놀아본 남자'라는 말로 훈장처럼 받아 넘기는 풍조가 있었다. 매독이 진행되며 증상이 나타나도 우스갯소리를 하며 개의치 않는 사람도 많았다. 이렇게 매독을 두려워하지 않아 조심하지 않다 보니 일본에서는 매독이 창궐할 수밖에 없었다.

유럽에서 아시아로 세력을 확대한 매독

바스쿠 다가마의 교역로를 따라 유럽의 매독이 인도를 거쳐 아시아로 전해졌다.

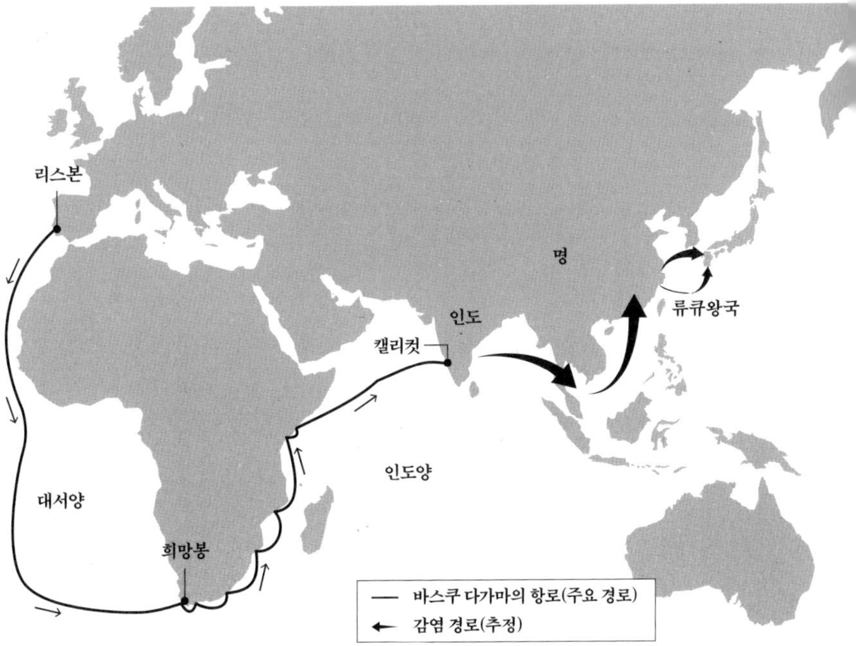

심지어 매독에 걸려 '얽은 자국'이 미남·미녀의 조건이었다고?

15세기 전후 르네상스 시기 이탈리아와 프랑스에서는 매독에 걸려 생긴 얽은 자국이 미남미녀의 조건 중 하나로 인식되는 이상한 풍조가 생겨났다.

그러나 근대에 이르러 이러한 가치관이 백팔십도 달라져 매독을 꺼림칙하게 여기는 풍조로 변화했다. 시대가 바뀌면 이렇듯 유행도 달라지는 법이다. 참고로, 여성들이 입는 등을 훤히 드러낸 이브닝 드레스는 등에 매독 발진 없다는 걸 보여주기 위해 고안되었다는 설이 있을 정도다. 또 매독으로 생긴 원형탈모를 숨기기 위해 가발을 썼다는 주장도 있다.

불치병인 매독은 많은 예술가에게 큰 영향을 미쳤다. '가곡의 왕'이라는 애칭으로 널리 알려진 오스트리아 작곡가 슈베르트(Franz Peter Schubert)는 매독 혹은 매독 치료를 위해 사용한 수은 중독이 원인이 되어 목숨을 잃었다. 연작 교향시 〈나의 조국〉을 남긴 체코의 베드르지흐 스메타나(Bedřich Smetana)도 공식 부검 기록과 유해 근육 조직 분석을 통해 매독이 사인으로 판명되었다.

독일 철학자 프리드리히 니체(Friedrich Wilhelm Nietzsche)는 만년에 매독균이 뇌를 침범해 정신착란을 일으켜 광기에 사로잡힌 채 정신병원에서 생을 마감했다.

일본 소설가 아쿠타가와 류노스케(芥川龍之介)가 중국 여행 중 매독에 걸렸다는 소문도 있다. 그런 터라 그의 작품 중 매독에 걸린 창부를 그린 단편소설 「난징의 그리스도(南京の基督)」 속 어느 일본인 여행자는 다른 사람이 아닌 자기 자신을 모델로 삼았다고 여겨졌다.

외국인의 등쌀에 못 이겨 어쩔 수 없이 검역을 시작한 일본 정부

1858년, 일본은 5개국과 조약을 맺고 문호를 개방했다. 이후 일본에는 많은 외국인이 자유롭게 들어올 수 있었다. 한데 당시 외국인은 직업적으로 성을 파는 여성과 어울리다가는 매독에 걸릴 지도 모른다는 두려움에 떨기도 했다.

러시아제국 군함이 수리를 위해 나가사키에 입항했다. 1860년의 일이다. 그때 선원이 매독에 걸릴지 몰라 걱정하던 함장은 성매매 여성의 매독 검사를 나가사키 관공서에 요청하는 정식 신청서를 제출했다. 이 요청에 따라 당국은 네덜란드 의사 요한 폼페(Johan Pompe van Meerdervoor)와 서양의학을 공부한 마쓰모토 료준(松本良順)에게 매독 검사를 맡겼다.

조약에 근거해 개항장에 외국인 거류지가 만들어지자 외국인을 상대로 몸을 파는 여성을 다수 고용한 유흥업소가 생겨났다. 이와 관련해 한 영국 의사는 다음과 같은 기록을 남겼다.

> 요코하마에는 1,000여 명의 윤락여성이 있는데 그중 3분의 1이 스물다섯 살까지도 못 살고 매독으로 세상을 떠난다. 요코하마의 매독 감염률은 평균 수치의 두 배를 훨씬 웃돈다. 일본 전국에 수만 개의 윤락시설이 있고 도시에 사는 서른 살 남성의 3분의 1이 매독에 걸렸다.

요코하마에 주둔하던 영국 군내에서 성병이 퍼져 나가자 영국 공사 해리 스미스 파크스 경(Sir Harry Smith Parkes)은 일본 당국에 확실한 매독 예방 조치를 취해달라고 탄원했다. 그도 그럴 것이 영국에서는 1864년 성병 예방을 목적으로 '전염병 예방법'이 제정되어 전 세계로 파견되는 영국 병사를 상대하는 윤락여성에게 강제로 매독 검사를 받도록 했기 때문이다.

1868년, 가나가와현에서 외국인을 상대하는 부서 담당으로 요코하마의 윤락여성을 한 차례 진료했는데, 이 조치가 일본 최초의 '검역 제도'인 셈이다.

다만 이 제도는 불평등조약에 기초해 외국인을 보호할 목적으로 시행되어 감염이 판명되면 인권을 무시하고 감금하는 등의 후속조치가 이루어졌다.

어쨌든 검역이 효과를 발휘해 1867년 이전에는 80퍼센트 정도였던 요코하마 윤락여성의 매독 감염률이 검역 개시 후인 1868년에는 51퍼센트, 그 이듬해에는 36퍼센트까지 떨어졌다.

검역 효과가 눈에 띄게 나타나자 1874년에는 도쿄, 1876년에는 교토, 1879년에는 오사카에 매독 전문병원이 설립되었다.

사람이 많이 모이는 대도시에 매독 전문병원이 문을 열고 매독 최대 감염원인 윤락시설 단속이 동시에 이루어졌다. 일본 정부는 '창기(倡妓) 단속 규칙'을 제정해 윤락여성을 경찰 직할로 성명 전문병원에서 검사하도록 의무화했다. 1900년의 일이다. 또 1927년에는 예방안을 추가한 법률을 제정했다.

그러나 이후로도 일본의 매독 환자 증가 추세는 멈추지 않았고, 제2차 세계대전 전에는 국민병으로 자리매김했다. 인구 증가 정책을 본격적으로 추진한 일본 정부는 자칫 군사력 약화로 이어질 수도 있는 매독 문제를 심각하게 받아들이고 매우 엄격하게 매독 검사를 시행했다. 매독의 모자감염을 줄여야 출산율이 증가하고, 한 발 더 나아가 인구 증가로 이어지기 때문이다.

제2차 세계대전이 끝난 뒤인 1948년에는 혼인할 때 성병 비감염 증명 교환이 명기된 '성병 예방법'이 나왔다. 그리고 1958년에는 '매춘 방지법'을 실시해 정부가 운영하던 공창 제도를 폐지하고 동시에 검역 제도도 폐지했다.

매독의 무시무시한 공포에서 구해낸 진정한 구원자, 매독 치료제 살바르산

다시 세계로 눈을 돌려보자. 18세기 후반이 되면서 매독에 관한 새로운 사실이 속속 밝혀졌다. 그 무렵 성을 매개로 감염되는 임질과 매독의 차이도 좀 더 정확히 알려졌다. 또 매독이 서서히 진행되는 병이라는 사실이 과학적으로 증명되었다. 세균학자 파스퇴르가 등장하며 감염병 연구가 본격적으로 추진력을 얻어

드디어 매독균을 발견했다. 1905년의 일이다.

그로부터 5년이 지난 1910년, 라틴어로 '구원'이라는 의미의 매독 치료제 '살바르산(Salvarsan)'이 탄생했다. 이 약은 독일 의학자 파울 에를리히(Paul Ehrlich)와 일본 의학자 하타 사하치로(秦佐八郎)가 개발했는데, 사람의 세포에 손상을 주지 않고 매독균을 퇴치할 수 있는 화학적으로 합성된 세계 최초의 약제였다. 이로써 매독은 불치병의 자리에서 물러나게 되었다. 다만 살바르산은 맹독성인 비소를 원료로 해 효과가 큰 만큼 부작용도 강했다.

1913년에는 일본 의학자 노구치 히데요가 매독이 진행됨에 따라 뇌와 신경 손상이 심해져 정신이상 증세를 보일 수 있다는 사실을 규명해 노벨상 후보에 올랐다.

오스트리아 의학자 율리우스 바그너야우레크(Julius Wagner-Jauregg)는 신경 매독 환자를 의도적으로 말라리아에 걸리게 해 치료하는 '발열 요법'을 개발했다. 1917년의 일이다. 이는 말라리아에 걸려 발열이 심해지면 신경까지 매독균이 침투한 환자의 증상이 완화될 수 있다는 사실을 밝혀냄으로써 가능해진 치료법이다. 놀랍게도 '발열 요법'으로 매독 환자의 절반 정도가 회복했다고 알려져 있다. 이 요법으로 1927년에 야우레크는 노벨 생리학·의학상을 받았다. 그러나 빈대 잡다가 초가삼간 다 태운다고, 인위적으로 말라리아에 걸리게 만든 환자 중 15퍼센트가 사망해 발열 요법은 오늘날 의료 현장에서 퇴출되었다.

영국 세균학자 알렉산더 플레밍(Alexander Fleming)이 페니실린을 발견했다. 1928년의 일이다. 그로부터 15년 뒤인 1943년, 미국 의학자 존 머호니(John F. Mahoney), R. C. 아널드(R. C. Arnold), 애드 해리스(Ad Harris)가 페니실린을 사용한 매독 치료법을 확립했다. 1945년, 미국 금주법 시대에 시카고를 중심으로 활동하며 '암흑가의 제왕'으로 불린 마피아 두목 알 카포네(Al Capone)가 민간인 최초로 페니실린을 투여 받았으나 매독 증상이 이미 너무 많이 진행된 뒤라 효과를 거두지 못하고 2년 뒤 사망했다.

페니실린을 활용한 치료법으로 제2차 세계대전 후 매독 환자는 크게 감소했고, 부작용이 큰 살바르산을 더는 사용하지 않게 되었다.

그 후로도 매독은 전 세계적 유행을 반복했다. 일본에서는 1960년대 중반에 매독이 다시 유행한 이후 감염자 수 면에서는 감소 추세로 돌아섰다. 그러나 2014년 무렵부터 20대 젊은 남녀 사이에 감염자가 다시 늘어나고 있다.

11

感染病

인류는 어떻게 감염병에 맞서
생존하고 변화하며 번영을 이루었나

infectious disease

인류는 오랜 역사를 역병과 싸우며 힘겹게 걸어왔다. 그리고 한편으로 인류는 야생동물의 가축화, 도시 밀집 거주, 상업, 교역, 전쟁 등의 행위를 통해 온갖 감염병을 전 세계 곳곳에 퍼뜨린 주범이기도 했다.

다음의 세 가지 질문을 던져보자. '감염병을 일으키는 병원체의 정체는 뭘까?' '병원체는 어떻게 인간의 생활공간에 침입하고 사람들을 감염시켜 왔을까?' '인류는 어떻게 이 감염병과 싸우는 방법을 찾아내고 실행에 옮겼을까?'

끊임없이 진화하며

세력을 넓혀가는 감염병에 맞서는 인류

2020년 초부터 전 세계적으로 맹위를 떨친 코로나19(COVID-19)와 같은 전염성 질병을 '감염병'이라고 부른다. 좀 더 구체적으로 감염병이란 병원체가 되는 미생물이 몸속으로 침투해 발생하는 질병을 말하는데, 사람에게서 사람으로 전염되는 유형과 사람 간 전염이 일어나지 않는 유형이 있다. 그러나 모든 병이 감염병은 아니다. 가령 비타민 결핍으로 발생하는 각기병, 백혈구 이상 증가로 일어나는 백혈병 등을 감염병이라고 하지는 않는다.

감염병의 예방 및 관리에 관한 법률(이후 감염병예방법)에서는 '제1급 감염병, 제2급 감염병, 제3급 감염병, 제4급 감염병, 기생충 감염병, 세계보건기구 감시 대상 감염병, 생물 테러 감염병, 성매개감염병, 인수(人獸) 공통 감염병 및 외료 관련 감염병'으로 정의한다. 이 책에서 다루는 감염병은 대체로 이 범주에 포함된다.

구체적으로 예를 들어보자. 가장 위험한 제1급 감염병에는 에볼라바이러스병, 천연두(두창), 페스트, 탄저, 중증급성호흡기증후군(SARS), 중동호흡기증후군(MERS), 신종인플루엔자, 디프테리아 등이 있다. 또 제2급 감염병으로는 결핵, 수두, 홍역, 콜레라, 장티푸스, 세균성 이질, 한센병 등이 있다.

제1급 감염병은 발생 또는 유행 즉시 신고해야 한다. 제2급과 제3급 감염병은 발생 또는 유행 시 24시간 이내에 신고해야 한다. 제1급과 제2급 감염병은 모두 격리 조치가 필요한 감염병이다. 제1급 감염병 및 질병관리청장이 고시한 감염병에 걸린 환자는 입원 치료를 받아야 한다. 감염병 유행에 대한 방역 조치 관련법에 따라 환자가 아닌 감염병 의심자(감염병 환자, 감염병 의사 환자 및 병원체보유자와 접촉하거나 접촉이 의심되는 사람)라도 일정 기간 입원 또는 격리될 수 있다.

제4급 감염병에는 인플루엔자, 매독, 수족구병, 임질, 해외 유입 기생충 등이 있다. 제4급 감염병을 보고받은 의료기관의 장 및 감염병 병원체 확인 기관의 장은 7일 이내에 질병관리청장 또는 관할 보건소장에게 신고해야 한다.

또 제1급에서 제4급에 포함되지 않는 '관리대상 해외 신종감염병'이 있다. 관리 대상 해외 신종 감염병이란 기존 감염병의 변이 및 변종 또는 기존에 알려지지 않은 새로운 병원체에 의해 발생하여 국제적으로 보건 문제를 야기하고 국내 유입에 대비해야 하는 감염병으로서 질병관리청장이 보건복지부장관과 협의하여 지정하는 감염병이다. 질환별 특성(물 또는 식품 매개, 예방접종대상 등)에 따른 군(群)별 분류에서 심각도·전파력·격리 수준을 고려한 급(級)별 분류로 개편될 수 있다. 바이러스성 출혈열(1종)을 개별 감염병(에볼라바이러스병, 마버그열, 라싸열, 크리미안콩고출혈열, 남아메리카출혈열, 리프트밸리열)으로 분리·열거했고, 인플루엔자 및 매독을 제4급 감염병으로 변경했으며, 사람유두종바이러스감염증을 제4급 감염병에 신규 추가했다.

이러한 분류는 유동적이며, 앞으로 새로운 법안이 만들어지거나 수정될 수 있다. 실제로 이번 코로나19 사태로 '감염병 예방 및 관리에 관한 법률' 개정이 추진되어 2020년 9월 국회 본회의를 통과했다.

세균과 바이러스는 어떻게 다를까?

감염병을 일으키는 주요 병원체는 '세균', '진균', '기생충', '바이러스', 이렇게 네 종류가 있다. 이들이 인체에 침입하면 몸속 에너지를 빼앗으며 증식해 숙주가 되는 인체에 발열과 쇠약 등의 다양한 증상을 일으킨다.

세균은 박테리아 혹은 원핵생물이라고 부르는 단세포생물이다. 인간을 비롯한 많은 생물의 세포는 호흡과 에너지 생성 역할을 맡은 미토콘드리아로, 세포 내에서 유전자 정보를 담당하는 부위인 '핵' 주위에 핵막이라고 부르는 외벽을 가지고 있다. 이와 달리 세균은 미토콘드리아도 핵막도 없는 단순한 구조다. 세균이 원인인 감염병으로는 페스트, 콜레라, 티푸스, 결핵 등이 있다.

진균은 곰팡이나 버섯과 마찬가지인 균류의 일종으로 단세포 진균과 다세포 진균이 있다. 구조 면에서 세균보다 복잡하고 세포 안에 핵막과 미토콘드리아가 존재한다. 진균이 일으키는 감염병에는 발진과 복통을 동반하는 칸디다증(candidiasis), 기관지염과 뇌경색의 원인이 되는 털곰팡이증(Mucormycosis) 등이 있다.

기생충은 사람과 동물의 몸속에서 생활하는 생물로 다세포 대형 기생충이 많고, 단세포 기생충은 원충이라고 부른다. 크기는 종류에 따라 제각각 다르며 진균보다 훨씬 크다. 대표적인 원충이 말라리아원충으로 다세포 원충에는 회충, 선충 등이 있다. 이는 감염병을 일으키는 기생충으로, 예전에는 일부 지방에서 간 기능 장애와 의식 장애를 일으키는 일본주혈흡충(日本住血吸虫)이 기승을 부렸는데, 지금은 거의 박멸되었다.

바이러스는 세균과 달리 유전자를 가지고 있으나 세포 구조가 없다. 크기는 매우 작아 세균의 50분의 1 수준이다. 세균부터 사람까지 온갖 생물은 외부에서 영양과 산소를 받아들여 노폐물을 배출하는 대사 작용을 통해 세포 분열로 증식한다. 그런데 바이러스는 대사 작용을 하지 않고 세포 분열도 하지 않고 숙주가 되는 생물의 영양을 탈취해 자가 복제를 반복한다. 즉, 바이러스는 일반적인 생물과 달리 '생물이 되기 일보 직전의 존재'라고 할 수 있다.

세균에 효과적인 항균제, 항생제 대부분은 세균의 세포를 파괴하거나 증식을 방해하는 작용한다. 세포 구조 없이 세포 분열도 하지 않는 바이러스에는 무력해 각 바이러스에 대응해 개발된 맞춤 항바이러스제가 아니면 효과가 없다. 바이러스성 감염병에는 인플루엔자, 에이즈 등이 있다.

병원체 크기 비교

사람이 맨눈으로 볼 수 있는 크기의 한계는 0.1~0.2mm 정도다.

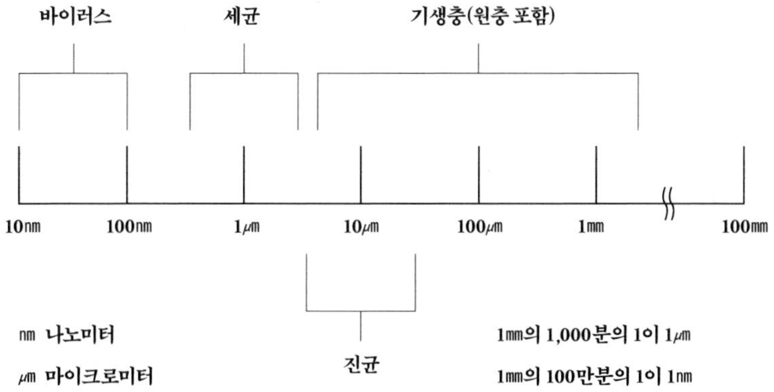

법정 감염병 분류 체계

구분	감염병 종류
제1급 감염병 (17종)	에볼라바이러스병, 마버그열, 라싸열, 크리미안콩고출혈열, 남아메리카출혈열, 리프트밸리열, 두창, 페스트, 탄저, 보툴리눔독소증, 야토병, 신종감염병증후군, 중증급성호흡기증후군(SARS), 중동호흡기증후군(MERS), 동물인플루엔자인체감염증, 신종인플루엔자, 디프테리아
제2급 감염병 (20종)	결핵, 수두, 홍역, 콜레라, 장티푸스, 파라티푸스, 세균성이질, 장출혈성대장균감염증, A형간염, 백일해, 유행성이하선염, 풍진, 폴리오, 수막구균 감염증, b형헤모필루스인플루엔자, 폐렴구균 감염증, 한센병, 성홍열, 반코마이신내성황색포도알균(VRSA)감염증, 카바페넴내성장내세균속균종(CRE)감염증
제3급 감염병 (26종)	파상풍, B형간염, 일본뇌염, C형간염, 말라리아, 레지오넬라증, 비브리오패혈증, 발진티푸스, 발진열, 쯔쯔가무시증, 렙토스피라증, 브루셀라증, 공수병, 신증후군출혈열, 후천성면역결핍증(AIDS), 크로이츠펠트-야콥병(CJD) 및 변종크로이츠펠트-야콥병(vCJD), 황열, 뎅기열, 큐열, 웨스트나일열, 라임병, 진드기매개뇌염, 유비저, 치쿤쿠니야열, 중증열성혈소판감소증후군(SFTS), 지카바이러스감염증
제4급 감염병 (23종)	인플루엔자, 매독, 회충증, 편충증, 요충증, 간흡충증, 폐흡충증, 장흡충증, 수족구병, 임질, 클라미디아감염증, 연성하감, 성기단순포진, 첨규콘딜롬, 반코마이신내성장알균(VRE) 감염증, 메티실린내성황색포도알균(MRSA) 감염증, 다제내성녹농균(MRPA) 감염증, 다제내성아시네토박터바우마니균(MRAB) 감염증, 장관감염증, 급성호흡기감염증, 해외유입기생충감염증, 엔테로바이러스감염증, 사람유두종바이러스 감염증

출처: 질병관리청 홈페이지 https://www.cdc.go.kr/

감염병이 균을 퍼뜨리고 세력을 확장하는 다양한 방법

감염병의 감염 경로는 '수직감염'과 '수평감염'으로 크게 나눌 수 있다. 수직감염이란 임신 혹은 출산 시 어머니에게서 신생아로 병원체가 옮겨가는 감염으로, '모자감염'이라고도 부른다. 수직감염이 이루어지는 감염병에는 풍진, 매독, B형 간염 등이 있다.

수평감염이란 수직감염과 달리 사람에게서 사람으로 혹은 동물에게서 사람으로, 병원체가 부착된 물체에서 사람으로 감염이 일어나는 감염을 아울러 이르는 용어다. 또 수평감염은 '접촉감염', '비말감염', '공기감염', '매개물감염'이라는 네 종류로 분류할 수 있다.

접촉감염은 이미 병원체가 몸속에 있는 사람이나 동물 등과 직접 접촉해 일어나서 '직접감염'이라고 부르기도 한다. 결핵과 인플루엔자, 성병인 매독과 임질은 직접감염으로 퍼져 나간다. 감염력은 세균과 바이러스의 종류에 따라 크게 다르며 손 씻기와 양치질처럼 개인위생 관리로 큰 예방 효과를 기대할 수 있는 병도 있다.

비말감염은 기침이나 재채기로 감염자의 몸 밖으로 나온 10마이크로미터가량의 침방울(비말)을 들이마셔 감염된다. 마스크를 착용하거나 다른 사람 앞에서 기침과 재채기를 삼가는 등의 기침

예절로 비말감염 발생을 어느 정도 방지할 수 있다.

공기감염이란 공기 중에 떠도는 병원체를 입과 코로 들이마시거나 상처에 접촉해 감염된다. 비말감염도 여기에 포함되는데, 공기 중의 먼지와 이물질에 병원체와 침방울이 건조된 상태로 부착되어 떠도는 경우도 적지 않다.

매개감염은 의류나 침구처럼 병원체가 부착된 물체에 접촉하거나 병원체에 오염된 음식이나 물을 먹거나 마시거나, 감염 매개체인 소동물과 곤충(쥐, 벼룩, 모기 등)과 접촉해 감염된다. 벼룩과 이가 매개체인 감염병으로는 페스트와 티푸스, 모기가 매개체인 감염병으로는 일본뇌염과 말라리아 등이 있다.

다양한 감염 경로를 거쳐 감염병이 통상적인 발생률을 넘어 폭발적으로 확대되는 상황을 '아웃브레이크(Outbreak)'라고 부른다. 원내 감염이란 병원 안에서 감염자에게서 다른 환자, 의료 관계자로 감염이 확대되어 의료기관의 기능 정지를 초래하는 사태를 말한다.

또 일정 지역 안에서 일정 수준의 발병률로 감염병 유행이 반복되는 상황을 '엔데믹(Endemic)'이라고 부른다. 엔데믹의 연장선에서 일정 지역 안에서 통상 예측 수준을 훌쩍 넘어서는 많은 수의 감염자가 발생하는 상황을 의미하는 용어로 '에피데믹(Epidemic)'이 있다.

에피데믹이 전국적, 전 세계적 수준으로 확대되는 상황이 '팬데믹(Pandemic)'이다. 역사적으로는 14세기에 발생한 페스트 대유행과 1918년에 발생한 스페인 독감(인플루엔자) 대유행이 대표적 사례다. 2009년 H1N1형 인플루엔자가 세계적으로 대유행했을 때 세계보건기구는 바이러스 확대를 단계적으로 구분하고 1단계부터 2단계는 사람으로의 감염이 관측되지 않은 단계, 3단계부터 5단계는 인간 감염이 관측되고, 감염이 확대되는 단계, 6단계는 팬데믹이 일어난 상태라고 규정했다.

감염병에 날개를 달아준 인류의 식량 생산과 경제 활동

인류사를 돌아보면 인구가 늘어나고 활동 범위가 넓어짐에 따라 감염병 발생 지역이 확장되고 유행 빈도가 덩달아 증가해왔다는 사실을 알 수 있다. 선사시대 인류는 몇 가족이 모인 정도의 소규모 집단으로 식량을 찾기 위해 이동하며 수렵 채집 생활로 생존했다. 사람 수가 적고 한곳에 모여 살지 않으면 아무래도 사람에게서 사람으로 전염되는 감염병은 확산되기 어렵다.

그러나 1만 년 전 서아시아에서 농경과 목축이 시작되고 항구적인 식량 확보와 비축이 가능해지며 인구가 급속도로 불어났다. 인류의 선조가 아프리카대륙에서 전 세계 각지로 흩어지기 시작한 7만~5만 년 전 총인구는 수십만 명으로 추정된다. 그러나 1만 년 전에는 500만여 명에 달했고, 농경과 목축이 대부분 지역으로 보급된 기원전 500년 무렵에는 1억 명 정도까지 증가한 것으로 보인다.

농경과 목축으로 식량 생산을 시작한 이후 밀집 거주와 가축과의 지속적 접촉이 감염병이 일상적으로 창궐하기 쉬운 환경을 만들어냈다.

사람과 짐승 모두 감염되는 병은 '인수 공통 감염병'이라고 한다. 일설에 따르면, 인간 감염병의 70퍼센트 정도는 동물에게서 비롯되었다고 한다. 예를 들어 천연두, 결핵, 홍역은 모두 소의 감염병에서 유래했다고 추정된다. 인플루엔자는 닭 등의 가금류와 돼지에게서 사람으로 옮겨왔는데, 1918년 전 세계적으로 대유행한 스페인 독감은 2009년에 대유행한 H1N1형이라 부르는 조류 인플루엔자의 변종이다. 전문가들은 백일해는 돼지와 개, 말라리아는 가금류, 황열병은 원숭이게서 사람으로 옮겨왔다고 추정한다.

문명이 발달하고 식량 생산력이 향상되자 잉여 생산물을 원격지에 내다 팔거나 농기구와 일용품의 재료가 되는 금속 광석, 향료와 차 등의 기호품 등 자신의 생활권에서 확보할 수 없는 물자를 멀리 떨어진 지역에서 들여오거나 다른 지역으로 대규모 인원을 파견해 무력으로 정복하며 자신의 생활권을 벗어나는 사람이 많아졌다. 인류의 이러한 활동, 즉 무역과 전쟁은 감염병이 세력을 확장하는 데 일조했다.

특정 지역에서 기승을 부리는 감염병이 상업 활동 확대와 전쟁으로 다른 지역으로 전파된 사례는 어렵지 않게 찾아볼 수 있다. 고대 로마에서는 기원전 3세기부터 기원전 2세기에 포에니 전쟁으로 기후가 다른 열대 북아프리카에서 말라리아가 들어와 퍼졌다. 또한 14세기에는 유라시아대륙 대부분을 정복한 몽골제국이 주도한 실크로드 무역으로 페스트의 세계적 대유행을 초래했다.

19세기 전반기까지 영국인은 감염병이 발생하면 왜 야외에 불을 놓거나 허공에 대포를 쏘았을까?

꼬리에 꼬리를 물고 발생하는 감염병에 인류는 긴 세월 동안 어떻게 대응해 왔을까? 고대 세계의 많은 지역에서 사람들은 악령이나 저주가 역병을 일으킨다고 믿었다. 당시에는 주술사나 성직자가 의사를 겸하며 아픈 사람의 몸과 마음을 돌보았다. 그러다 시대가 흐르며 경험으로 증상을 분류해 효과적인 약물과 치료법 등의 지식이 체계적으로 다듬어졌다.

고대 그리스에서는 기원전 4세기 '의학의 성인(醫聖)'으로 칭송받는 히포크라테스가 다수의 임상 사례를 관찰하고 분석한 결과를 바탕으로 서양의학의 기초를 확립했다. 동양에서는 2세기 무렵 진한 시대 중국에서 한의학 서적 『신농본초경(神農本草經)』이 발간되었다.

질병 치료법에는 발열과 두통 등의 증상을 줄여주는 '대증 요법'과 체내 병원균을 사멸시키는 등 병의 원인을 근본적으로 제거하는 '원인 요법'이 있다.

중세에 들어서서 차츰 의사라는 직종이 직업의 하나로 자리 잡게 되면서 본격적으로 의료 현장에 투입되었다. 그러나 당대 의사는 병원균이 감염병을 일으킨다는 사실을 결코 이해하지 못했기에 해열제를 투여하거나 영양을 공급해 체력을 회복시키는 등의 대증 요법이 치료의 기본이 되었다. 오늘날에는 효과를 인정하지 않는 잘못된 치료법도 많았다. 예를 들어 서양에서는 환자의 몸에서 피를 뽑아내 병을 일으키는 독소를 제거한다는 '사혈'이 19세기까지 효과적인 치료법으로 여겨졌다. 감염을 예방하는 백신과 병원체의 활동을 억제하는 항생제를 활용한 치료법은 근대 이후에나 확립되었다.

다만 근본적인 치료는 불가능해도 감염 확대를 예방하기 위해 환자를 격리한다는 개념은 고대부터 존재해왔다. 감염병 확산을 방지하기 위해 2020년에 발생한 코로나19 유행 시기 각국의 방역 조치를 보면 알 수 있듯 국내외 사람의 이동을 제한하거나 외국에서 들어오는 사람과 물자를 공항과 항구에서 이동을 막고 검사하는 '검역'이 철저하게 이루어지고 있다. 그런데 이러한 검역

제도는 병원체라는 개념이 없던 시대부터 존재했다.

11~13세기 유럽에서 전개된 십자군 원정을 계기로 중동, 북아프리카 등과 유럽 사이에 사람 이동이 증가하며 페스트와 한센병 등의 감염병이 유입되어 주기적으로 유행했다. 지중해 무역의 주요 거점이던 베네치아공화국에서는 12세기 즈음부터 동방에서 들여온 사람과 상품을 섬에 일정 기간 머물게 하며 안전을 확보하고 나서 상륙시키는 제도가 있었다.

고대로부터 많은 의사가 감염병의 발생 원인을 규명하려 애썼는데, 근대 이전 서양의학에서는 '미아즈마설'이 가장 유력했다. 습지에 떠도는 나쁜 공기와 안개 형태의 독성 물질을 들이마셔 역병이 발생한다는 사고방식이다. 19세기 전반까지 영국인은 감염병이 유행하면 대기 중의 나쁜 공기를 제거하기 위해 야외에 불을 놓거나 허공에 대포를 쏘는 등의 방법으로 대처했다.

이와 달리 16세기 이탈리아 의사 지롤라모 프라카스토로처럼 감염병은 사람 눈에 보이지 않는 미지의 생물(Contagione)이 환자와 접촉한 인물에게 병을 옮긴다는 제법 과학적인 '감염설'을 주장한 인물도 있었다. 그는 병원체 개념의 선구자라고 할 수 있다. 기원전 1세기 고대 로마의 학자 마르쿠스 테렌티우스 바로도 비슷한 가설을 내놓았다. 그러나 당시 과학기술로는 병의 원인인 미생물의 존재를 확정할 수 없었기에 감염병의 정체를 밝히려면 세균학이 성립되는 19세기까지 기다려야 했다.

19세기, 누에 연구에서 시작된 세균학

16세기 말, 네덜란드에서 현미경이 발명되었다. 초기 현미경은 배율이 낮았으나 개량을 거듭하며 고성능 제품이 만들어졌고, 생물학과 의학 연구에 본격적으로 활용되었다. 네덜란드의 생물학자 안톤 판 레이우엔훅(Anton van Leeuwenhoek)은 고성능 현미경을 사용해서 미생물의 존재를 입증했다. 1674년의 일이다. 그러나 당시 의학계에서는 여전히 감염병의 원인이 나쁜 공기에 있다고 보았기 때문에 미생물과 감염병의 관계를 명확히 해명하기까지는 200년 가까운 시간이 걸렸다.

이탈리아 생물학자 아고스티노 바시는 누에가 감염된 반점병을 장장 25년 동안 연구해 그 원인이 바로 세균이라는 사실을 밝혀냈다. 19세기 초의 일이다. 이후 그는 한발 더 나아가 사람의 감염병 역시 세균이 원인이라는 가설을 내놓았다.

1850년대에는 프랑스 화학자 루이 파스퇴르가 알코올 정제 및 발효와 부패가 미생물의 작용으로 일어난다는 사실을 증명해 미생물학의 초석을 다졌다. 파스퇴르는 세균 등의 미생물이 생존하고 증식하는 조건과 상균, 감염 예방법도 해명했으며, 닭콜레라균과 광견병 바이러스도 발견했다.

1876년 독일 세균학자 로베르트 코흐는 인수 공통 감염병인 탄저병을 일으키는 탄저균을 발견했다. 그리고 이어서 콜레라균,

결핵균 등의 세균을 연이어 발견했다. 코흐는 특정 세균이 특정 감염병의 병원체임을 결정하는 조건이 되는 아래와 같은 '코흐의 4원칙(Koch's Four Postulates)'을 확립했다.

1. 특정 증상을 보이는 감염자에게서는 언제나 같은 균이 검출된다.
2. 감염자에게서 그 균을 분리해 배양할 수 있다.
3. 분리한 균을 다른 동물에게 접종하면 같은 증상을 보인다.
4. 인위적으로 감염시킨 대상에게서도 그 균을 분리해 배양할 수 있다.

파스퇴르와 코흐가 근대 세균학을 확립하기 이전부터 한번 역병에 걸린 사람은 어지간해서는 다시 걸리지 않고 설령 걸리더라도 가벼운 증상으로 끝난다는 사실을 경험적으로 터득했다. 말하자면 면역 개념은 이미 세계 각지에 널리 알려져 있었다. 19세기 후반 이후 코흐의 4원칙을 바탕으로 다양한 감염병 병원체를 속속 규명하게 되면서 백신을 활용한 면역 요법 연구도 빠르게 발전했다.

그러나 의학계 일부에서는 여전히 코흐의 연구 결과를 제대로 받아들이지 못하고 구습에 집착해 폐해가 적지 않았다. 1860~1900년대 일본에서는 비타민 결핍으로 생기는 각기병은 각기균이 원인이라는 잘못된 믿음이 퍼져 있어 그에 대한 올바른 대책 마련이 늦어지면서 수많은 희생자를 내기도 했다.

세균학이 보급되기 이전 의학계에서는 나쁜 공기가 병을 일으킨다는 미아즈마설이 학계의 주류를 이루었듯 어느 시대에 지배적인 학설을 모든 사례에 억지로 끼워 맞추면 상황을 바로잡을 수 없다. 어느 한 가지 관점에 집착해 다양한 관점에서 상황을 입체적으로 바라보지 못하면 도저히 해명할 수 없는 경우가 많다.

소독의 중요성을 증명해 인류 건강에 이바지한 두 인물, 제멜바이스와 나이팅게일

세균학 발전에 발맞추어 진행된 위생 상태와 환경 개선이 감염병 예방 분야에 크게 이바지했다.

근대까지 유럽 도시에서는 상하수도 정비가 제대로 이루어지지 않고 목욕 습관도 정착되지 않았다. 그러던 중 18세기 후반 프랑스의 부유한 계층에 가정용 욕조가 보급되었다. 또 그 무렵 프랑스 화학자 니콜라 르블랑(Nicolas Leblanc)이 탄산나트륨을 인공적으로 합성하는 방법을 개발했다. 이는 1790년의 일이다. 이로써 그때까지 고가의 사치품이던 비누를 대량 생산할 수 있게 되고 일반인도 비누를 부담 없이 사용할 수 있게 되면서 전 인류의 개인위생이 크게 개선되었다.

19세기에 접어들어 감염병 예방과 몸을 청결히 유지하는 습관 사이에 밀접한 관계가 있다는 사실이 널리 알려졌다. 영국에서도 콜레라 대유행 시기, 도시에 샤워 시설을 설치하고 욕조를 보급하는 일에 힘썼다. 1830년대의 일이다.

그 무렵 의료 현장에서는 소독과 세척의 중요성에 관한 인식이 여전히 부족했다. 헝가리 의사 이그나즈 제멜바이스(Ignaz Semmelweis)는 병원에서 임신부가 출산 시 감염되는 산욕열을 연구해 의사와 조산사가 청결을 유지한 진료소에서는 불결한 진료소와 비교해 산욕열로 인한 임산부 사망이 큰 폭으로 줄어들었다는 사실을 밝혀냈다. 1840년대의 일이다. 제멜바이스는 염소를 사용한 소독법을 개발, 도입해 산욕열 발생률을 기존 수치의 10분의 1 수준까지 억제하는 데 성공했다. 그는 의사가 손과 의료 기구를 소독하고 철저한 청결을 유지해야 한다고 호소했다. 그러나 당시 의학계에서는 그의 주장이 받아들여지지 않았다. 훗날 파스퇴르와 코흐가 세균학이라는 학문을 확립하고 난 뒤에야 그의 선견지명과 통찰이 비로소 높은 평가를 받게 되었다.

1853년 러시아제국과 오스만제국 사이에 전쟁이 벌어졌다. 바로 '크림전쟁'이다. 여기에는 당시 러시아를 견제하던 영국도 출전했다. 전장에서는 식량과 의약품이 넉넉히 보급되지 않아 콜레라와 몰타열 혹은 지중해열이라고 불리는 브루셀라증(Brucellosis) 등의 감염병이 창궐해 전사자보다 많은 병사자가 사망자 명단에 이름을 올렸다. 당시 영국군 종군 간호사로 부임한 플로렌스 나이팅게일(Florence Nightingale)은 부상병의 침대 시트를 자주 소독하는 등 병영 청결을 유지해 42퍼센트에 달하던 부상병의 사망률을 3개월 후 5퍼센트까지 줄였다. 나이팅게일은 청결한 환경이 부상자의 사망률을 얼마나 줄일 수 있는지 보여주는 통계자료를 작성하고 철저히 논증해 공중위생의 중요성을 세상에 알렸다.

같은 시기 영국 의사 존 스노는 런던 시내 각지에서 콜레라가 발병했을 때 상황을 비교 분석해 역병의 발생 조건과 예방법을 연구하는 역학의 기초를 다졌다.

영국의 세균학자 알렉산더 플레밍, 페니실린을 개발해 감염병 치료사에 획을 긋다

20세기에 들어서서 화학과 생물학이 발전하며 감염병 치료법 분야에도 큰 진전이 있었다. 1930년대에는 설파제 외에도 세균 증식을 억제하는 화학요법제가 실용화되어 이질과 폐렴을 비롯한 각종 질병 치료에 효과를 거두었다.

1928년, 영국 세균학자 알렉산더 플레밍은 실험용 포도상구균 배양기의 푸른곰팡이가 자라는 부분에서 포도상구균이 사멸한 모습을 우연히 발견했다. 여기서 더 나아가 그는 푸른공팡이에서 세균의 생명 활동을 방해하는 항생제인 페니실린을 추출하는 데

감염병 예방과 몸을 청결히 유지하는 습관 사이에
밀접한 관계가 있다는 사실이 널리 알려지게 된 것은
19세기에 들어와서의 일이다. 나이팅게일은 과학적인 통계자료를
작성하고 철저히 논증해 공중위생의 중요성을 세상에 알렸다.

1854년 크림전쟁이 한창일 때 클로렌스 나이팅게일은
스쿠타리(현재 이스탄불 위스퀴다르)의 병원으로 파견되었다.

성공했다. 그로부터 12년 후 페니실린이 매독을 비롯한 각종 감염병 치료에 매우 효과적임이 입증되었다. 이 시기 이미 제1차 세계대전이 발발해 플레밍은 유럽의 전화(戰禍)를 피해 미국으로 건너가 페니실린 대량 생산을 추진했다.

1944년에는 토양 속에서 볼 수 있는 방사균에서 결핵균과 임질을 일으키는 임균 등의 활동을 억제하는 스트렙토마이신을 추출했다. 제2차 세계대전이 끝난 1950년대에는 성홍열과 디프테리아 등에 효과가 있는 에리트로마이신(Erythromycin), 장티푸스 등에 잘 듣는 카나마이신(Kanamycin A) 등 새로운 항생제를 잇달아 발견했다. 항생제와 백신을 활용한 면역 요법은 오늘날 감염병 대책의 중요한 한 축을 담당하고 있다.

제2차 세계대전 후 의료 국제협력 분야에도 눈에 띄는 성과가 있었다. 이미 민간 부문에서는 제1차 세계대전 후인 1919년에 적십자연맹(현재 국제적십자사·적신월사연맹)이 세워졌다. 이런 움직임은 전 세계 각국에서 평시와 전시를 막론하고 의료와 재해 구호에 종사하는 인도적 단체인 적십자사가 연합하며 만들어졌다.

세계 각국 정부가 참여한 국제연합(UN)의 전문기관인 세계보건기구가 세워졌다. 제2차 세계대전이 끝나고 몇 년 뒤인 1948년의 일이다. 세계보건기구는 국제 적십자사·적신월사 연맹과 마찬가지로 스위스 제네바에 본부를 두고 국제연합 가맹국에서 각출한 분담금으로 운영되며 '모든 사람이 가능한 한 최고의 건강 수준에 도달한다'라는 목표를 내걸고 활동하고 있다.

세계보건기구는 발족 이후 세계 각국에서 백신 접종과 감염병 매개체인 해충 퇴치, 개발도상국의 환경 개선과 의약품 공급, 팬데믹이 발생했을 때 국제적 정보 공유 등을 추진하고 있다.

UN의 주요 조직

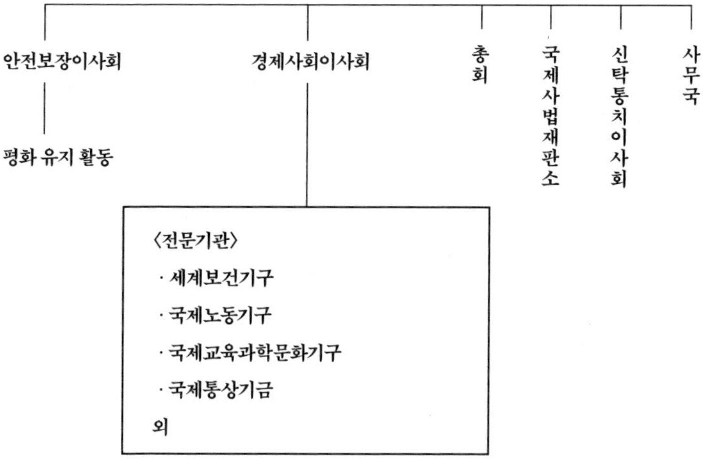

세계보건기구는 UN 경제사회이사회의 전문기관에 속한다.

1948년 세계 각국 정부가 참여한 국제연합(UN)의 전문기관인 세계보건기구가 세워졌다. 세계보건기구는 '모든 사람이 가능한 한 최고의 건강 수준에 도달한다'라는 목표를 내걸고 활동하고 있다.

인류의 감염병과의 전쟁사에서 리 밴 밸런의
'붉은 여왕 가설'을 다시 한 번 곱씹어보아야 하는 이유

감염병은 세균 등의 미생물이 일으키는데 인간의 장 속에는 수많은 균이 서식한다. 그중에는 해로운 세균도 많지만 음식물 소화 흡수를 돕는 등 인간에게 이롭게 작용하는 세균도 적지 않다. 빵을 만들 때 사용하는 이스트균, 청국장을 만드는 고초균(枯草菌), 낫토를 만드는 낫토균, 요구르트 등의 유제품을 만드는 유산균, 술을 빚을 때 사용하는 누룩곰팡이 등 인류는 예로부터 다양한 미생물을 요모조모 활용해왔다.

인류를 포함한 많은 생물의 진화는 세균과 바이러스와의 끊임없는 생존 경쟁으로 이루어졌다는 해석도 존재한다. 21세기에 들어서서 인간의 유전자 정보(게놈) 해독이 진행되었는데, 그 과정에서 바이러스의 일종으로 RNA에 의한 유전 정보 전달을 담당하는 레트로바이러스(retrovirus)에서 비롯된 유전자가 대거 포함되어 있다는 사실을 알게 되었다. 인류의 먼 조상은 바이러스를 스스로 몸속으로 받아들여 유전 정보의 다양성을 확대하고 다양한 환경에 적응할 수 있는 신체 기능을 갖추었다고 할 수 있다.

1973년, 미국 생물학자 리 밴 밸런(Leigh Van Valen)은 생물종이 계속 진화하여 다양성을 갖추고 환경 변화와 포식자에 대응할 능력을 갖지 않으면 멸종한다는 가설을 내놓았다. 이를 '붉은 여왕 가설(Red Queen's Hypothesis)'이라 부른다. "네가 할 수 있는 한 힘껏 달려야만 겨우 이곳에 머무를 수 있을 뿐이야."

19세기 후반 영국 작가 루이스 캐럴(Lewis Carroll)의 소설 『거울 나라의 앨리스(Alice Through the Looking-Glass)』(1871)에서 체스 병정을 이끄는 붉은 여왕이 앨리스에게 말한 대사에서 비롯된 과학 용어다.

실제 인류는 태곳적부터 수많은 감염병 위협에 시달리며 면역력을 획득했다. 한편 세균과 바이러스도 세대교체를 거듭하며 인간이 만들어낸 살균제와 항생제에 내성을 가진 종류가 속속 출현했다. 세균은 짧게는 30분에 한 번꼴로 세포 분열해 인류보다 훨씬 빠르게 세대교체가 이루어진다.

제2차 세계대전이 한창이던 1918년에 대유행한 스페인 독감과 같은 H1N1형 계통의 인플루엔자는 몇 번이나 세계적인 유행, 즉 팬데믹을 반복했다. 바이러스가 변이를 되풀이하며 그때마다 기존의 백신과 치료제로 충분히 대응할 수 없었기에 한 번의 유행에 그치지 않고 주기적으로 유행을 반복했다.

그러나 병원체가 숙주로 삼은 생물이 사멸하면 병원체도 사라질 수밖에 없다. 페스트와 매독 등 많은 감염병이 폭발적 대유행이 지나간 뒤 독성이 일정 수준 감소하는 현상을 보이는 것도 그런 연유에서다. 인류와 병원체는 승부가 나지 않는 이 영원한 투쟁을 반복하며 공존해가고 있다.

개인적으로 이번 코로나19 감염병이 세계사를 크게 바꿀 가능성을 가지고 있다고 믿는다.

첫째, '코비드 테크(Covid Tech)'라고 불리는 경제·사회 디지털화가 빠르게 진전되며 새로운 일상(New Normal)이 자리 잡아가고 있다. 둘째, 미국과 중국의 패권 다툼으로 국제 질서의 한 축이 유동적으로 움직이며 세계사 무대에도 변화의 바람이 몰아칠 가능성이 크다. 이 다툼은 코로나 사태가 시작되기 전부터 전개돼왔다. 이렇듯 큰 변화가 일어나는 과정에 우리는 미래를 내다보기 위한 중요한 실마리로 역사를 돌아보며 장기적 관점을 세울 수 있지 않을까.

이 책을 쓰며 한정된 시간 안에서 중요하고도 흥미로운 다양한 일화를 갈무리하고 인류가 감염병과 어떻게 싸워왔는지를 보여주는 도전적 과제에 집중했다. "과거 역사는 미래를 비추는 거울"이라는 역설적인 말처럼 이 책이 과거를 보여주고 미래를 비추는 거울이 될 수 있기를 바란다.

와키무라 고헤이(오사카 경제법과대학교 경제학부 교수)

참고문헌

01 페스트

『인구와 건강의 세계사(人口と健康の世界史)』, 秋田茂·脇村孝平, ミネルヴァ書房, 2020

『The Great Mortality: An Intimate History of the Black Death』, John Kelly, Harper Perennial, 2006

『페스트와 근대 중국(ペストと近代中国)』, 研文出版, 2000

『위생과 근대 페스트 유행으로 보는 동아시아 통치·의료·사회(衛生と近代:ペスト流行にみる東アジアの統治·医療·社会)』, 法政大学出版局, 2017

『Fighting the Plague In Seventeenth-Century Italy』, Carlo Maria Cipolla Renaissance, University of Wisconsin Press, 1981

『Rats, Lice and History』, Hans Zinsser, Routledge, 2007

『페스트 대유행: 유럽 중세의 붕괴(ペスト大流行: ヨーロッパ中世の崩壊)』, 岩波書店, 1983

『전염병의 세계사(Plagues and Peoples)』, 윌리엄 맥닐, 이산, 2005

『감염병의 세계사(感染症の世界史)』, 石弘之, KADOKAWA, 2018

『Life in the Middle Ages』 Robert Delort, Edita Lausanne, distributed by Universe Books, 1973

『감염병은 세계를 움직인다(感染症は世界史を動かす)』, 筑摩書房, 2006

『세계의 역사10 서유럽 세계의 형성(世界の歴史〈10〉西ヨーロッパ世界の形成)』, 佐藤彰一·池上俊一, 中央公論新社, 2008

『세계의 역사16 르네상스와 지중해(世界の歴史〈16〉ルネサンスと地中海)』, 樺山紘一, 中央公論新社, 2008

『Europe: A History』 Ivor Norman Richard Davies, Harper Perennial, 1998

02 인플루엔자

『기근·역병·식민지 통치—개발 중 영국령 인도(飢饉·疫病·植民地統治—開発の中の英領インド)』, 脇村孝平, 名古屋大学出版会, 2002

『America's Forgotten Pandemic: The Influenza of 1918』 Alfred W. Crosby, Cambridge University Press, 2003
『일본을 덮친 스페인 독감—인류와 바이러스의 제1차 세계전쟁(日本を襲ったスペイン・インフルエンザ—人類とウイルスの第一次世界戦争)』, 速水融, 藤原書店, 2006
『전염병의 세계사(Plagues and Peoples)』, 윌리엄 맥닐, 이산, 2005
『감염병의 세계사(感染症の世界史)』, 石弘之, KADOKAWA, 2018
『세계사를 바꾼 팬데믹(世界史を変えたパンデミック)』, 小長谷正明, 幻冬舎, 2020
『The Atlas of Disease: Mapping deadly epidemics and contagion from the plague to the zika virus』, Sandra Hempel, White Lion Publishing, 2018

03 콜레라

『인구와 건강의 세계사(人口と健康の世界史)』, 秋田茂·脇村孝平, ミネルヴァ書房, 2020
『동아시아의 역병·위생사의 한 단면—검역 제도와 국제 관계(19세기 후반과 전쟁 기간)(東アジアの疫病·衛生史の一断面—検疫制度と国際関係(19世紀後半と戦間期)』, 岩波書店 2011
『아시아 연구의 유래와 전망(アジア研究の来歴と展望)』, 和田春樹 외, 岩波書店, 2011
『국제보건과 탄생—19세기 콜레라(国際保健の誕生—19世紀におけるコレラ)』, 脇村孝平, 雑誌論文, 2008
『글로벌 거버넌스의 최전선—현재와 과거 사이(グローバル・ガバナンスの最前線—現在と過去のあいだ)』, 遠藤乾, 東信堂, 2008
『콜레라의 세계사(コレラの世界史)』, 見市雅俊, 晶文社, 2020
『속·인류와 감염병의 역사—새로운 공포에 대비하다(続·人類と感染症の歴史 新たな恐怖に備える)』, 加藤茂孝, 丸善出版, 2018
『감염병의 세계사(感染症の世界史)』, 石弘之, KADOKAWA, 2018
『세계사를 바꾼 팬데믹(世界史を変えたパンデミック)』, 小長谷正明, 幻冬舎, 2020
『The Atlas of Disease: Mapping deadly epidemics and contagion from the plague to the zika virus』, Sandra Hempel, White Lion Publishing, 2018
『병이 이야기하는 일본사(病が語る日本史)』, 酒井シヅ, 講談社, 2008

04 말라리아

『기근·역병·식민지 통치—개발 중 영국령 인도(飢饉·疫病·植民地統治—開発の中の英領インド)』, 脇村孝平, 名古屋大学出版会, 2002
『인구와 건강의 세계사(人口と健康の世界史)』, 秋田茂·脇村孝平, ミネルヴァ書房, 2020
『질병·개발·제국 의료—아시아에서 병과 의료의 역사학(疾病·開発·帝国医療—アジアにお

ける病気と医療の歴史学)』, 見市雅俊 외, 東京大学出版会, 2001
『Fever: How Malaria Has Ruled Humankind For 500,000 Years』, Sonia Shah, Picador USA, 2011
『세계사 속의 말라리아—미생물학자의 관점에서(世界史の中のマラリア—微生物学者の視点から)』, 橋本雅一, 藤原書店, 1991
『감염병의 세계사(感染症の世界史)』, 石弘之, KADOKAWA, 2018
『감염병과 문명—공생의 길(感染症と文明—共生への道)』, 山本太郎, 岩波書店, 2011
『속·인류와 감염병의 역사—새로운 공포에 대비하다(続·人類と感染症の歴史 新たな恐怖に備える)』, 加藤茂孝, 丸善出版, 2018
『The Atlas of Disease: Mapping deadly epidemics and contagion from the plague to the zika virus』, Sandra Hempel, White Lion Publishing, 2018
『종두 전래—일본 '개국'과 지성의 국제 네트워크(種痘伝来—日本の〈開国〉と知の国際ネットワーク)』, Ann Jannett, 岩波書店, 2013
『말라리아와 제국—식민지 의학과 동아시아의 광역 질서(マラリアと帝国—植民地医学と東アジアの広域秩序)』, 飯島渉, 東京大学出版会, 2005

05 이질

『The Atlas of Disease: Mapping deadly epidemics and contagion from the plague to the zika virus』, Sandra Hempel, White Lion Publishing, 2018
『Pioneers of Microbiology: The Great Scientists of the Infinitesimal』, Jean Freney · Willy Hansen, Eska Publishing, 2011
『The Ghost Map: The Story of London's Most Terrifying Epidemic—and How It Changed Science, Cities, and the Modern World』, Steven Johnson, Riverhead Books, 2007

06 결핵

『인구와 건강의 세계사(人口と健康の世界史)』, 秋田茂·脇村孝平, ミネルヴァ書房, 2020
『일본 근대문학의 기원(日本近代文学の起源)』, 柄谷行人, 岩波書店, 2008
『일본 의료사(日本医療史)』, 新村拓, 吉川弘文館, 2006
『바쿠후 말부터 헤이세이까지—질병의 일본 근대사(幕末から平成まで 病気の日本近代史)』, 秦郁彦, 文藝春秋, 2011
『결핵이라는 문화—병의 비교문화사(結核という文化—病の比較文化史)』, 福田真人, 中央公論新社, 2001
『결핵 요양소의 잔영—결핵 100년과 일본인(サナトリウム残影—結核の百年と日本人)』, 高三啓輔, 日本評論社, 2004

『Illness as Metaphor and AIDS and Its Metaphors』, Susan Sontag, Picador, 2001
『The Atlas of Disease: Mapping deadly epidemics and contagion from the plague to the zika virus』, Sandra Hempel, White Lion Publishing, 2018

07 천연두

『은의 세계사(銀の世界史)』, 祝田秀全, 筑摩書房, 2016
『Get Well Soon: History's Worst Plagues and the Heroes Who Fought Them』, Jennifer Wright, Henry Holt and Co, 2017
『총·균·쇠』, 재레드 다이아몬드, 문학사상사, 2018
『세계의 역사 18 라틴아메리카 문명의 흥망(世界の歴史 (18) ラテンアメリカ文明の興亡)』, 高橋均 외, 中央公論社, 1997
『Historias curiosas de la medicina』, Luciano Sterpellone, Robinbook, 2010
『전염병의 세계사(Plagues and Peoples)』, 윌리엄 맥닐, 이산, 2005
『Ecological Imperialism』, Alfred W. Crosby, Cambridge University Press, 1986

08 황열병

『The History of Yellow Fever: An Essay on the Birth of Tropical Medicine』, Francois Delaporte, The MIT Press, 1991
『노구치 히데요 파란만장한 생애(野口英世 波乱の生涯)』, 星亮一, 三修社, 2008
『Viruses, Plagues, and History: Past, Present and Future』, Michael B. A. Oldstone M.D, Oxford University Press, 2009
『A People and a Nation: A History of the United States』, Mary Beth Norton, Houghton Mifflin College, 1998
『Manhunts: A Philosophical History』, Grégoire Chamayou, Princeton University Press, 2012
『Panama: 400 Years of Dreams and Cruelty』, David Hawarth, McGraw Hill, 1996

09 티푸스

『The Atlas of Disease: Mapping deadly epidemics and contagion from the plague to the zika virus』, Sandra Hempel, White Lion Publishing, 2018
『Pioneers of Microbiology: The Great Scientists of the Infinitesimal』, Jean Freney · Willy Hansen, Eska Publishing, 2011

『The Ghost Map: The Story of London's Most Terrifying Epidemic—and How It Changed Science, Cities, and the Modern World』, Steven Johnson, Riverhead Books, 2007
『Rats, Lice and History』, Hans Zinsser, Routledge, 2007
『다이쇼 3년, 도쿄에서의 발진티푸스 대유행에 관해(大正三年'東京における発疹チフスの大流行について)』, 渡部幹夫, 日本医史学雑誌, 2002
『19세기 파리 물 사정과 위생 (속 · 완)(19世紀パリの水まわり事情と衛生(続 · 完))』, 大森弘喜, 2010

10 매독

『인구와 건강의 세계사(人口と健康の世界史)』, 秋田茂 · 脇村孝平, ミネルヴァ書房, 2020
『History of Syphilis』, Claude Quetel, Polity, 1992
『에도의 성병—매독 유행 사정(江戸の性病—梅毒流行事情)』, 苅谷春郎, 三一書房, 1993

11 인류와 감염병

『전염병의 세계사(Plagues and Peoples)』, 윌리엄 맥닐, 이산, 2005
『감염병과 문명—공생의 길(感染症と文明—共生への道)』, 山本太郎, 岩波書店, 2011
『감염병—확산방식과 예방법(感染症—広がり方と防ぎ方)』, 井上栄, 中央公論新社, 2006
『Historias curiosas de la medicina』, Luciano Sterpellone, Robinbook, 2010
『A Short History of Medicine』, F. Gonzalez-Crussi, Modern Library, 2008

사진 크레디트

041 Dmitry Chulov / Shutterstock.com
170 PongMoji / Shutterstock.com